Breve Enciclopedia del *Flamenco*

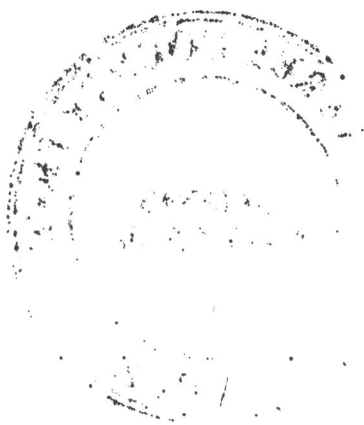

Breve Enciclopedia
del Flamenco

José María Esteban

LIBSA

© 2007, Editorial LIBSA
C/ San Rafael, 4
28108 Alcobendas. Madrid
Tel. (34) 91 657 25 80
Fax (34) 91 657 25 83
e-mail: libsa@libsa.es
www.libsa.es

ISBN: 84-662-0963-8
ISBN-13: 978-84-662-0963-2

Colaboración en textos: José María Esteban
Edición: Equipo Editorial LIBSA
Diseño de cubierta: Equipo de Diseño LIBSA
Maquetación: Ana Ordóñez y Equipo de Maquetación LIBSA
Fotografías y documentación gráfica: Manny Rocca y archivo LIBSA
Foto cubierta: Andrés Peña

Contenido

Reminiscencias históricas

Un investigador normal y un historiador sensato, con las respectivas cabezas sobre los hombros y los pies en los suelos, buscan, contrastan, comparan y le dan mil vueltas a un pequeño suceso repetidamente confirmado, mucho antes de publicar una documentada reseña en la que apuntan una posibilidad, sólo una posible certeza. Un poeta piensa en la vida con mayor amplitud de miras, de forma mucho más relajada, contemplando con fruición los aspectos más románticos y las situaciones más dramáticas, más líricas o más épicas, dándole una mayor trascendencia a la redondez del lenguaje y a la belleza de las palabras y de los giros; por supuesto, el rigor histórico y la precisión de los datos adquieren una importancia secundaria, supeditados a la brillantez del parlamento.

Es evidente que a la hora de iniciar el estudio de cualquier aspecto de las actividades de la humanidad con el mínimo de rigor histórico es imprescindible acudir a las fuentes de los historiadores. Pero tampoco hay duda de que la versión de los poetas es mucho más atractiva y más variada, amén de ofrecer facetas que de ninguna manera se pueden despreciar, pues en su trasfondo nadie sabe hasta qué punto el poeta ofrece aspectos de su pura invención.

El Arte Flamenco, como tantas otras actividades del ser humano, tiene aspectos históricos con frecuencia controvertidos pero básicamente fiables y con una línea de continuidad sistemática y coherente. Ahora bien, un simple vistazo al panorama poético-histórico nos sumerge de inmediato en las profundas aguas de las bellas imágenes del culto mundo griego antiguo y del imperio romano. Sólo hay indicios de baile flamenco entre los vestigios griegos, pero de entre los romanos surge la figura inconmensurable de *Telethusa*, de la que una bella estatua se muestra hoy día en las calles de Nápoles.

Una diosa, una bailarina, la encargada de un local de copas, la *madame* de una elegante casa de citas, ¿quién fue *Telethusa*? Según el flamencólogo Fernando Quiñones la efigie napolitana es la de una bailarina romana de flamenco. Parece que algo tenía que ver con el tráfico hacia Roma de las muchachas que venían de Cádiz. Gades, ciudad que acaba de cumplir tres mil años, era según Richard Ford el centro sensual de la civilización, y sus bailarinas, las *puellae gaditanae*, hacían las delicias de los romanos poderosos y bailaban. Uno se imagina a Micaela Flores, *La Chunga*, dirigiendo, bailando y disfrutando en su Café de Chinitas, local del que por cierto el historiador dice que el nombre se debe a las pequeñas piedrecitas que cubrían el suelo, *chinitas*, pero el poeta va mucho más lejos y asegura que viene de las *chonguitas*, mujeres que venían de las Islas Filipinas dentro del tráfico comercial efectuado con los puertos andaluces, allá por mediados del siglo XIX, fechas en las que ya funcionaba el café cantante *de chinitas* en zona ya demolida de la ciudad de Málaga.

De una manera o de otra, ese halo invisible que subyuga, dimana y emana de los remotos reverberos del arte flamenco, de su música y de su cante, de su baile y de su espíritu no es un recién nacido; algo transportaron y sintieron los misteriosos griegos, los cretenses y los atenienses, los etruscos y los romanos y algo transportan los gitanos y los andaluces, los catalanes y los mineros cartageneros cuando de ellos nace el *duende*, ese espíritu intangible que se lleva dentro y que describe profundamente Federico García Lorca en las conferencias que pronunció en Buenos Aires en 1933, definiéndolo como algo que sale de dentro, que no te viene de fuera como el *ángel* o la *musa*. Nuestro flamenco seguramente no es el de las bailarinas de Gades, ni el de los cánticos cretenses, pero su ligazón

La cuna y el escenario de desarrollo del flamenco siempre ha tenido como protagonista al Mediterráneo.

no es casual, y lo avala D. Ramón Menéndez Pidal después de interpretar los trabajos de musicólogos, historiadores y poetas...

En una narración de ficción, por muy rebuscado que sea su argumento, por muy lejano que parezca su escenario, por divergentes que la vida y milagros del autor discurran de las hazañas narradas, algo, quizá muy remoto, pero algo de su autobiografía se le escapa entre las líneas, como el rostro del pintor aparece con frecuencia en un segundo plano. Pero si el relato no es de ficción, entonces la imaginación del autor le lleva fácilmente a protagonizar cada suceso y a dejar su impronta marcada indeleblemente, tanto más cuanto más grato le sea el tema y su desarrollo.

El arte flamenco cautiva y enamora a una multitud de gentes y cuando uno afila su pluma para narrar, describir o contar algo relativo, difícilmente se puede resistir a situarse en una esquinita de su propio relato. Por ello, probablemente, en las escasas líneas escritas y consultadas habremos percibido sombras de los halos de Ramón Menéndez Pidal, de Federico García Lorca, de Richard Ford, de Micaela Flores y hasta de Johan Wolfgang Goethe.

Tras estas disquisiciones preliminares, en las que hemos dejado volar sin trabas a la imaginación, bueno será volver al buen camino, al que dejan marcado los historiadores, para seguir una línea algo más recta, si bien en la historia y en las vicisitudes del Arte Flamenco difícil será sustraerse a alguna escapatoria relajante...

En todo caso, antes de entrar en ningún tipo de materia, echando un vistazo alrededor, hay una cuestión que no es dudosa: el escenario inmutable de cual-

quier desarrollo o evolución que se haya producido en el ámbito del Arte Flamenco ha sido y es el mar Mediterráneo, como grandioso escenario. Y ya tenemos otra importante materia de discusión, porque los más acérrimos defensores de la pureza del flamenco, los habitantes de la línea que une Triana y Cádiz pasando por Jerez se encuentran casualmente al borde de otro mar, distinto del que surcó *Gib-el-Tarik*, cuando en el año 711 se disponía a conquistar Europa. Otra pequeña cuestión que no se debe menospreciar es que el flamenco contemplado en su enorme magnitud como lo vemos hoy es algo que no se ha podido improvisar en un par de siglos...

MISTERIOS DEL FLAMENCO

Éste es el título del libro de Ricardo Molina, publicado en 1967, en cuyos primeros párrafos establece que el Cante Flamenco aparece hacia 1780 entre la raza gitana de la baja Andalucía, en una limitada zona entre Sevilla, Cádiz y Lucena, y que el tratamiento de cualquier otro vestigio anterior pertenece a la más pura especulación. Ricardo Molina, excelente poeta cordobés nacido en 1917, falleció en 1968, y en el libro citado aparece más bien como historiador que como poeta, arrojando al mar de la especulación cualquiera de los muchos vestigios que adornan los antecedentes y los consecuentes de la historia, con minúscula por si acaso, del sublime arte de *Camarón* o de Morente.

La música es consustancial con el género humano y es tanta su cantidad y su variedad que es prácticamente imposible separar una variedad musical de las demás; probablemente, el joven Jacobo en su isla habría inventado su propia música exenta de la influencia de las demás, pero en cualquier otro caso, el niño

*Joaquín Sorolla, Puente de Triana,
1908. Óleo sobre lienzo,
72 x 106 cm. Colección particular.
Algunos de los más acérrimos
defensores de la pureza del
flamenco ciñen su origen a la línea
que une Triana y Cádiz pasando
por Jerez.*

guarda en su oído el dulce cántico de su madre y almacena los sonidos que van enjaezando su vida y que ya no olvidará y que serán el caldo de cultivo para su posible creatividad ulterior.

Actualmente se avanza a marchas forzadas hacia lo que se podría llamar «el cierre de un ciclo»; con las fusiones y las aperturas del flamenco a otras tendencias musicales próximas, con la pérdida del miedo del castigo al transgresor de la parte de los puristas intransigentes, muchos de los más grandes del elenco flamenco ofrecen sus cuidadas versiones de grandes obras en las que el flamenco aparece adornado y adaptado a otras melodías con las que se hibrida y se complementa y así podemos escuchar el enorme trabajo de *Chano Domínguez* y de *Martirio* que, acompañados por la orquesta de RTVE y por una *big band* formada por los mejores músicos de *jazz* del país, ofrecen su creación *Acoplados* que en cierto modo completa el camino iniciado con *Coplas de madrugá* y con los recuerdos de canciones infantiles de la más pura raíz popular interpretados por el trío de *jazz* de Domínguez; digno de mención aquí es el ingente trabajo de Enrique Morente con una versión personalísima del *Poeta en Nueva York,* hermanando a García Lorca con Leonard Cohen y a la música flamenca con el electrizante ritmo de *Lagartija Nick* o sus actuaciones junto a la Orquesta Chekkara, heredera del músico árabe Abdessadak Chekkar, fallecido en 1988, y al que Morente considera uno de sus maestros que le dio un tremendo impulso a la poesía en general y al flamenco en particular con su grabación *Homenaje Flamenco a Miguel Hernández,* abriendo caminos y rompiendo los tabúes que inmovilizaban al arte de la mano de viejos conceptos inmovilistas; una pequeña mención merecen aquí los esfuerzos *andalusíes* de Juan Peña *El Lebrijano,* del que hay que destacar su grabación *Encuentros* en el que la música mora suena a flamenco y el flamenco a música mora, o la decisión de los organizadores del *Potaje de Utrera 2004,* de homenajear al cantante *pop*

Rodríguez Marín atribuye el nombre del flamenco a la bella ave denominada flamenco, *de largas patas y estilizado cuerpo.*

español *Alejandro Sanz*, acto que tuvo lugar en agosto de dicho año con gran éxito y aceptación.

Así pues, tan arriesgado es, como mínimo, negar orígenes del flamenco no contrastados, como otorgarles un valor histórico de *Telethusa* a Miguel de Cervantes, todos han podido tener una mayor o menor influencia; desde luego, la de la música árabe goza de muchas posibilidades de haber influido en los orígenes del flamenco, en cuyo caso las aproximaciones actuales serían un cierre de ciclo sin más, pero no se deben dejar pasar de largo los cánticos bizantinos, ni los judíos o mozárabes, ¿qué ocurrió musicalmente en aquel Toledo en el que pacíficamente convivieron las tres culturas? ¿De dónde proceden las jarchas? ¿Y las zambras?

Miguel de Cervantes tenía imaginación más que suficiente para sacar de su magín las *Novelas ejemplares* y entre ellas *La gitanilla*, pero, ¿todo fue fruto de la imaginación del autor? A los gitanos se les atribuye por muchos, especialmente por ellos mismos, las excelencias de la invención del flamenco, y es una teoría muy bien admitida pero, como otras, no contrastada documentalmente; los gitanos entran en la Península Ibérica en el siglo XV y se extienden por el sur buscando probablemente los climas más cálidos, con los hábitos nómadas anulados o muy disminuidos, y pueblan en buena medida varias provincias andaluzas, en donde, ahora sin ninguna duda, participan activamente en la creación y en la difusión del arte flamenco.

UNA PINCELADA DE ETIMOLOGÍA

O de todo lo contrario, pues ninguna raíz etimológica avala los orígenes de la palabra *flamenco* que, a día de hoy, siguen sumidos en el misterio pese a los múltiples intentos realizados por gentes diversas y siempre bien intencionadas, alguno de cuyos ensayos tienen aquí cabida por lo curiosos o divertidos.

Uno de los más curiosos atribuye a la palabra el significado de «faca, puñal o cuchillo», apoyando el razonamiento en algunos testimonios literarios, como el que aparece en la obrilla de ambiente sainetero *El soldado fanfarrón*, escrita en el siglo XVIII por González del Castillo y recogida por Rodríguez Marín, una de las columnas maestras de las letras españolas, en una de sus recopilaciones.

También se atribuye a Rodríguez Marín la versión según la cual el nombre podría venir de la bella ave denominada «flamenco», de largas patas y estilizado cuerpo, cuya imagen podría recordar a la del bailaor, con sus manos alzadas y el cuerpo tenso; pero esta teoría sin otros testimonios que la avalaran tampoco progresó.

Tampoco han tenido el más mínimo arraigo teorías como la que atribuye el origen a Flandes, país en el que la música española tuvo mucha influencia en el siglo XVI, pero no hay tampoco otros testimonios que los de algunos escritores, como George Borrow, que se apoya en el posible origen germánico de los gitanos españoles.

Otras hipótesis son la de García Matos, que se apoya en que «flamenco» se apodaba a finales del siglo XVIII a todo el que se comportaba de forma ostentosa y actuaba como un fanfarrón; o la del gran *Demófilo*, Antonio Machado padre de los hermanos Machado, que recoge el que los gitanos llaman «gachós» a los andaluces y éstos les corresponden con la denominación de «flamencos».

Probablemente existen otras muchas, con los mismos pronunciamientos históricos y con el mismo arraigo popular. Una más, que se recoge por respeto al padre de la moderna Andalucía, a Blas Infante, quien en su libro *Orígenes de lo flamenco* acepta la teoría que defiende el origen de la palabra en los sonidos árabes *felah-mengus* cuyo significado aproximado sería algo parecido a «campesino nómada», con toda su carga reiterativa.

Es pues evidente que muchas gentes se han preocupado por los orígenes y etimologías de la palabra en cuestión; sin embargo los estudios, conclusiones y

ALFRED DEHODENCQ, Un baile de gitanos en los jardines del Alcázar, delante del pabellón de Carlos V, 1851. Óleo sobre lienzo, 111,5 x 161,5 cm. Colección particular. Algunas teorías asignan la invención del flamenco a los gitanos que entraron en la Península Ibérica en el siglo XV y se extendieron por el sur buscando los climas más cálidos.

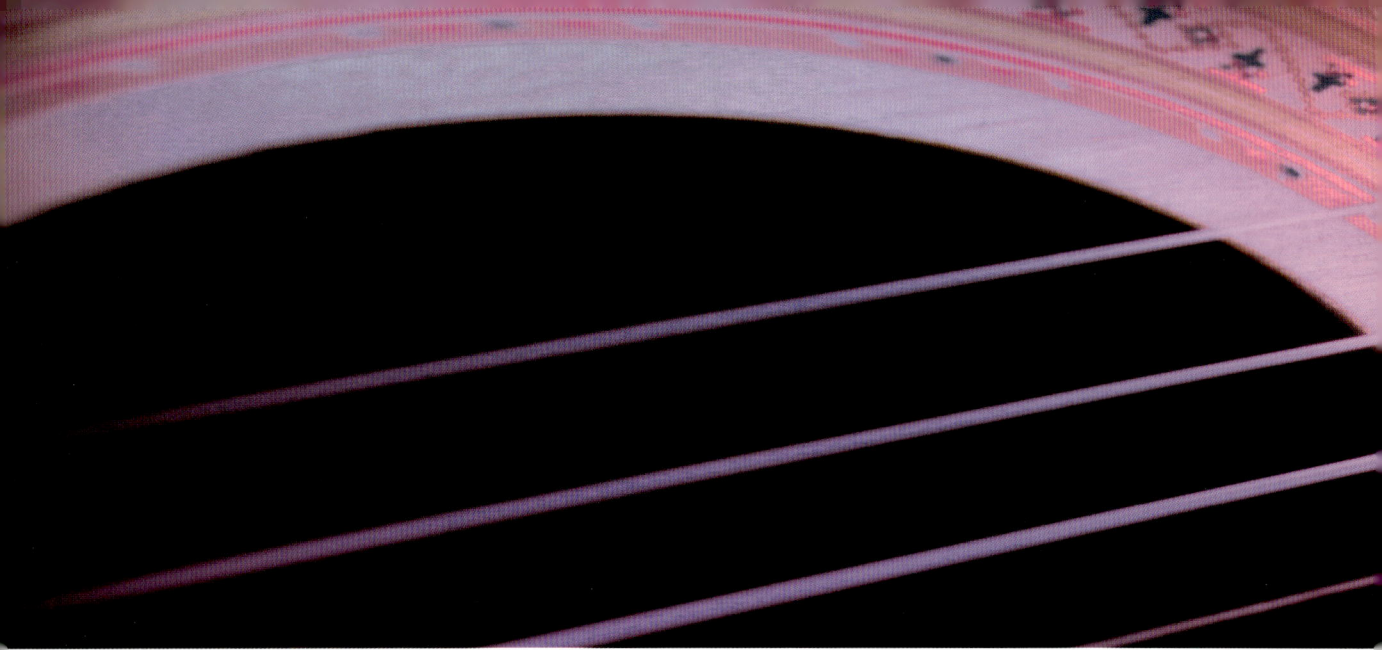

definiciones que parecen ser los más fiables y documentados se deben al eminente flamencólogo Manuel Ríos Ruiz, poeta, escritor prolífico, académico, fundador de la Cátedra de Flamencología y otras mil circunstancias biográficas de fácil localización; entre otras muchas obras, publica en 1988 el *Diccionario Ilustrado del Flamenco* en el que figura una definición de *Arte Flamenco* admitida por todos e indiscutida en todos sus aspectos:

Arte Flamenco, *m. Se considera que el cante, baile y toque de guitarra flamencos constituyen en su conjunto un arte, porque sus estilos, creados sobre bases folclóricas, canciones y romances andaluces han sobrepasado sus valores populares, alcanzando una dimensión musical superior, cuya interpretación requiere facultades artísticas especiales en todos los órdenes. Y aunque el flamenco, cante y baile y toque, mantiene un sentido estético sumamente popular y propio del pueblo andaluz, sus manifestaciones han cuajado en auténticas expresiones artísticas, totalmente diferenciadas de las folclóricas originarias, a través de las composiciones anónimas y personales que lo han estructurado y evolucionado estilísticamente. Sin dejar de ser música y lírica de raigambre popular, puede decirse, según opinión generalizada de la mayoría de los estudiosos, que el flamenco es un folclore elevado a arte, tanto por sus dificultades interpretativas como por su concepción y formas musicales.*

RASTROS, PISTAS Y DOCUMENTOS

Un rastro muy claro, aunque nada definible como antecedente del Arte Flamenco, es la figura de *Telethusa*, sus actividades con el tráfico de muchachas gaditanas y su llamativa estatua en las calles de Nápoles impulsan a cualquier cronista a incluirla en la categoría, al menos, de rastro, de indicio razonable; por otra parte, en las crónicas de cualquier actividad ibérica, sobre todo si se trata de acti-

Música Andalusí, Casa
Pilato, Sevilla 1998.

vidades populares y lúdicas como la danza, el teatro, la caza o
los toros, siempre aparece algún antecedente grecorromano, y
en lo relativo al Arte Flamenco no podía ser menos, aunque la
relación sea poco objetiva si bien es, en cambio, extremadamente romántica.

Algo más que una pista la da *La gitanilla*, en la novela ejemplar de D.
Miguel de Cervantes, cuya protagonista, la gitana Preciosa, mantiene castos amo-
res con el payo Andrés, a la par que ameniza a la mezclada concurrencia con sus
bailes alegres y gozosos; estas líneas fueron escritas a principios del siglo XVII,
cuando ya los gitanos llevaban un tiempo en España y su folclore podía haber
trascendido y sido difundido por las musas cervantinas, en cualquier caso queda
la duda razonable de si estos escritos cervantinos son fruto de la sola imaginación
creativa del autor o van más lejos y constituyen los primeros testimonios escritos
de la existencia del flamenco.

Hay más testimonios escritos, que si bien no alcanzan una segura fiabilidad
exigible, no por ello son, ni mucho menos, despreciables; la novela de Cervantes
fue escrita seguramente cerca de 1616, formando cuerpo con la totalidad de sus
Novelas ejemplares, y de mediados del siglo se tiene constancia de un manuscrito
en el que se describe cómo una bailarina iba por las casas de los notables sevillanos acompañada de guitarras ejecutando un baile a todas luces flamenco, pero este
relato es también novelesco y tampoco se puede admitir como antecedente histórico; otro tanto ocurre con la obra *Cartas marruecas* del autor Cadalso, en una de
cuyas cartas se describe el desarrollo de una verdadera *juerga flamenca*.

Además de algunas pequeñas muestras de tipo periodístico, es en el siglo
XVIII y en el XIX cuando se produce una brillante eclosión de grandes autores con
grandes obras y magnífica documentación. Dos son los escritores que deben figurar, y es una opinión, en el mascarón de proa de la literatura flamenquista, tanto

*BLAS INFANTE defiende la
teoría del origen árabe de
la palabra flamenco en
los sonidos felah-mengus,
cuyo significado
aproximado sería
«campesino nómada», lo
que no deja de hacer
mención a las
reminiscencias árabes del
flamenco y las
connotaciones de esta
música con Oriente.*

por la calidad de sus obras como por la magnitud de sus aportaciones. Ellos son Serafín Estébanez Calderón y el gran *Demófilo*; es evidente que, ya adentrado el siglo XIX, no son ni mucho menos los únicos autores que han dejado importantes testimonios escritos, pero sí son piedras angulares para el estudio y el conocimiento de los avatares del flamenco en aquellos tiempos; Estébanez Calderón dispuso de una mente privilegiada que en el terreno académico le permitió acceder a los veinte años a la cátedra de Griego de la Universidad de Granada, pasando más adelante a la de Málaga, fue sobre todo y en el terreno que pisamos, narrador costumbrista, esencialmente andaluz y gran conocedor del flamenco en sus distintas variantes, y su obra fundamental es el titulado *Escenas andaluzas*, que se publicó en 1847 y que es un verdadero clásico de nuestra literatura, en el que nos presenta diversas escenas populares cuyos protagonistas describen en clave de humor muy diversas situaciones, en la mayoría de las cuales aparecen personajes típicos de momentos estelares del ambiente flamenco, como por ejemplo dos de los más grandes *cantaores: El Planeta* y *El Fillo*.

Antonio Machado Álvarez, nacido en Santiago de Compostela en 1846, padre de los hermanos Antonio y Manuel Machado entre varios hijos, filósofo y abogado, dedicó gran parte de su vida intelectual al folclore, fundando la revista *Folclore andaluz* y dejando gran cantidad de libros y documentos de contenido flamencólogo; utilizó el seudónimo *Demófilo* (de *demos*, «pueblo» y *filia* «afición» o «simpatía») muy adecuado a su manera de ser, de pensar o de escribir. Obras importantes, bibliografía imprescindible para cualquier investigador o para un simple curioso son sobre todo la *Colección de cantes flamencos* (1881) y la *Biblioteca de tradiciones populares españolas* (1884-1886), que como el resto de sus obras se caracterizan por el rigor en los datos que aportan, su genealogía, su precisión y, por ende, su fiabilidad.

Maria Pagés en la Bienal del Flamenco, Sevilla 2004.

MARÍA JESÚS PAGÉS MADRIGAL
Nació en 1963 en el sevillano barrio de Triana y muy pronto empezó a formarse de la mano de maestros como Matilde Coral y Manolo Marín. Obtiene el título de Danza Española, y empieza a trabajar como solista en las compañías de Antonio Gades, Mario Maya, con el Ballet de Rafael Aguilar y con el de María Rosa. En 1990 funda la compañía María Pagés, y en 1992 representa en la Bienal de Sevilla *Tango*. Dos años después vuelve a triunfar en la Bienal con un espectáculo que aúna las tendencias más modernas con la tradición del flamenco, convirtiéndose en una abanderada de las nuevas tendencias, lo que es corroborado en Berlín, al dedicarle el primer festival flamenco en 1995. Su carrera profesional es imparable, y los éxitos nacionales e internacionales se acumulan. En 2002 recibe el Premio Nacional de Danza de España, en la categoría de creación.

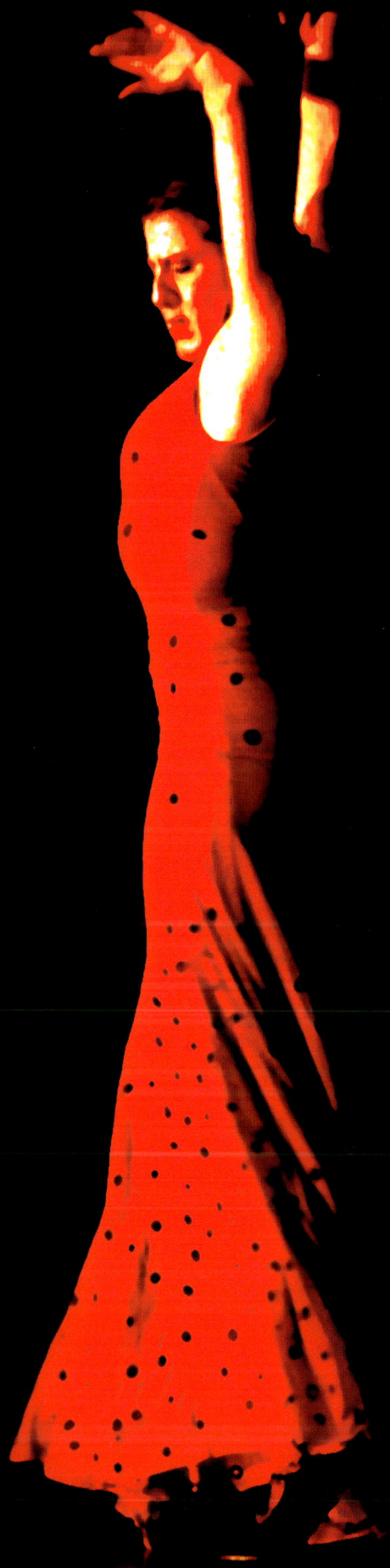

Manuel García Rodríguez, Escena andaluza. Óleo sobre lienzo, 30 x 17,5 cm. Colección Carmen Thyssen-Bornemisza.

El flamenco se extiende por toda Andalucía a través de la propagación de los cafés cantantes.

«TÍO LUIS DE LA JULIANA», FEDERICO GARCÍA LORCA Y EL CONCURSO DE 1922 EN GRANADA Y FINALMENTE «CAMARÓN»

En la frontera entre la historia y las reminiscencias históricas se encuentran algo más que indicios, pues de este personaje se tiene el testimonio de *Demófilo*, quien se refiere a él como un cantaor muy general que lo mismo entonaba una *toná* que una *seguiriya*, también le describe José Blas Vega impartiendo el magisterio de las *tonás* y Rodríguez Marín que le atribuye el haber sido el maestro de *El Fillo*. Sin embargo, no hay ninguna prueba fehaciente de la existencia real del *Tío Luis de la Juliana*, quien se supone vivió en la segunda mitad del siglo XVIII en algún lugar cercano a Cádiz o a Jerez; he aquí uno, entre muchos casos, de un profundo solapamiento entre la realidad cierta y la poética reminiscencia histórica. Durante muchos años, la figura del *Tío Luis el de la Juliana* fue objeto de muchas y variadas controversias entre defensores y detractores de su lugar en el escalafón cantaor; pero desde un punto de vista de observador interesado pero imparcial, no influido por personalismos ni por localismos, uno más entre muchos, se puede situar al *Tío Luis* en el vértice superior de un triángulo isósceles, para ubicar en los otros dos un suceso que creemos resultó ser trascendental en el desarrollo posterior de la evolución del Arte Flamenco, y en el tercer vértice de este triángulo, en cuyo interior se arremolinan tantas personas, tantos hechos y tantos sucesos de las más diversas índoles habría que situar, sin que pueda caber duda alguna, al gran *Camarón,* del que cabe pensar y filosofar era una tremenda mentira, pero que no se concibe que no sea una gran verdad al contemplar el inmenso vacío que rellena su antes y su después, tras su fugaz paso por el mundo de los vivos.

En el primer cuarto del siglo XX empiezan a tomar cuerpo de forma decidida núcleos de intérpretes flamencos, tanto de cante y de baile como de toque, que se van adueñando de los públicos en los cafés cantantes, que se van extendiendo, especialmente por toda la región andaluza, con puntos culminantes en lugares como Jerez, Cádiz o Triana; esta incipiente expansión comenzó a crear alguna inquietud en sectores intelectuales andaluces, inquietud que fue cristalizando en determinados miembros de la creatividad y de la inquietud creadora, que fueron imbuyendo el temor a una presunta vulgarización y a una no deseada expansión territorial de las amadas esencias del arte. Tomó las riendas del asunto nada menos que Federico García Lorca, autor del *Romancero Gitano*, amante del flamenco hasta la saciedad y el que mejor ha definido el *duende*, y junto con la colaboración de otros insignes maestros como Manuel de Falla y Andrés Segovia, entre todos concertaron la celebración de un singular concurso en el que no podría participar nadie que actuara profesionalmente o que fuera persona ya conocida fuera de sus más íntimos círculos, por supuesto ningún participante en los cafés cantantes tan en boga por aquellos

entonces. El concurso se celebró en Granada en 1922, constituyendo un gran éxito de público y de actuaciones, pero realmente no sirvió al objetivo a priori trazado, pues el arte flamenco continuó su ya imparable expansión, que poco después se acrecentó con la aparición de los discos de pizarra y del gramófono. Obtuvo el premio del concurso un cantaor de Morón de la Frontera afincado en Puente Genil, Diego Bermúdez *El Tenaza* y se le concedió una mención de honor a un chiquillo de apenas trece años llamado Manuel Ortega Juárez que más adelante alcanzó la gloria con el nombre de *Manolo Caracol*.

Y el triángulo, que en su vértice superior no tiene una fecha concreta, por haber sido imposible determinar las relativas al *Tío Luis el de la Juliana*, que en su vértice segundo ostenta la de 1922 en el que se celebró el Concurso de Granada, tiene reservado en su tercer cruce de lados triangulares la de 1992, fecha de la muerte del glorioso José Monge, el indescriptible *Camarón de la Isla*. Cuando el 10 de mayo de 1988 aparece en el escenario, los más de 15.000 espectadores que abarrotan el Palacio de los Deportes de Madrid le dedican la más atronadora y prolongada ovación que un artista flamenco haya jamás escuchado. Ya había conquistado al mundo, impuesto su tono y redescubierto todos los palos dándoles su tono personal y rescatando todas las esencias en ellos escondidas. Los más grandes navegaron a su sombra, como lo hizo *Paco de Lucía* con quien grabó sus primeros discos en 1966, o se sorprendieron ante la grandeza de su cante, como *Manolo Caracol* o *Antonio Mairena*. Su fama creció sobre todo desde que en 1971 obtiene el Primer Premio en el Concurso de Cante Jondo de Mairena de Alcor y fue absolutamente imparable; creó una escuela, a la que nos inscribimos todos los buenos aficionados existentes y la avasalladora pléyade de los nuevos, conquistados por la magia del genio que cerró el siglo XX después de marcar una época, un ciclo histórico definido con un tiempo tan breve y un eco tan inmenso.

Esbozo histórico

Puede que se considere como licencia excesiva mencionar a *Telethusa* entre los antecedentes del flamenco y no lo hacemos, pero mencionada queda, ella y las *puellae gaditanae*, que procedentes de Cádiz alegraban las veladas románticas de los patricios romanos allá por los tiempos de Trajano, y que cantaban unas alegres cancioncillas que los cronistas del momento denominaron *cantica gaditanae*, como quedó escrito y constatado, aunque no así su carácter de antecedente flamenco. Pero es un hecho indiscutible que la música no surge por generación espontánea, aserto válido para cualquier tipo de melodía y desde luego para los aires flamencos, como para cualquier otro patrón musical. También es cierta la extracción popular del acervo musical de cualquier región, etnia o población, que evoluciona cada día y se va conformando a lo largo de los tiempos y por ello es difícilmente comprensible la laguna secular que afecta al advenimiento del flamenco del que, con las tenues excepciones greco-romanas, los discutibles antecedentes de Cervantes y algún que otro escritor preclaro, la con frecuencia aducida fuerte relación con la música árabe y la andalusí y no pocos otros indicios, no son en absoluto justificativos de la completa falta de evidencias sobre

la existencia del folclore flamenco hasta bien avanzado el siglo XVII, aunque bien es cierto que las investigaciones van avanzando y los descubrimientos se van difundiendo, pero con cuentagotas.

La frontera histórica de aparición, más o menos pública, de los primeros antecedentes ciertos y documentados coincide con la expulsión de los moriscos y la aparición en España, básicamente en Andalucía, de las primeras tribus gitanas. Ello nos sitúa a mediados del siglo XV en el corazón de Andalucía y en plena época final de la Reconquista, situación que absorbía los esfuerzos policiales de las autoridades del momento, por lo que no realizaron el seguimiento de unas gentes nada conocidas y de un comportamiento un tanto inquietante. El asentamiento en el suelo ibérico de una nueva etnia que fue adaptando sus costumbres, sus tradiciones y su folclore.

MUY AL PRINCIPIO

De todas las cuestiones no admitidas unánimemente por todos los autores hay dos que admiten especialmente discusión y que elegimos como módulo de referencia; esas dos cuestiones son preguntas de fácil enunciado y difícil contestación y son las siguientes:

¿Por dónde entraron los gitanos en España?
¿Cuál es la etimología del vocablo *gitano*?

Si se acepta la teoría de que entraron por el sur, procedentes del actual territorio del Reino de Marruecos, entonces pudieron venir desde la influencia de la hoy llamada ciudad de Tánger y antiguamente *Tingis*, cuyos habitantes eran «tingitanos», palabra de la que se deriva la denominación *gitano*. Esta teoría, y sus consecuencias etimológicas, no es, ni mucho menos, unánimemente aceptada. El primero que no se adhiere es el Diccionario de la Real Academia de la Lengua, que ofrece seis acepciones distintas, en ninguna de las cuales aparece ninguna relación con Tánger, aunque sí con Egipto, de donde dice que se creía procedían, y con el adjetivo asociado *egiptano*; así, en su acepción primera dice: «*Se dice de los individuos de un pueblo originario de la India, extendido por diversos países, que mantienen en gran parte un nomadismo y han conservado rasgos físicos y culturales propios*». En definitiva, ni siquiera las altas instancias académicas aclaran tajantemente la cuestión lingüística.... y *Tingis* es un bonito nombre para un origen defendible.

Una serie de sucesos ocurridos a lo largo del siglo XV, fundamentalmente la expulsión violenta y radical de los *moriscos*, con la dispersión de algunos por los montes y las sierras de Andalucía, la aparición de los gitanos y la posible integración con ellos de los refugiados van creando el caldo de cultivo en el que se va engendrando la nueva música andaluza, caldo que muy probablemente constituye el antecedente cierto del actual flamenco.

Determinadas leyes y normativas, entre ellas la llamada *Pragmática de Medina del Campo*, promulgada el año 1499, tienden a asentar geográficamen-

EGIPTO.

Otra de las teorías sobre

la derivación etimológica

del término gitano es la

que da la Real Academia

de la Lengua, sobre su

relación con Egipto, de

donde se cree que

procedían, y su

asociación con el

adjetivo egiptano; no

obstante ni siquiera las

instituciones lingüísticas

se ponen unánimemente

de acuerdo en que esto

sea así.

te a los gitanos, en una tendencia semejante a la actual *Ley de Extranjería*, aunque sus circunstancias no fueran ni parecidas en uno u otro caso; lo que sí se puede colegir es que el asentamiento de los gitanos se fue consolidando y definiéndose sus oficios, sus formas de vida y sus costumbres y, dentro de todo el contorno, su música sigue el curso marcado por el resto de los avatares sociales; el gitano, como la totalidad de la especie humana, no puede vivir sin que la música acompañe a todas sus ceremonias, a sus exaltaciones y a sus lamentos, sobre todo a sus lamentos.

Aunque no entra demasiado en el objetivo primordial de estas líneas, cabe llamar aquí la atención sobre el distinto trato dado por la legislación española a los diferentes grupos humanos afectados; así, se observa cómo los judíos y los moriscos fueron fulminante y violentamente expulsados, en tanto que los gitanos son perseguidos de forma reiterada y constante con una sucesión de *pragmáticas*, mucho más leves y soslayables, de forma que el asentamiento de los gitanos se hizo de manera más suave y relativamente tranquila.

MISTERIO Y DUENDE

Dice Federico García Lorca que así como la *musa* viene de fuera y se posa suavemente sobre la cabeza del pensador, el *duende* sale de dentro y embriaga a su poseedor, que se arranca sin mirar a nadie, absorto y poseído, rasgando, taconeando o desgranando su copla.

El *misterio* es algo que engloba a todo lo que afecta al flamenco, desde su propio nombre, hasta el ambiente que todo lo envuelve y lo nubla, que está presente en los más mínimos matices, en la amplia ausencia de definiciones y, sobre todo, de antecedentes, de procedencias, de referencias concretas sobre las que asentar una teoría coherente. Cuando bajábamos por aquella angosta escalera

que daba acceso a la estrecha cueva en la que nos encerrábamos para disfrutar de la maravilla del cante de *Pepe el Gordo*, él, que gustaba bajar el primero de todos, exigiendo que así fuera, se negaba terminantemente a que se encendiera la luz, porque así *no se profanaría el misterio*; sus modos seguían incluyendo un arranque, un par de horas después, de su verdadera actuación por *verdiales de despedida*, para luego iniciar una inolvidable noche, cuyo repertorio no conocía a priori, ni recordaba al día siguiente, después de dormir unas horas para salir a la luz del nuevo día bien mediada la mañana madrileña, pues la cueva estaba situada en el barrio de Antón Martín.

Pepe el Gordo era un ejemplar prototípico de genio flamenco en la sombra. Nunca fue popular, ni conocido, nadie sabía, ni él tampoco, cómo aprendió, ni quién le enseñó, ni cuáles eran los cantes que interpretaba. No era posible pedirle un fandango o una caña, ni ningún cante clasificable mediante un nombre o un estilo; le pedíamos «aquel que le gustaba a la niña rubia del cortijo azul» o «con la que lloras sin consuelo». Sí conocía bien los *verdiales* con los que *se despedía antes de empezar*, probablemente los traía dentro desde su cuna, jienense y gitana.

Un buen día, de forma que sorprendió a todos, aceptó la invitación para visitar unas bodegas en Méntrida, propiedad de un colega muy afecto a la causa flamenca y buen conocedor de las virtudes del *Gordo*, y allá nos fuimos en un pequeño y confortable microbús en el que en el viaje de ida nadie despegó los labios, dormitando plácidamente hasta el momento de la llegada a la fría entrada de la bodega, frialdad que se quedó en la puerta pues el interior, limpio y pulcro como corresponde a una bien cuidada estancia vinícola, con un mostrador colmado de viandas y un pequeño círculo de sillas rodeando a un pequeño templete preparado para situar al cantaor, cantaor que en esta ocasión no respetó sus propias costumbres y, sustituyendo el apagón de la escalera por un rato de meditación en un ángulo oscuro y prescindiendo de comer nada en absoluto, al mar-

DUENDE.

Es el encanto misterioso e inefable que define la Real Academia, pero es más que eso. Probablemente quien dio más en la diana fue Federico García Lorca, quien en las conferencias que dio en Buenos Aires en 1933 lo definió como «algo que sale de dentro, que no viene de fuera, como la musa *o el* ángel, *algo que te impulsa y te subyuga desde los adentros».*

gen de la botella de fino que el anfitrión había dispuesto con gran dolor de corazón al ver cómo su vino quedaba relegado; al cabo de un prudente rato pareció en disposición de arrancarse. A partir de aquel momento el ambiente y las circunstancias nos trasportaron a otro muy remoto lugar; el rostro transfigurado del *Gordo*, cantando sentado, retorciendo sus manos que perseguían algo que no encontraban, sudando a mares, con los ojos en blanco y la garganta rota, cantaba y cantaba; la guitarra de *El Chorlito*, su sempiterno acompañante, apenas dejaba oír algún tímido rasgueo, mientras *El Gordo* cantaba y seguía cantando y sus manos seguían a la búsqueda de lo desconocido que no encontraban y el tiempo parecía detenido en las sombras de las altas cubas de la bodega, y pasaron horas sin que nadie moviera un pelo; al cabo de mucho tiempo, más de tres horas, de repente el cantaor pareció despertar de un largo sueño, recuperó la mirada y con el gesto muy cansado, rompió a llorar con gran desconsuelo. Pasado un tiempo se levantó y se dispuso a marchar, se colgó del brazo de *El Chorlito* e inició el camino hacia la puerta; mirando de soslayo hacia el grupo pendiente de sus gestos, murmuró de forma casi ininteligible «he visto al duende» y ya no volvió a pronunciar palabra en todo el camino de vuelta.

Luego de aquel emocionante episodio nunca más supimos del *Gordo*, desapareció de la faz de la tierra y nunca más supimos de él, pero con él de verdad aprendimos lo que realmente es el *duende* y cómo se presenta de repente el *misterio*.

PRIMEROS ALBORES, AL ALBA

Es una primera época de la que todavía no hay indicios documentales, pero sí disponemos de un rastro de testimonios orales del todo fiables que ayudan a configurar una primera etapa de cierta expansión popular del flamenco, sobre todo del cante flamenco, en la que ya aparecen determinadas figuras que, obviamente, tuvieron en esta actividad su medio de vida o al menos un refuerzo vital notable. De entre las figuras legendarias pero que de hecho es evidente que existieron y que cantaron, que tuvieron maestros y discípulos y que tuvieron que actuar como profesionales en todo o en parte, pues en caso contrario no habrían podido dejar huellas tan profundas, el caso más remoto del que se pueden encontrar rastros muy fiables es del *Tío Luis el de la Juliana*, más que fiables son las referencias de *Demófilo*, quien encomia sus calidades como cantaor de prácticamente todos los estilos, y las de Rodríguez Marín, que afirma fue el que enseñó a cantar a otra figura legendaria como fue *El Fillo*.

Son también escasísimas las referencias de que se dispone de otro grandísimo cantaor casi prehistórico, el llamado *El Planeta*, del que ni siquiera se tienen evidencias de su nombre y de sus apellidos; sin embargo, aparece en la tantas veces mencionable obra de Estébanez Calderón *Escenas andaluzas* que

describe una de sus actuaciones (la obra se publicó en 1847); también Antonio Machado, *Demófilo*, le cita reiteradamente, da por supuesto su origen gaditano y su autoría de una seguidilla que en su día interpretaron Manuel Torre y, pasado bastante tiempo, Antonio Mairena, que le dio el nombre de *seguirilla de El Planeta.* En sus trabajos biográficos, Fernando Quiñónez le asocia con *El Fillo* y sitúa su relación en Triana, adonde probablemente éste se desplazó debido a la mayor incidencia comercial y en este caso didáctica de dicho barrio sevillano; *El Fillo*, a su vez, fue el que enseñó su repertorio y estilos a su sobrino *El Nitri*, del que ya se dispone de suficiente documentación tanto artística como biográfica, aunque no se tiene noticia exacta ni del lugar de nacimiento ni de la fecha.

De los mil detalles que se han de imaginar, aplicando cierta lógica, uno nada despreciable es el de los escenarios que utilizaba *El Tío Luis* para sus sesiones, cuestión nada sencilla dado que en aquella época los locales abiertos al público eran más bien escasos y prácticamente se reducían a algunas ventas, más bien *ventorros*, y a las muchas tabernas enquistadas aquí y allá, además de las muchas fiestas y festejos particulares que, en Andalucía, dado el carácter abierto del pueblo llano y el tiempo en general apacible y con buena temperatura, se dan con harta frecuencia aprovechando cualquier pretexto razonable. No mucho más se puede elucubrar buscando los lugares adecuados para que las figuras incipientes del arte flamenco desarrollaran sus habilidades en la segunda mitad del siglo XVIII y principios del XIX, época en la que casi con absoluta seguridad anduvieron recorrien-

El sabor y el abolengo de las bodegas andaluzas siempre ha estado ligado al folclore y la fiesta andaluza.

do los caminos, tanto *El Tío Luis* como muchos otros que alumbraron el alba del flamenco, a los que cabe el calificativo de *maestros*, maestros porque enseñaron y maestros porque lucieron sus habilidades, habilidades que hubieron a su vez de aprender y para ello tuvieron que actuar reiteradamente durante mucho tiempo y por ello se ha de suponer que había locales en los que manifestarse en público, único procedimiento de alcanzar una madurez, la madurez que sólo da la profesionalidad.

Otros muchos nombres figuran en los anales del recuerdo, pero poco más además de una relación de nombres o de *alias*, con muy diversas referencias, en su mayoría poco fiables. Algunos de estos nombres, citados por mantenerlos en el recuerdo sin más pretensiones serían los de *Tío Vicente Macarrón, Diego el Picaor, Tía Salvaora, El Tío Mateo, Curro Pabla* y *La Jacoba*. En todo caso hubo una grandiosa fiesta en Triana, o por lo menos así nos lo cuenta Serafín Estébanez Calderón, y en ella estuvieron más de uno de éstos y desde luego un público fervoroso que, entre otras cosas, debió de pagar los cuantiosos gastos producidos, y constituyeron un público que llenó a rebosar aquel recinto.

Y a partir de aquí las cosas continúan con mucha menos poesía y mucha más historia, historia real, bien documentada y seguida por buenos historiadores, con buenas fuentes y un cierto acuerdo, pero nada más que *cierto*, pues las discrepancias son con mucha frecuencia muy notables y, con harta reiteración, sobre aspectos aparentemente básicos.

FRANCONETTI (derecha)

Casi todo el mundo entre la población española y la práctica totalidad de la raza gitana tiene la muy acendrada opinión de que el arte flamenco es algo creado, alimentado y desarrollado por elementos de la raza calé; naturalmente es algo que los más serios flamencólogos, pero no todos, no admiten o sencillamente ignoran, porque una opinión en contra chocaría frontalmente con las opiniones más diversas de historiadores, flamencólogos, simples espectadores de lo que pasa y curiosos con lo que pasó, o aficionados de gran porte, como un gran poeta, aunque no tan grande historiador, Federico García Lorca, que junto a muchos, junto a una

gran mayoría, proclamó que el más grande de todos los tiempos, murió en 1889, fue sin lugar a dudas Silverio Franconetti Aguilar, nacido en Sevilla de padre romano y de madre natural de Alcalá de Guadaira y criado en Morón de la Frontera. Antes que Lorca ya había *Demófilo* designado a quien «de entre todos ha alcanzado la mayor fama», en la persona de Francisco Ortega, *El Fillo*, quien falleció en Sevilla en 1878, después de haber sido entre otras muchas cosas maestro de su sobrino *El Nitri* y también de Silverio.

De niño Silverio, mientras se preparaba para ejercer el oficio de sastre, gastó muchas horas deleitándose con los cantes de los gitanos de las fraguas, que se constituyeron sin saberlo en la escuela del futuro maestro que ya, allí mismo, decidió dedicarse al cante, en contra de la decidida opinión de su madre, que vio perdida la causa cuando *El Fillo* decidió también enseñar el cante al muchacho. Pero, por razones más bien desconocidas, Silverio emigró al Río de la Plata como sastre y por aquellas tierras permaneció el largo lapso de más de ocho años, para volver decidido a dedicarse de lleno a su verdadera vocación.

Momento muy importante en la historia del flamenco es aquel en el que coinciden en activo y en plena explosión de sus voces particulares, Tomás *El Nitri*, *Juan Breva* y Silverio Franconetti a niveles insuperables, con el aliciente añadido de una tremenda competencia surgida entre ellos, especialmente la debida a la negativa de *El Nitri* a actuar con Silverio, aduciendo que su calidad

DERECHA: Gran velero saliendo del puerto de Sevilla. Al fondo la Torre del Oro, Emilio Ocón y Rivas, c. 1874. Óleo sobre lienzo, 56 x 95 cm. Colección Thyssen Bornemisza.

IZQUIERDA: JUANA VARGAS, la Macarrona *[Jerez de la Frontera (Cádiz), 1870-Sevilla, 1947].* La Macarrona *fue una gran figura durante la etapa floreciente de los cafés cantantes. Procedente de una familia con una gran tradición flamenca, su padre, Juan de Vargas, era guitarrista; su madre, Ramona de las Heras, era cantaora. Desde muy niña actuó con ellos, pasando después la bandeja, hasta que un día la vio Fernando Ortega* el Mezcle, *quien logró que la contrataran para el malagueño Café de las Siete Revueltas.*

de payo contribuía a su desprestigio ya que él pertenecía a una familia de pura raigambre gitana y, en realidad, parece que el motivo era el miedo a hacer el ridículo delante de él, aunque la personalidad de *El Nitri* era de una profunda introversión que le produjo múltiples problemas.

Pero Silverio Franconetti no se limitó a ser un genial cantaor sino que tuvo la clara visión del momento dulce que estaba atravesando el arte flamenco encendiendo pasiones por doquier, aumentando los públicos ansiosos de presenciarlo y de participar en él, por lo que sin tener ninguna duda se lanzó a la aventura de los cafés cantantes, actividad en la que también alcanzó los mayores éxitos, comenzando con el que abrió en Sevilla, en la calle del Rosario, número cuatro; es un momento en que el flamenco se profesionaliza abiertamente, se establecen minutas altas para los artistas, costumbre que ya antes habían establecido *El Fillo* y su maestro.

Silverio Franconetti marca una época de fulgurantes avances en la expansión del arte y también en la proliferación de grandes artistas, con focos relucientes en Triana, en Jerez de la Frontera o en Cádiz; en Puerto Real, Cádiz, nace el que según *Demófilo* fue el más grande de todos aquellos tiempos, dividiendo la historia del flamenco en tres épocas, la anterior a *El Fillo*, la del propio artista y la posterior a él. Pero de aquella pléyade de grandes artistas, Silverio emergió imparable cuando después de su aventura americana, comienza, en 1865, su ascensión en la que, además, propició la competencia, contratando para sus locales a los mejores y compitiendo con ellos alegremente, con la excepción de *El Nitri*, que sistemáticamente se negó a competir con él.

Coetáneos de Silverio son nombres incontables, de los que no es posible realizar una pequeña selección, por lo que se corre un grave riesgo de cometer una injusticia al mencionar a Diego *El Marrurro*, a *El Loco Mateo*, al *Rojo el Alpargatero*, a la guitarra del *Maestro Patiño* o a los taconeos de *Juana la Macarrona*. Fue una época ciertamente muy brillante, probablemente la primera, sin duda la primera conocida con detalle y ampliamente difundida y festejada, evi-

dentemente hubo otras después y hasta nuestros días, pero una figura tan preclara como la de Silverio Franconetti probablemente no tiene parangón hasta el muy reciente paso por el arte flamenco del inimitable José Monge, *Camarón de la Isla*.

DON ANTONIO CHACÓN

En algunos aspectos o circunstancias, algunos genuinos y otros simplemente pequeñas casualidades que suceden, entre los mundos de la tauromaquia y el del Arte Flamenco se pueden encontrar algunos nexos, unos fuertes, potentes y razonablemente comprensibles y otros más pequeños y generalmente fruto de la casualidad, como el que adjudica el tratamiento de «don», que generalmente no se utiliza ni con los grandes matadores de toros ni con las estrellas del flamenco, sonaría un poco extraño decir D. Camarón de la Isla, como también una pizca rebuscado D. Antonio Ordóñez, por más que uno y otro se hicieran acreedores a tal tratamiento y a otros más solemnes. Pues bien, una sola clara excepción se encuentra en cada uno de los dos colectivos: D. Luis Mazzantini entre los taurinos y D. Antonio Chacón entre los flamencos; no está clara la razón en ninguno de los dos casos, como no sea, especialmente en el segundo caso, el respeto inherente a su gran altura interpretativa, desde luego no fue debido a la alcurnia de su cuna, pues D. Antonio nació de padres desconocidos y fue tomado en adopción por el modesto zapatero Antonio Chacón Rodríguez, quien intentó sin éxito enseñarle su oficio y tampoco se sintió muy atraído por la tonelería. Lo que realmente le atraía con todas las fuerzas, máxime siendo vecino de Jerez de la Frontera, era acercarse a los lugares en donde se escuchaban los sones flamencos.

D. Antonio Chacón fue uno de los mejores, uno de los elegidos, comparable a los que le precedieron y también a los que le siguieron, quizá con una excepción; uno de los más viejos que le conocieron y le escucharon, *Enrique el Mellizo*, le auguró su brillante futuro; otro, Silverio Franconetti, algo le enseñó y sobre todo coexistió, compitió con él, le contrató para actuar en su café cantante y anduvo muy cerca de él hasta que la muerte le apartó de este mundo.

IZQUIERDA: La feria de Sevilla, Joaquín Domínguez Bécquer, 1867. Óleo sobre lienzo, 56,5 x 101 cm. Colección Carmen Thyssen-Bornemisza.

DERECHA: DON ANTONIO CHACÓN [(Jerez de la Frontera (Cádiz), 1869-Madrid, 1929]. De padres desconocidos, fue adoptado por Antonio Chacón Rodríguez y su esposa María García Sánchez. Durante su niñez trabajó con sus padres en la zapatería que regentaban éstos, y empezó a mostrar una gran afición por el cante.

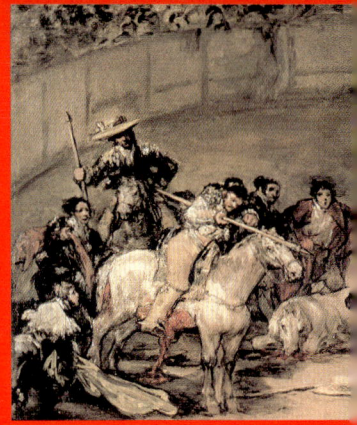

El folclore popular, la fiesta y las plazas de toros estuvieron muy ligados a las actuaciones de las grandes figuras del flamenco.

José Jiménez Aranda, Un lance en la plaza de toros, 1870. Óleo sobre tabla, 51 x 46 cm. Colección Carmen Thyssen-Bornemisza.

La obra *Vida y cante de D. Antonio Chacón*, original de José Blas Vega, premiada con el I Premio Demófilo, establecido por el Ayuntamiento de Córdoba, le reivindica, le coloca en el lugar que le corresponde en la historia del Arte Flamenco y además sirve para refrescar su figura ante las nuevas generaciones. Pero no todo el mundo opinó siempre lo mismo, al sentir de algunos de sus coetáneos su actuación pública, su *divismo* fueron nefastos para el flamenco, le acusaban de haberle dado la *puntilla* al café cantante cambiándolo por el teatro; esto literalmente es cierto, el café cantante comenzaba a languidecer con los comienzos del siglo XX, coincidiendo con la carrera ascendente y brillante del cantaor; los públicos, cada vez más numerosos, justifican el empleo de locales de mayor capacidad como los teatros o las plazas de toros y los cafés se van quedando pequeños además de excesivamente modestos para un público un grado mas elitista; el café cantante va desapareciendo paulatinamente hacia el final del primer cuarto de siglo.

Francisco de Goya,
Toros de Burdeos, 1825.
Litografías, Museo de
Huesca.

Los pasos cantaores del pequeño Antonio fueron muy sencillos, salvada la dificultad de trasmitir su negativa a aprender el oficio paterno; en Jerez de la Frontera, uno de los más importantes puntos neurálgicos del Arte Flamenco, en cada calle, en cada esquina, no digamos en sus barrios, rascando un poco en el suelo se oye rasguear la guitarra y surgen los sones de más de cien gargantas que le cantan a la madre, a la novia o a la vida; siendo todavía un niño chico, hizo equipo con Javier Molina y su guitarra y con su hermano bailaor, y juntos no faltaban a boda, bautizo o celebración de cualquier tipo que diera lugar a la concurrencia de un numeroso grupo de personas, que siempre mostraron su entusiasmo ante la actuación de los chiquillos, que desde muy chicos rayaron a gran altura artística; pronto se decidieron a emprender el recorrido por lugares próximos en los que siempre fueron muy bien recibidos, llegando incluso a ser contratados para actuar en algún improvisado café cantante.

El día de Santiago de 1886 el matador de toros Manuel Hermosilla obtiene un gran triunfo y para celebrarlo organiza una gran fiesta a la que invita a todo el mundo y entre ellos se encuentra *Enrique el Mellizo,* venido desde Cádiz para presenciar la corrida. Antonio, apenas cuenta con diecisiete años, también es invitado pues hay mucha gente que desea escucharle en una fiesta grande y seria, y allá va, a obtener un triunfo memorable que le abre todas las puertas y rompe todas las barreras que pudieran presentársele en el futuro. Para empezar, el maestro *Mellizo* le dice que en su nada profana opinión «a ti te dirán un día *el Papa del cante,* y te lo digo yo, que entiendo algo de estas cosas», y a continuación convence a su padre para que le deje irse con él a Cádiz para cantar en el local en el que él lo hacía habitualmente, en el que cobró la asombrosa cantidad de siete pesetas por cada noche de actuación, con lo que ya desde el comienzo las barreras económicas saltaron por los aires.

Sin ninguna discusión, el número uno del cante y además uno de los más boyantes empresarios era Silverio Franconetti, parte de cuyo éxito empresarial se basaba en la selección de lo mejor que hubiera en el mercado, sin que le preocupara lo más mínimo la posible competencia que pudieran ejercerle; más que preocuparle, la buscaba abiertamente, así que el muchachito Chacón comenzó a triunfar también en Sevilla, en el café de Silverio, donde actuó junto a las principales figuras del momento de los que, salvando al patrón, ninguno podía ni

Joaquín Sorolla, Fuente del Rey Moro. Alcázar de Sevilla, 1908. Óleo sobre lienzo, 72 x 52 cm.

acercársele. Unos meses después pasó a Málaga, siendo ya considerado como genial, pero todavía un jovencito, para encontrarse con el gran *Juan Breva*, quien le consagra como cantaor puntero de malagueñas. Hay que poner claramente de manifiesto que una de las principales virtudes del maestro fue el conocer claramente sus limitaciones, siendo plenamente consciente de hasta dónde podía llegar, y no podía llegar al cante gitano como un gitano. Curiosamente Silverio, Chacón y un tercero, *Pepe Marchena,* quien al decir de muchos enterró al flamenco en el escenario de un teatro, figura controvertida pero figura al fin, los tres ocuparon la cabecera de los espectáculos, de los dimes y diretes durante más de medio siglo de la historia de este arte.

Una muy importante fase del recorrido artístico de D. Antonio Chacón la constituye la ciudad de Madrid, adonde llega precedido ya de una gran fama obtenida en sus actuaciones en Andalucía y sobre todo en Sevilla, para en la capital del reino convertirse en el verdadero rey del cante; tuvo, entre tantos y tantos aciertos, el de ganarse al público desenterrando unos viejos *caracoles* de *José de Sanlúcar*, en cuya letra efectuó ciertas modificaciones para que comenzara diciendo

Cómo reluce,
cómo reluce
la gran calle de Alcalá...

sensiblero artificio que le fue metiendo al público en el bolsillo, desde los estrados del Café de Fornos, en el que actuó muy frecuentemente. Desde 1912 trasladó su domicilio a Madrid, desde donde se movió por toda España, cosechando triunfos allá por donde fuera.

Gran amistad le unió también con Antonio Grau, *El Rojo Alpargatero*, con quien intercambió experiencias y aprendió la pureza de tarantas y cartageneras, de las que el murciano fue un gran maestro y con tantos otros con quienes la vida le fue colocando a su vera, porque además viajó incansablemente; conoció al gran tenor navarro Julián Gayarre para el que cantó admirablemente unos exquisitos martinetes que le deleitaron tanto que le propuso ir a Italia a sus expensas para hacerse tenor de ópera cosa a la que, evidentemente, Antonio renunció; Gayarre manifestó siempre su admiración por un hombre capaz de dividir un tono en cuatro, cosa que consideraba prodigiosa.

En su búsqueda de grandes concentraciones de público acepta la oferta de la compañía del Teatro María Guerrero y viaja en 1914 hacia la República Argentina para meterse en el bolsillo a los públicos de Buenos Aires y Montevideo, regresando a España, donde arrecian las críticas de los defensores de la pureza en el arte flamenco, no sólo en la pura expresión artística, sino en aspectos exteriores como los públicos y los escenarios, oponiéndose al paso a los grandes espectáculos y a los escenarios como los teatros o las plazas de toros. Pese al cúmulo de críticas negativas, los supuestamente puristas estrictos organizan el festival de 1922, celebrado en el día del Corpus, que pasó a la historia, al que la inscripción quedó limitada a personajes no profesionales, que no estuvieran actuando en locales comerciales y fundamentalmente que no cobraran cantidades significativas por sus actuaciones. Pues bien, para dirigir este festival de acceso tan restringido, el comité organizador, con elementos como Manuel de Falla, García Lorca o Andrés Segovia, eligió a D. Antonio Chacón; por cierto, el vencedor del certamen fue Diego Bermúdez Cala, *El Tenazas*, obteniendo una muy meritoria mención de honor el niño de doce años Manuel Ortega, más adelante conocido como *Manolo Caracol*.

Continúa su incansable actividad con grandes actuaciones de mayor repercusión social que artística, como la inauguración del Patio Flamenco del Hotel Alfonso XIII de Sevilla en 1925, y actuaciones ante los reyes de Italia, invitados de los de España. En 1928 se organiza un enorme espectáculo, con las primeras figuras de cada variante, que recorre toda España actuando en grandes teatros y en plazas de toros, naturalmente con D. Antonio Chacón como una de las principales figuras. Poco después Chacón cae enfermo, produciéndose su fallecimiento en Madrid, el día 21 de enero de 1929.

Antonio Chacón obtuvo una enorme fama con sus actuaciones en Sevilla, lo que le permitió entrar por la puerta grande en la capital del reino.

LLAVES DE ORO DEL CANTE FLAMENCO

No está nada claro ni qué son, ni quién las instituye, ni cuándo ni dónde se conceden, ni quiénes son los jurados, ni cuáles son los dictámenes preceptivos para su adjudicación. A mayor abundamiento, no está claro si la primera Llave de Oro del Cante Flamenco se entregó en el Café Sin Techo de Málaga o se entregó en Jerez, y tampoco, otro dato más del que no se dispone, se conoce la fecha exacta de su otorgamiento. Así pues, de este Primer Gran Trofeo que se concede a un gran cantaor, solo se dispone del nombre del ganador: Tomás de Vargas Suárez, *El Nitri*, personaje de cuyos datos biográficos apenas se dispone, aunque sí de sus grandes excelencias como cantaor y de las controversias cuyas actuaciones públicas provocaron, en su época, en la que coexistió con otros dos grandes monstruos del cante flamenco, nada menos que el malagueño *Juan Breva* y el sevillano Silverio Franconetti con el que, al parecer, se negaba a cantar por miedo a no quedar bien, o por evitar que un payo le copiara.

La Segunda Llave de Oro del Cante Flamenco se hace esperar varias décadas. Con los ecos del Primer Concurso celebrado en Granada en 1922, el avis-

pado empresario del madrileño Teatro Pavón, situado en la calle de Embajadores, crea y convoca la Copa Pavón a la que han de concurrir primerísimas figuras del momento. La final se celebra el 24 de agosto de 1925 y la alcanzan los cantaores *Niño Escacena*, *Pepe Marchena*, *Cojo de Málaga*, *El Mochuelo* y *Manuel Vallejo*, siendo este último el que a la postre fue el ganador de la Copa y de la importante cantidad económica. Pero la historia no termina aquí; un año después el certamen se repitió siendo el ganador Manuel Centeno; pero en la opinión de muchos y de los más conspicuos, el premio debería haber sido de nuevo para *Manuel Vallejo*, por lo que a instancias de una mayoría y de la mano de D. Antonio Chacón, se acordó concederle la Segunda Llave de Oro en profundo desagravio, trofeo que le fue entregado por *Manuel Torre*.

Los tiempos pasan y los avatares se suceden, no tanto en los entresijos del flamenco, como en los de la vida civil del país, que repercuten en mayor o menor medida en la cultura, el arte y los espectáculos, entre ellos los del arte flamenco, cuyos genuinos intérpretes siguen actuando en núcleos más reducidos, sin dejarse absorber por los escenarios teatrales, donde triunfan muchos de los menos recalcitrantes, que han restado profundidad al flamenco para hacerlo más accesible a los públicos populares. En los comienzos de la era de los tablaos van saliendo a la luz figuras escondidas que van poco a poco revalorizando las esencias del arte, figuras de la talla de *Juan Talega*, de *Fosforito* o del jerezano *Perico el del Lunar*, que con su guitarra y su sabiduría dirige la *Primera Antología del Arte Flamenco*, editada por Hispavox. Es la época en la que se crea Cátedra de Flamencología de Jerez, en 1958, surgen peñas y comienzan a proliferar los festivales. En 1956 tiene lugar el Primer Concurso Nacional de Arte Flamenco, que se celebra en Córdoba y gana el cordobés de Puente Genil Antonio Fernández Díaz, *Fosforito*. Con estos sucesos y con la muerte de Manuel Vallejo acaecida en 1960, quienes habían organizado el deslumbrante Concurso de Córdoba deciden poner en juego la tercera Llave de Oro del Cante Flamenco. En una brillante noche de 1962, a la sombra de la Mezquita, la ciudad de Córdoba es el escenario que acoge este certamen histórico en el que *Antonio Mairena* se alza con el triunfo ante un plantel inigualable formado por *El Chocolate*, Juan Varea, *Platero de Alcalá* y *Fosforito*. Anto-

nio Cruz, *Mairena*, *llave en mano*, funda una escuela perdurable que se contrapone a la gaditana de *Chano Lobato* y *Camarón* para, todos juntos, elevar las esencias del arte flamenco a una altura inconmensurable.

Dice el viejo *adagio* castellano que «lo bueno, si breve, dos veces bueno». Mozart, nacido en 1756 y muerto en 1791 dijo en una ocasión que «*Comete un error quien piense que mi arte viene a mí fácilmente. Nadie ha dedicado tanto tiempo ni pensado tanto en una composición como yo. No hay un maestro cuya música no haya yo estudiado una y otra vez*». Franz Schubert murió a los 31 años dejando la *Sinfonía inacabada*. No muchos pero sí alguno más de los grandes genios del arte, o de otras especialidades, ha pasado por este mundo de forma fugaz, dejando huérfano a su público, con grandes expectativas en páginas en blanco. Wolfgang Amadeus dejó constancia de su descontento ante la gente que pensaba que todo le venía directamente por una desconocida línea inalámbrica. Así suele ocurrir, otro proverbio dice que «el que algo quiere algo le cuesta», y la ciencia infusa no es posible, las grandes obras tienen un trasfondo de grandes trabajos, tiempos y esfuerzos. Todo esto viene al hilo del *Camarón de la Isla*, de su ciclópea talla de cantaor flamenco, de la brevedad de su vida y de su enorme trabajo de autoformación. Dolores Vargas, *La Chispa*, su mujer, cuenta de sus noches en blanco, escuchándose a sí mismo para pulir matices, o a sus cantantes preferidos, entre los que se encontraban estilos tan diversos como Raphael y Pink Floyd. El *Camarón* murió cargado de premios, los más deseados y los más prestigiosos, el Premio Nacional de Cante de la Cátedra de Flamencología de Jerez de la Frontera, y el Primer Premio del Concurso de Mairena de Alcor entre otros muchos. Pero la Llave de Oro del Cante no le fue otorgada en vida, pese a sus merecimientos, posiblemente por su temprana edad; sin embargo, a los ocho años de su fallecimiento, cuando el siglo XX también agonizaba, en el año 2000, la Junta de Andalucía tomó la iniciativa de otorgársela a título póstumo.

INCURSIONES DE UN POETA

En 1933 Federico García Lorca pronunció en Buenos Aires una conferencia en la que estableció (a su manera, claro)

ESCUELA.
Estilo impuesto por un creador genial y seguido por muchos que de él han aprendido o en él se han inspirado. El baile de Sara Baras ha creado su propia escuela.

DIAPASÓN.
Dice el Diccionario de la Real Academia que es el «Intervalo que consta de cinco tonos, tres mayores y dos menores, y de dos semitonos mayores, diapente y diatesarón» y también «Trozo de madera que cubre el mástil y sobre el cual se pisan con los dedos las cuerdas del violín y de otros instrumentos análogos». Así pues, en la guitarra flamenca es el sector del mástil sobre el que van dispuestos los trastes y sobre el que se realizan las pulsaciones.

«SARA BARAS» interpreta magistralmente la versión de Mariana Pineda de Federico García Lorca.

una serie de definiciones y de asertos relativos al Arte Flamenco que, en aras de las pequeñas licencias solicitadas, es casi necesario incluir.

La conferencia llevó por título el de «Teoría y juego del duende» y en ella desarrolló toda la poesía y toda la filosofía contenidas en las esencias del Arte Flamenco que le apasionaban, como le apasionaban sus personajes y sus circunstancias, sus sueños y sus glorias, sus caídas y sus demencias. En su inicio asegura que *sólo* pretende dar «una sencilla lección sobre el espíritu oculto de la dolorida España» y lo hace tomando como base las esencias ocultas del flamenco y de sus gentes.

Federico García Lorca, granadino universal, estudioso en Madrid y Licenciado en Filosofía y Letras, hace una primera pero fuerte incursión en el mundo del flamenco con ocasión del Concurso Nacional de Cante Flamenco que se convoca en Granada y se celebra en el verano de 1922; en su organización ocupa un papel preponderante, junto con otros intelectuales que trataban de salvaguardar la pureza de un arte abocado, en su opinión, a la decadencia y a la degradación. Realmente, toda su vida intelectual, muy intensa, estuvo empapada, en mayor o menor grado, por los rasgueos flamencos y también por la enorme afición taurina, culminada para mal con la muerte de Ignacio Sánchez Mejías. Casi toda su obra está, como mínimo, impregnada con los efluvios flamencos, efluvios que no cesan con su desaparición y, a título de ejemplo, de su obra dedicada a la insigne figura granadina de *Mariana Pineda* se realiza en el año 2002 una fantástica versión para ballet flamenco, con la impecable actuación de *Sara Baras*.

Uno de los ejes de giro de su pasión por el flamenco estuvo marcado por la búsqueda y por la definición del *duende*. Y en esta conferencia esta búsqueda y esta definición alcanzan el más alto grado del dramatismo investigador que le alentaba. Como primeras aproximaciones se apoya en las referencias y sobre todo en la referencia a *Manuel Torre*, que falleció en aquel mismo año de 1933, por el que Lorca sentía especial admiración, considerándole un hombre de gran cultura, cultura *que llevaba en la sangre*. Dos apuntes iniciales pone en boca de *Manuel Torre*, uno la frase que pronunció escuchando el *Nocturno del Generalife*, de Manuel de Falla: «Todo lo que tiene *soníos negros* tiene duende», y no hay verdad más grande, apostilla Lorca. Cuenta cómo *Manuel Torre*, aconsejando a un cantaor que no lo hacía mal del todo le dijo: «Tú tienes voz, tú conoces bien los estilos, pero no triunfarás nunca, porque tú no tienes duende». Y sobre estos dos apuntes trata de iniciar al público en un tema tan críptico, tan aparentemente rebuscado... y tan poco bonaerense.

Después busca las referencias más intelectuales que encuentra, se apoya en Nietzsche y en Goethe y en conceptos más o menos rebuscados, como los *soníos negros* de *Manuel Torre*:

MANUEL TORRE fue una fuente de inspiración para Federico García Lorca.

Estos sonidos negros son el misterio, las raíces que se clavan en el limo que todos conocemos, que todos ignoramos, pero de donde nos llega lo que es sustancial en el arte. Sonidos negros dijo el hombre popular de España y coincidió con Goethe, que hace la definición del duende al hablar de Paganini, diciendo: «Poder misterioso que todos sienten y que ningún filósofo explica».

Así, pues, el duende es un poder y no un obrar, es un luchar y no un pensar. Yo he oído decir a un viejo maestro guitarrista: «El duende no está en la garganta; el duende sube por dentro desde la planta de los pies». Es decir, no es cuestión de facultad, sino de verdadero estilo vivo; es decir, de sangre; es decir, de viejísima cultura, de creación en acto.

Este «poder misterioso que todos sienten y que ningún filósofo explica» es, en suma, el espíritu de la sierra, el mismo duende que abrazó el corazón de Nietzsche, que lo buscaba en sus formas exteriores sobre el puente Rialto o en la música de Bizet, sin encontrarlo y sin saber que el duende que él perseguía había saltado de los misteriosos griegos a las bailarinas de Cádiz o al dionisiaco grito degollado de la seguiriya de Silverio.

Así, pues, no quiero que nadie confunda al duende con el demonio teológico de la duda, al que Lutero, con un sentimiento báquico, arrojó un frasco de tinta en Nuremberg, ni con el diablo católico, destructor y poco inteligente, que se disfraza de perra para entrar en los conventos, ni con el mono parlante que lleva el truchimán de Cervantes, en la comedia de los celos y las selvas de Andalucía.

No. El duende de que hablo, oscuro y estremecido, es descendiente de aquel alegrísimo demonio de Sócrates, mármol y sal que lo arañó indignado el día en que tomó la cicuta, y del otro melancólico demonillo de Descartes, pequeño como almendra verde, que, harto de círculos y líneas, salió por los canales para oír cantar a los marineros borrachos.

Todo hombre, todo artista llamará Nietzsche, cada escala que sube en la torre de su perfección es a costa de la lucha que sostiene con un duende, no con un ángel, como se ha dicho, ni con su musa. Es preciso hacer esa distinción fundamental para la raíz de la obra.

El ángel guía y regala como San Rafael, defiende y evita como San Miguel, y previene como San Gabriel.

El ángel deslumbra, pero vuela sobre la cabeza del hombre, está por encima, derrama su gracia, y el hombre, sin ningún esfuerzo, realiza su obra o su simpatía o su danza. El ángel del camino de Damasco y el que entró por las rendijas del balconcillo de Asís, o el que sigue los pasos de Enrique Susson, ordena y no hay modo de oponerse a sus luces, porque agita sus alas de acero en el ambiente del predestinado.

La musa dicta, y, en algunas ocasiones, sopla. Puede relativamente poco, porque ya está lejana y tan cansada (yo la he visto dos veces), que tuve que ponerle medio corazón de mármol. Los poetas de musa oyen voces y no saben dónde, pero son de la musa que los alienta y a veces se los merienda. Como en el caso de Apollinaire, gran poeta destruido por la horrible musa con que lo pintó el divino angélico Rousseau. La musa despierta la inteligencia, trae paisaje de columnas y falso sabor de laureles, y la inteligencia es muchas veces la enemiga de la poesía, porque imita demasiado, porque eleva al poeta en un bono de agudas aristas y le hace olvidar que de pronto se lo pueden comer las hormigas o le puede caer en la cabeza una gran langosta de arsénico, contra la cual no pueden las musas que hay en los monóculos o en la rosa de tibia laca del pequeño salón.

Ángel y musa vienen de fuera; el ángel da luces y la musa da formas (Hesíodo aprendió de ellas). Pan de oro o pliegue de túnicas, el poeta recibe normas en su bosquecillo de laureles. En cambio, al duende hay que despertarlo en las últimas habitaciones de la sangre.

Para buscar al duende no hay mapa ni ejercicio. Sólo se sabe que quema la sangre como un tópico de vidrios, que agota, que rechaza toda la dulce geometría aprendida, que rompe los estilos, que hace que Goya, maestro en los grises, en los platas y en los rosas de la mejor pintura inglesa, pinte con las rodillas y los puños con horribles negros de betún; o que desnuda a Mosén Cinto Verdaguer con el frío de los Pirineos, o lleva a Jorge Manrique a esperar a la muerte en el páramo de Ocaña, o viste con un traje verde de saltimbanqui el cuerpo deli-

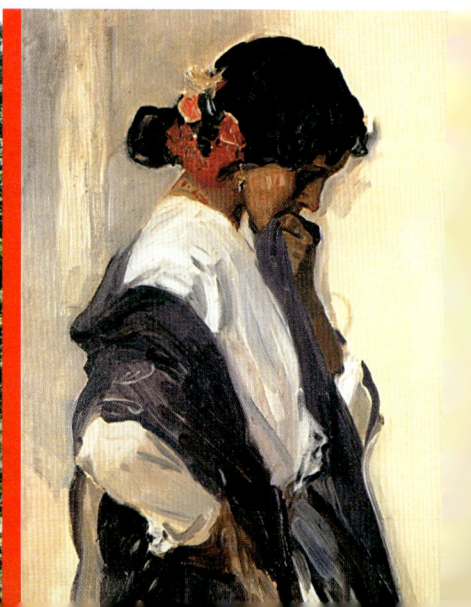

cado de Rimbaud, o pone ojos de pez muerto al conde Lautréamont en la madrugada del boulevard.

Los grandes artistas del sur de España, gitanos o flamencos, ya canten, ya bailen, ya toquen, saben que no es posible ninguna emoción sin la llegada del duende. Ellos engañan a la gente y pueden dar sensación de duende sin haberlo, como os engañan todos los días autores o pintores o modistas literarios sin duende; pero basta fijarse un poco, y no dejarse llevar por la indiferencia, para descubrir la trampa y hacerle huir con su burdo artificio.

Entonces La Niña de los Peines se levantó como una loca, tronchada igual que una llorona medieval, y se bebió de un trago un gran vaso de cazalla como fuego, y se sentó a cantar sin voz, sin aliento, sin matices, con la garganta abrasada, pero... con duende. Había logrado matar todo el andamiaje de la canción para dejar paso a un duende furioso y abrasador, amigo de vientos cargados de arena, que hacía que los oyentes se rasgaran los trajes casi con el mismo ritmo con que se los rompen los negros antillanos del rito, apelotonados ante la imagen de Santa Bárbara.

Pastora Pavón, *Niña de los Peines*, interrogada al respecto en muchas ocasiones siempre negó la veracidad de este suceso, por lo que lo consideramos una licencia más de las muchas en que incurre el poeta buscando la brillantez de la exposición pero también, sobre todo en casos como éste, buscando la convicción del oyente o del lector.

Ésta fue en opinión de muchos la incursión más profunda del poeta andaluz por entre los entresijos del Arte Flamenco, pero ni mucho menos fue la única; prácticamente toda su obra está impregnada de los efluvios que emanan del cante, del baile y del toque, de las gentes y de los ambientes, del mundo gitano y de las *zambras granaínas*. Obras como el *Romancero Gitano* o *Bodas de Sangre* se entienden mejor con el trasfondo de la guitarra de *Manolo Sanlúcar* o de *Paco de Lucía* y voz transida, empapada en el *duende* de Morente o del *Camarón*.

Abajo centro: Joaquín Sorolla, Gitana, 1912. Óleo sobre lienzo, 110,5 x 63,5 cm. Colección particular.

Abajo izquierda: Joaquín Sorolla, La Alberca, Alcázar de Sevilla, 1910. Óleo sobre lienzo, 82,5 x 105,5 cm. Museo Sorolla, Madrid.

FARRUCA.
Es un toque que llega al flamenco procedente de Galicia, del folclore gallego, que utiliza la estructura del tanguillo y que se ejecuta sobre los tonos menores.

LARGA TRANSICIÓN CON LUCES Y SOMBRAS

De 1922 a 1960 se produce un muy largo periodo de transición, prácticamente desde la total extinción del café cantante hasta la decidida apertura del tablao flamenco. Quizá sea más exacto poner las fronteras en 1929, fecha del fallecimiento de D. Antonio Chacón porque aunque su figura fue discutida por quienes le hicieron responsable de la apertura hacia el teatro, lo cual era rigurosamente cierto, su categoría artística quedaba muy por encima de cualquier crítica, sin olvidar que los grandes valedores de la pureza y del rigor del arte flamenco, los promotores y organizadores del concurso nacional convocado para el verano de 1922 en la ciudad de Granada, no opusieron mayor inconveniente para que fuera su director artístico, actuando como tal con gran aceptación de la organización y del público.

Ya antes, hacia 1920, comienzan tímidamente espectáculos teatrales, otra vez Chacón y su expedición con la compañía del María Guerrero al estuario del Río de la Plata marca un poco la pauta a seguir, espectáculos a los que se comienza por adjudicar un nombre nada adecuado y se les denomina *ópera flamenca*. Sin embargo, el asunto tiene una sencilla explicación que nada tiene que ver con el espectáculo sino con la fiscalidad; según una disposición de 1926, los espectáculos públicos como los cafés cantantes, las revistas de variedades, los toros o los muy diversos festejos que se organizan en una gran ciudad, todos ellos habían de pagar un canon del diez por ciento, con las únicas excepciones de los conciertos sinfónicos y de la ópera, que solamente tenían que pagar el tres por ciento; para los avispados empresarios madrileños señores Verdines y Monserrat ésta fue la solución, por el sencillo procedimiento de denominar a sus espectáculos *ópera flamenca* se ahorraban un buen dinero en sus tributos; naturalmente, todos los demás les imitaron y se consagró el nombrecito que, evidentemente, nada tenía que ver con Verdi ni con la lírica.

El público adoptó el nombre de buen grado, sin entrar en mayores disquisiciones, y durante un buen número de años figuró reiteradamente en los carteles. Para los buenos aficionados expertos, la etiqueta *ópera flamenca* no fue en absoluto bien aceptada porque, en su opinión y en su manera de ver las cosas, la esencia flamenca quedó sensiblemente adulterada al abandonar los cantaores palos tan importantes y esenciales como la *soleá* o la *bulería* para abandonarse de cuerpo entero en brazos del *fandango*, del *cuplé* o de los *cantes de ida y vuelta*, todos ellos muy bienvenidos por los nuevos públicos, menos conocedores y más acomodaticios.

Por otra parte, comienzan a surgir grandes obras de teatro, de danza y de ballet aflamencado, que probablemente marcan un hito a partir del estreno en 1914 en el Teatro Alhambra de Londres de la obra *El embrujo de Sevilla*, en la que se baila una versión coreográfica de *El amor brujo*, de Manuel de Falla, germen de una imparable trasposición del cante y del baile flamencos a la mayor amplitud de los escenarios teatrales, semejante a la ocurrida con el paso de las reuniones íntimas a los cafés cantantes; muchas obras de ambientes andaluz y flamenco se abren paso brillantemente y salen a la palestra nombres importantes de autores de la más variada condición, como por ejemplo José María Pemán con su *Noche de Levante en calma*, o los hermanos Antonio y Manuel Machado con su *La Lola se va a los puertos*, obras que ponen de manifiesto el interés de los públicos por argumentos de índole andaluza, gitana o flamenca.

Era la misma época del Concurso de Granada de 1922, con su aparente intento de revalorización, de localización de nuevos y jóvenes valores y de cierto fingido desprecio por los ya triunfadores que, por otra parte, figuran en la cúpula organizadora, encabezados por el mismo director del certamen, D. Antonio Chacón, y la presencia de otros muchos; no hay que olvidar que por aquella época las primerísimas figuras del arte flamenco eran, además de Chacón, nombres de la magnitud de *Manuel Torre*, de los hermanos Pavón, encabezados por la *Niña de los Peines*, y otros varios de talla comparable. Y de aquí nace la llamada *ópera flamenca*, artilugio financiero fiscal a efectos prácticos, que define Manuel Ríos en su *Diccionario Enciclopédico del Flamenco* como «Espectáculos flamencos de can-

La magia y el duende del flamenco han sido a lo largo de los tiempos el valor que los cantaores de este arte han aprendido de sus ancestros y han hecho perdurar a lo largo del tiempo.

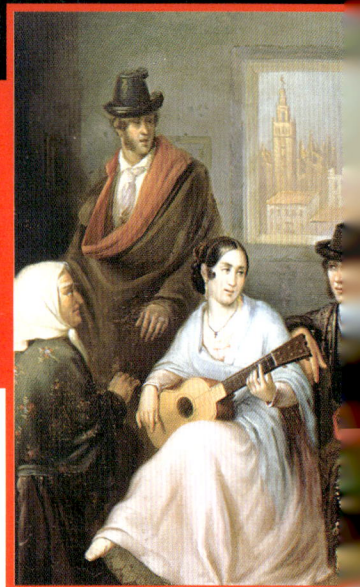

te, baile y guitarra, que proliferaron desde 1920 a 1936, por toda la geografía española, organizados por empresarios profesionales, y celebrados por regla general en plazas de toros y en grandes teatros».

La época de la llamada *ópera flamenca* fue larga y complicada, partida por una guerra civil; aunque el mundo del flamenco mantuvo tensa la cuerda de su carácter apolítico, la vida civil sufrió fuertes convulsiones que en mayor o menor grado afectaron a todas las actividades ordinarias, especialmente en las relativas al mundo del espectáculo, sobre todo en Madrid, que prácticamente quedó cerrado a tales efectos lúdicos. Pero ni mucho menos estuvo marcada por la carencia de primeras figuras, unas escondidas en las sombras de sus peñas o del reducido número de sus cabales y otras en primera línea, peleando por alcanzar la fama y el dinero, sacrificando quizás la gloria de figurar a la cabeza en el decir de los más entendidos santones, escondidos en su cueva de Jerez o de Triana.

Uno de los más controvertidos en su momento fue *Pepe Marchena*, condenado por unos por abandonar la senda del *cante cabal* para echarse en los brazos del gran público y seguir el camino del éxito fácil y ensalzado por otros, quizá menos entendidos del *buen camino*, pero nada legos en materia musical, como Leopold Stokovsky, quien dijo de él que «si sus prodigiosas florituras se pudieran llevar al pentagrama deslumbraría al mundo», y no fue una excepción, aunque de entre una legión de admiradores fue el más famoso músico, compositor y director de orquesta, que acertó a escucharle en alguno de sus pasos por este país, pero *Marchena* arrastró al gran público, público en cierto modo nuevo, que seguía el flamenco por una senda posiblemente heterodoxa, pero por la que van marchando los grandes de lo que ya se va llamando «canción española», a dos pasos de la caña y de la *seguiriya*, pero acercándolas a un público muy bien dispuesto y agradecido, ante la orquestación de los aires andaluces que dan lugar a unos ritmos influidos por el flamenco pero bien distintos, de cuya interpretación han sido fieles exponentes algunos de los más grandes, como *Manolo Caracol* o *Angelillo*, sin que ni siquiera la guitarra ceda un ápice de su papel en los espectáculos, encontrándose multitud de ejemplos de los principales tocaores de cada momento, como Ramón Montoya, *Niño Ricardo* o *Sabicas*.

Rizando el rizo de los despropósitos, en el alejado mundo del deporte se produce una circunstancia que, una licencia más que se toma el autor, salvando algunas otras considerables, se parece en cierto modo a la ocurrida en el mundo del flamenco en la década de los años treinta. A principios del siglo XXI, el Presidente de un club de fútbol, Florentino Pérez del Real Madrid Club de Fútbol, hace pública su teoría de *Zidanes* y *Pavones* que quiere decir confeccionar la plantilla del equipo sobre la base de un número de jugadores de primerísimo nivel mundial, Zidane, Figo, Ronaldo y un segundo bloque con jugadores procedentes de su escuela de fútbol; sin entrar a juzgar la idoneidad del procedimiento ni mucho menos los resultados obtenidos, se nos vienen a la mente los casos de *Pepe Marchena* y la simultánea vida paralela de Pastora Pavón, la maravillosa *Niña de los Peines*. Ambos triunfaron en el mundo del Arte Flamenco y coexistieron en una parte importante de sus vidas, pero también ambos le dieron direcciones bien distintas a sus trayectorias profesionales; ella, un *Zidane* del cante flamenco, poseedora del *duende* más puro y más profundo que Lorca pudo imaginar, aunque ella siempre negó la veracidad de la historia contada por el poeta, y él, buen cantaor sin llegar a la genialidad, como la mayoría

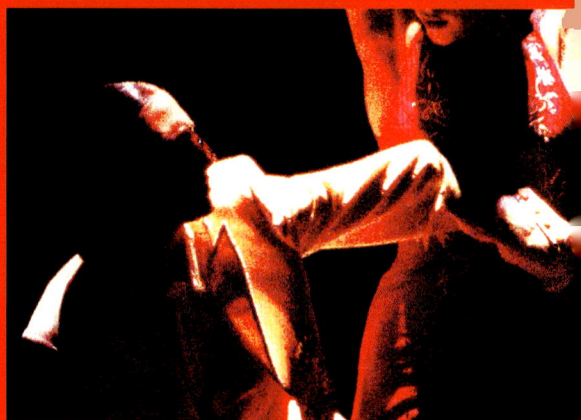

Todo lo que conforma el flamenco, su vestuario, la pose, las luces, el escenario, forman parte de una tradición que ha pasado de generación en generación hasta nuestros días.

nacido en familia humilde, con gran predisposición para relacionarse, en su niñez alterna sencillos oficios con la dedicación al cante en ventas y tabernas, pasando la gorra al terminar, hasta que muy pronto comenzó a ser contratado, haciendo su debut profesional al ganar un concurso para aficionados en Fuentes de Andalucía y pronto contratado por el Café Novedades de Sevilla; después de presentarse en Madrid, nada menos que en La Bombilla, su carrera es ya imparable y dedicada casi por entero a la *ópera flamenca*, con la que recorre reiteradamente España y América del Sur; no es sino a finales de los años sesenta cuando ya se siente enfermo y comienza su retirada; en noviembre de 1976 su ciudad natal le concede la Medalla de Oro y para el día 28 de ese mes, *Juanito Valderrama* organiza en el Teatro Alcalá Palace de Madrid un magno homenaje en su honor al que acude *tó er mundo*.

Paralela y simultáneamente a la *ópera flamenca*, se fue implantando otra especialidad flamenca, muy adecuada para el teatro, como es el ballet flamenco, que se fue separando, estructurando y engrandeciendo, desde que se bailó en Londres *El amor brujo*, en el estreno de *El embrujo de Sevilla* en 1914. La profunda expansión del ballet flamenco se debió fundamentalmente a la enorme constelación de grandes estrellas que ha ido alumbrando el panorama nacional, estrellas de resonancia mundial, que continúan apareciendo constantemente y que hoy día se encuentran en las obras del Ballet Nacional de España o en las coreografías del recientemente desaparecido *Antonio Gades*, de Cristina Hoyos o la muy reciente de *Sara Baras* con la *Mariana Pineda* de García Lorca.

Muchos, o algunos, de los espectáculos flamencos más modernos son una indudable continuidad de las *óperas flamencas*, vibra en nuestro recuerdo la impresionante *soleá* del espectáculo *Quejío*, estrenada en Madrid por el grupo sevillano *La Cuadra*, en el Teatro Benavente, en el verano de 1972; con mucho mayor tirón popular aunque con menor profundidad, obtuvo un éxito grandioso

el titulado *Zambra*, protagonizado por *Manolo Caracol* y *Lola Flores*, al final de los años cincuenta.

Con la misma intensidad referencial que el Concurso Granadino de 1922, figurará, con casi cuarenta años de diferencia, el Concurso de Córdoba de 1956 que marca también un hito que se centra en la concesión de la Tercera Llave de Oro del Arte Flamenco y que, por otra parte, en esta época se puede dar por cerrada la fase de cierto ostracismo en el Arte Flamenco, marcada por el auge y el mantenimiento de la ópera flamenca, la imparable ascensión de la canción española y de los espectáculos del llamado «folclore español», que no desaparecen en absoluto y continúan vigentes y boyantes, pero coexistiendo con las figuras y con las nuevas tendencias que se suman a la profundidad del *cante jondo* de las nuevas y de las antiguas primeras figuras del cante, de la danza con jóvenes y espectaculares estrellas y con guitarras excepcionales, a las que no escapan ni los Premios Príncipe de Asturias con varios premiados en los muy últimos tiempos. Pero, yendo por pasos, comencemos la nueva fase con la Tercera Llave de Oro del Arte Flamenco.

TERCERA LLAVE DE ORO DEL FLAMENCO

Es normal en muchos mundos concretos, sobre todo en los de corte más popular, como es el mundo del flamenco, que una época concreta no comience en un momento determinado y que no se pueda decir qué día y a qué hora comenzó, como se puede hacer con una guerra o con una final de un concurso deportivo; en definitiva, podemos saber exactamente cómo y cuándo comenzó la Segunda Guerra Mundial pero no es posible determinar en qué instante se inició el Renacimiento y, de la misma forma la época del comienzo de la revalorización del Arte Flamenco queda un poquito difusa, entre los años finales de la década de los cincuenta y los iniciales de los sesenta. Y, pasado algún tiempo, se van atando los cabos de una historia coherente.

Los profundamente seguidores del auténtico Arte Flamenco no habían huido, ni se habían escondido, simplemente se movían con discreción y se reunían para escuchar a sus ídolos, en lugares de pequeña capacidad, generalmente en los sótanos de las tabernas o en los locales de las mismas, sin movimientos populares ni grandes alharacas, pero se reunían con regularidad y disfrutaban de sus estrellas en paz y con tranquilidad, cada vez con mayor regularidad y se fue creando la creciente necesidad de organizarse y de regularizarse y se fueron montando los primeros núcleos de creación de las Peñas Flamencas que unos años después proliferaron por doquier. En Granada, un pequeño grupo de orfebres y plateros aprovecha el ofrecimiento de uno de ellos, Manuel Salamanca, para utilizar en sus reuniones los sótanos de una platería, situada en la calle de San Matías; corría el año de 1949, que no era precisamente la época política más adecuada para solicitar de las autoridades los permisos pertinentes, trámites que se fueron posponiendo y que no se tramitaron hasta 1970, pero los peñistas mantienen en su corazón la fecha inicial, con la que presumen, con toda la razón, de ser la peña más antigua de España. Otras varias como la Peña Flamenca Juan Breva, de Málaga, o la Peña Flamenca Los Cernícalos, de Jerez de la Frontera, se pusieron pronto en marcha y figuran entre las más antiguas y las más prestigiosas.

Un hecho ciertamente trascendental en la evolución y el desarrollo del Arte Flamenco en todos los aspectos, con participación de las primeras plumas y de las más preclaras mentes entendidas y amantes del arte es la constitución en 1958 de la Cátedra de Flamencología y Estudios Folclóricos Andaluces creada con los objetivos del estudio, de la investigación, del mantenimiento, del desarrollo y de la evolución del más genuino arte flamenco, por el impulso de un grupo de intelectuales liderados por Juan de la Plata y Manuel Pérez Celdrán. Su nombre fue utilizado por vez primera en el título de uno de sus libros por el flamencólogo argentino de origen gaditano, escritor, investigador y erudito Anselmo González Climent, que colaboró activamente en su puesta en marcha; su sede quedó establecida en la ciudad de Jerez de la Frontera, cuna de innumerables figuras de todos los tiempos, tanto del cante como del baile y de la guitarra.

Las actividades de la cátedra son múltiples y muy variadas y se van ampliando y complementando con el paso del tiempo; inicialmente se funda de manera oficial, el 24 de septiembre de 1958, como sección especial del Centro Cultural Jerezano, más adelante denominado Ateneo de Jerez, gozando de plena autonomía y pasando a denominarse Cátedra desde 1973. En 1988, la Junta de Andalucía crea, en el seno de su Consejería de Cultura, un Centro Andaluz de Flamenco al que la cátedra, sin ceder su independencia, se adscribe mediante un convenio firmado en 1992. Es curioso constatar cómo el término *flamencología* no fue aceptado inicialmente por los más rancios intelectuales de la órbita flamenca, porque tal vocablo no figuraba en el *Diccionario de la Lengua de la Real Academia*, hecho que fue subsanado por la influencia del Académico de la Lengua y Miembro Honorario de la cátedra jerezana, el poeta granadino Luis Rosales.

ABAJO: ANTONIO ORTEGA («JUAN BREVA» en el mundillo flamenco) fue una personalidad clave dentro del cante malagueño de la época. Se trasladó a Madrid, y en 1884 actuó en todos los tablaos conocidos de entonces, y el mismo Alfonso XII le regalaba siempre un alfiler de corbata.

51

CANTE FESTERO

Son los cantes
alegres y
bullangueros, los
más festivos como
las alegrías y las
rumbas.

La Cátedra de Flamencología impulsó la creación de los Cursos Internacionales de Estudios Flamencos que se celebran cada verano, colabora en la concesión del Premio de la Crítica del Festival de Jerez, de los Premios Nacionales de Flamenco que se conceden cada segundo año, participa en la organización de la Fiesta de la Bulería, patrocinada por el Ayuntamiento de Jerez, publica la selecta *Revista de Flamencología* y, en general, se siente heredera de los grandes artistas jerezanos, cuya simple mención ocuparía varios volúmenes, muy justamente orgullosa de ellos, y decidida a proseguir su labor y a mantener firme su bandera de ser la más antigua institución flamenca de carácter académico.

En el año de 1955 se publica inesperadamente un libro que realmente sorprende. Obra de un desconocido autor argentino, aunque hijo de padres andaluces, libro de altura científica absolutamente inusual en su tema y en temas aledaños, libro que impresionó a la joven intelectualidad andaluza y que sirvió de revulsivo sobre un tema hasta entonces despreciado o, como mínimo, considerado como de segundo o tercer nivel intelectual, y del que, con ésta y alguna que otra llamada de atención saltó a la palestra en la bibliografía, en otras manifestaciones culturales y, por supuesto en la realidad viva del Arte Flamenco. La obra de Anselmo González Climent sale a la luz en Madrid, arropada con un prólogo de D. José María Pemán, intelectual muy bien considerado por el estamento oficial del momento. Dice Manuel Ríos en el seno de una profunda crítica: «Un libro oportuno, que no oportunista, que se nos presentó un día como una descubierta de horizontes, como una llamada a la dignificación del tema. En el fondo era como una acusación a los andaluces de un débito que había que pagar». Fue una enérgica llamada de atención sobre un arte que cumplía el paradójico papel de asunto tremendamente popular que permanecía semidesconocido para la mayoría de un público que, por otra parte, era, y es, un público que tradicionalmente no lee. Una de las personas más impresionadas por la obra fue el poeta Ricardo Molina, quien pronto alumbró la idea de repetir el Concurso de Cante Jondo celebrado en Granada en 1922, para celebrar otro, tratando de obtener un éxito semejante.

Cañí
Según el Diccionario
de la Academia,
significa «De raza
gitana». En el folclore
nacional es muy
conocido el pasodoble
España Cañí.

Por estas fechas en las que se vienen produciendo todos estos hechos más o menos históricos, una vez más lejos de las fronteras, en París de la Francia se le concede un Gran Premio de la industria discográfica francesa, nada menos que a una *Antología del Cante Flamenco,* producida a instancias del aficionado Roger Wild por la casa Ducretet-Thomson con el apoyo de su director artístico Serge Moreaux, editada en tres discos en grabación dirigida y ejecutada por *Perico el del Lunar,* con una exquisita selección de intérpretes y de cantes, extraídos muchos de ellos del cajón de los recuerdos más queridos y con un libreto de Tomás Andrade de Silva; se graba en Madrid en 1953 y se edita en París en 1954. Después de algunos revuelos, de muchas conversaciones y controversias, era evidente que el flamenco pasaría a un lugar más decoroso en las discusiones culturales españolas y, sobre todo, andaluzas y en las actividades de algunas empresas discográficas, especialmente de Hispavox, que procede, con cierta rapidez, a la publicación de su *Antología,* que en 1982 pasa a ser la *Magna Antología del Cante Flamenco,* realizada por José Blas Vega, con un prólogo en el que Manuel Ríos Ruiz nos da un sabio consejo, tomado del César Augusto quien para todas las acciones que se emprendan, no sólo para escuchar el Cante Flamenco, dice: «Apresúrate lentamente, tal es la base del éxito» (un rato después cruzó el río Rubicón). Después se produjo durante un tiempo una actividad discográfica frenética que luego decayó, hasta reverdecer en la década de 1980 con fuerza renovada y sin que, por el momento, se intuyan síntomas de decaimiento.

Antonio Fernández
Díaz («Fosforito»),
durante una actuación en
Málaga en julio de 2005.
En 2004 «Fosforito»
recibe la Llave de Oro del
Cante Flamenco por su
labor de dignificación y
universalización del
flamenco.

Cuando Ricardo Molina pone sus manos en la flamencología de Anselmo González Climent concibe la idea de convocar un concurso semejante al celebrado en Granada en 1922, concebido y convocado por Manuel de Falla, Federico García Lorca, Andrés Segovia y otros intelectuales; le transmite esta idea a Antonio Cruz Conde, alcalde de Córdoba, quien se entusiasma con el proyecto y lo amplía

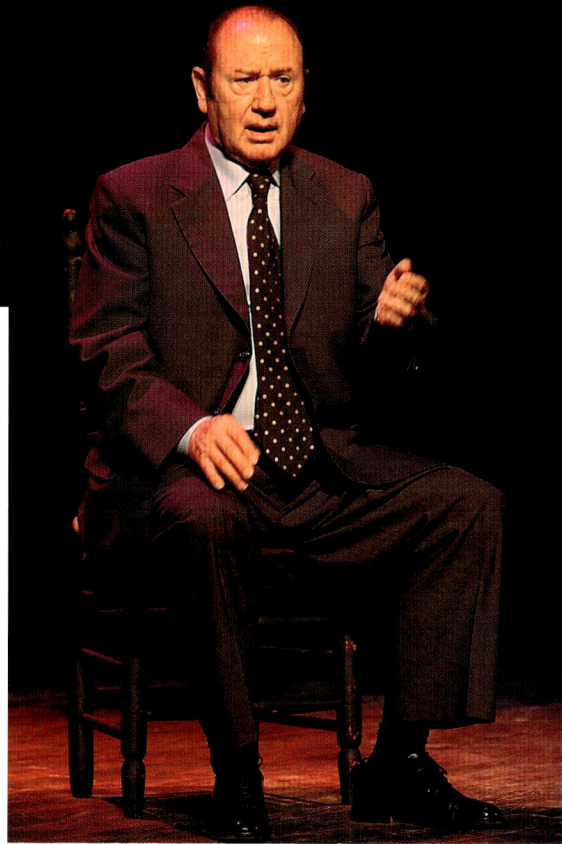

53

incluyendo el concurso en el cuadro del Festival de los Patios Cordobeses, que desde tiempos inmemoriales se desarrolla en el mes de mayo cordobés con participación activa de toda la ciudad. Desde el principio el concurso fue patrocinado e impulsado por el Ayuntamiento de la ciudad y desde el año 1992 lo gestiona la Fundación Pública Municipal Gran Teatro de Córdoba. Se convocó por primera vez en 1956, con el nombre de Concurso Nacional de Cante Jondo, denominación que se modificó para la cuarta edición del certamen, celebrada en 1965, por la de Concurso Nacional de Arte Flamenco, manteniendo desde el principio el carácter trianual, pero siempre inserto en el Festival de los Patios Cordobeses, en el festivo mayo cordobés. Desde sus principios adquiere el concurso un gran prestigio, se ha dicho de él que es el «concurso de concursos», se le ha llamado «laboratorio de flamenco clásico» y en la actualidad es el único de su clase que puede otorgar el título de «Premio Nacional». Granada dio como resultado a un hombre demasiado entrado en años, *El Tenazas,* con sus setenta años, y a un niño de doce, *Manolo Caracol*, ninguno de los dos podía defender la posición entonces alcanzada, por lo que inicialmente cundió un poco el desánimo ante el I Concurso Nacional de Cante Jondo a celebrar en mayo de 1956, pero en Córdoba surgió el genio de *Fosforito*, Antonio Fernández Díaz, joven arrollador de veintitrés años que no encontró rival y que se alzó con todos los premios, todas las menciones y con el primer premio absoluto, venciendo en las cuatro secciones en las que se dividió el concurso; en *Fosforito* vio Pablo García Baena al que Federico buscaba en Granada, de un lado un luchador innato, de otro un conocedor enciclopédico de técnicas y de estilos que trajo consigo una nueva estética flamenca, cien por cien andaluza que, en cierto modo, revolucionó al cantaor y al cante. La idea inicial de traer la revolución al Cante Flamenco, de sacarlo de la línea aburguesada en la que se hallaba sumido, lo consiguió *Fosforito* con creces, con su estilo sobrio y puro, con absoluto respeto a los cánones y a la herencia tradicional del pueblo, sin perder un ápice de las raíces de cultura popular, con una profesionalidad extremadamente trabajada y asimilada. Se dividieron los cantes en cuatro apartados, I) *Seguiriyas, Martinetes,* Carceleras y Saetas viejas, II) *Soleares*, Cañas, Polos y Serranas, III) Malagueñas, Rondeñas, *Verdiales* y Fandangos de Lucena y IV) *Tonás*, Livianas, *Debla* y Temporeras,

otorgándose los tres primeros premios a cada uno de los cuatro, premios de los que *Fosforito* se llevó todos, incluyendo el Premio Absoluto.

Otro hecho determinante, éste de carácter luctuoso, tiene lugar en 1960. En su casa de Sevilla fallece Manuel Jiménez, *Manuel Vallejo*, poseedor de la Segunda Llave de Oro del Flamenco, otorgada casi cincuenta años antes en Madrid y entregada por Manuel Soto, *Manuel Torre*, en 1926 en el madrileño Café Pavón. No es que se hubieran cometido graves dispendios otorgando llaves, pero la muerte de *Vallejo* se lleva del mundo al único premiado vivo, y esta situación dio en qué pensar.

Al ser convocado el III Concurso Nacional de Arte Flamenco, en Córdoba, mayo de 1962, se decide otorgar como Primer Premio la Llave de Oro del Flamenco, la tercera, vacante de premiados vivos, desde la reciente muerte de Manuel Jiménez. Mucho se habló entonces, y se recuerda ahora, de si la llave estaba predestinada para ser otorgada a *Antonio Mairena*, teoría que tuvo multitud de detractores y de defensores, elucubrando sobre la pequeña cantidad de invitados. El propio protagonista no lo desmiente en sus entrevistas ni en sus libros. Sea como fuere, se celebró el concurso al que concurrieron *Fosforito,* Juan Varea, Antonio Núñez *El Chocolate* y *El Platero de Alcalá*, cada uno de los cuales cobró cinco mil duros, y el de Mairena, que recibe la Llave, y cien mil pesetas. Sus mismos competidores reconocieron la justicia del desenlace, por lo que parece que se concedió el premio de forma muy adecuada y el futuro inmediato se encargó de demostrar que *Antonio Mairena* era el artista más destacado de aquel momento y de la época posterior.

Cuando ganó la Llave de Oro del Flamenco, *Antonio Mairena* contaba con cincuenta y dos años de edad, evidentemente con una gran madurez y concluido el contrato que le ligaba profesionalmente al bailaor y bailarín, al gran *Antonio*. Ya en 1954 grabó en Londres el disco *Cantes de Antonio Mairena*, acompañado a la guitarra por *Manuel Morao*, grabación muy elogiada, como todas las suyas y que contribuyó a allanarle el terreno para sus actuaciones posteriores.

Desde su triunfo ganando la Llave de Oro, *Antonio Mairena*, con sus problemas vitales favorablemente resueltos y con su mente diáfana, se lanza decididamente a la expansión y al cultivo del flamenco, de *su* flamenco, del flamenco como

Joaquín Sorolla, Patio de artistas del Café Novedades, 1915. Óleo sobre lienzo, 125 x 210 cm. Galería Alta (Sevilla).

Joaquín Sorolla, Los guitarristas. Costumbres valencianas, 1889. Óleo sobre tabla, 33 x 49,7 cm. Colección particular.

él lo entendía, como lo conoció y como lo amó. Y se dedicó a interpretarlo, a estudiarlo y a divulgarlo, siendo cantaor, autor de libros, partícipe en conferencias y en debates, colaborador en instituciones de nivel universitario como la Cátedra de Flamencología de Jerez de la Frontera o la Universidad de Córdoba. Con D. Enrique López Guerrero, párroco de Mairena del Alcor, en parte por afición y en parte por atender a sus necesidades parroquiales, colabora en la creación del Festival del Cante Jondo de Mairena del Alcor, al que se ha llamado «festival de festivales» y que es uno de los festivales punteros al día de hoy, habiendo galardonado a la flor y nata del más puro flamenco con, por ejemplo la Placa de Plata concedida al *Camarón de la Isla*, en la edición de 1971; pero la dedicación de *Antonio Mairena* a la creación de festivales de alto nivel, uno de los puntos básicos de la etapa de consolidación del flamenco revalorizado, fue muy intensa; asesoró durante años a los organizadores del *Potaje Gitano*, de Utrera, que presume con razón de ser el más antiguo, y no les dejó de la mano en mucho tiempo. En poco tiempo, *Mairena* pasó de ser un desconocido por el gran público a ser la figura protagonista de los festivales, hombre de gran capacidad intelectual que se puso al servicio de la difusión del cante con lo que, además, se ganó la admiración y el respeto de ese público que poco tiempo atrás le ignoraba. Estudiar y comprender toda la personalidad flamenca de *Mairena* sería labor harto difícil, pero analizar alguna de sus facetas es algo que se puede hacer sin mayores complicaciones; por ejemplo fue encomiable su labor investigadora buscando, puliendo y cantando viejos cantes perdidos o en trance de desaparecer, devolviendo al acervo del flamenco joyas que se hubieran perdido irremisiblemente, como varios cantes de *El Nitri*, o de *Juanelo*, o del *Loco Mateo* o de Silverio Franconetti, así como las *livianas* y las *tonás*, que rescató escuchando a alguien que las cantaba en Chiclana; *Mairena* volvió a poner en danza los romances gitanos, los corridos, *tonás* y cantes por *seguiriyas* y, como dice Ricardo Molina, «versiones fidelísimas de modalidades que vegetaban semiolvidadas, identificar y localizar formas que creíamos perdidas...». Evidentemente, como ocurre con todos o casi todos los grandes de cualquier actividad, su labor no fue universalmente admitida sin más, muchos elementos, alguno de ellos punteros, apostillan algún aspecto de sus actuaciones, de forma en ocasiones un tanto críptica o rebuscada, como por ejemplo el cantaor *Juan Talega* cuando le dice a Ángel Álvarez que «*Antonio Mairena es el mejor cantaor*

Mercedes Ruiz

Jerez de la Frontera (Cádiz), 1980. Debuta como bailaora profesional en 1986 en el espectáculo «Semilla flamenca», dirigido por Ana María López. Con Manuel Morao y los Gitanos de Jerez actúa en Nueva York y la Expo en 1992. Va alternando los espectáculos con su participación en peñas y festivales andaluces. En 1998 entra en la compañía de Antonio El Pipa en el espectáculo «Vivencias». En 2000 entra a formar parte de la Compañía de Eva Yerbabuena para el espectáculo «5 mujeres 5». Con posterioridad participa en las compañías de Adrián Galia y Andrés Marín. En 2002 consigue el premio de la Bienal de Sevilla y monta su propio espectáculo, que ha presentado en muchas ciudades dentro y fuera de España.

que he escuchado nunca... pero no me *dolía* como *Manuel Torre*; se le acusa de excesiva fidelidad a los antiguos patrones sin aspectos creativos nuevos, acusación de la que él se defiende diciendo que su papel es el de intérprete, que el Cante Flamenco está hecho y que él se centra en la mejor interpretación de que sea capaz.

Y ciertamente que fue muy capaz. Fue un punto fundamental en el periodo de revalorización del Arte Flamenco y contribuyó muy intensamente a comenzar su engrandecimiento, etapa en la que nos encontramos y que va produciendo sus frutos en todos los sentidos y sobre todo en el relativo a la recuperación de los públicos, al enorme incremento de los aficionados y, muy interesante y significativo, la incorporación de tantísima gente joven que se integra siguiendo a tantas igualmente jóvenes generaciones de grandes artistas.

RUTAS FLAMENCAS

Con el flamenco revalorizado y tantos rescates contribuyendo a actualizar el acervo flamenco, es quizá el momento de recorrer un poco la geografía, especialmente la andaluza, rastreando los orígenes y el desarrollo de los diferentes estilos o *palos* de este apasionante epígrafe cultural español. Andalucía es la región donde ha tenido lugar la principal actividad desarrolladora del flamenco y es una bella región en cada una de sus esquinas aunque, para un narrador al que la vida le ha llevado a mil rincones de este mundo y ha encontrado la belleza en cada uno de los paisajes y en cada una de las gentes con que se ha tropezado aquí y acullá, el calificativo de *más bella* le debería corresponder a todas y cada una de ellas, por lo que le parece justo atribuirse la licencia de calificar a cada una como «la más bella del mundo» y por supuesto Andalucía lo es, con todo el derecho, sin menoscabo de ninguna de las demás. Andalucía es la cuna de muchas cosas bellas y entre ellas, en la cúspide de todas, se encuentra el Arte Flamenco, aunque el flamenco nació también en otras regiones y se desenvuelve igualmente por todas las partes del mundo, con lugares que relucen espe-

cialmente para la percepción individual de cada uno y que en nuestro caso no es otro que Jerez de la Frontera. Pero a la hora de iniciar un recorrido por el mundo del flamenco el lugar elegido no es un enclave andaluz sino murciano, en el que tiene lugar cada año desde hace ya muchos uno de los festivales de mayor prestigio y de repercusión nacional e internacional, con asistencia de las principales figuras del momento citando, por citar a alguno, al gran Enrique Morente, recientemente homenajeado en el Festival Nacional del Cante de las Minas que se celebra en la pequeña pero entrañable ciudad de La Unión, perteneciente a la Comunidad de Murcia. Y como es lógico dentro del muy variado desarrollo del festival, tienen un papel preponderante los palos y cantes propios «de las minas», los que interpretaba la gente minera, constituida en una parte importante por inmigrantes andaluces, atraída por las minas de Almadén o de Linares, en las no muy lejanas tierras de Jaén. Los cantes mineros, que acaparan los honores del reparto de premios, son, fundamentalmente, los que llevan los nombres de mineras, cartageneras y tarantas, en memoria de las minas, de la ciudad de Cartagena y las modalidades típicas de Cartagena popularizadas y engrandecidas por *Pencho Cros*, uno de los más grandes fundidos en el crisol del festival.

De Murcia a Almería la ruta no es larga pero el paisaje varía sustancialmente y en gran parte predomina el desierto, o predominaba pues en la actualidad los cultivos hidropónicos son dueños de la mirada, y el paisaje agreste y semidesértico imprime seriedad y melancolía a las tarantas almerienses, como la que dicen creó *Juan el Cabogatero* en honor de la Sierra Almagrera; pero esta tierra lo es de los fandangos y de la *petenera* que según muchos estudiosos procede de Paterna del Río y por aquí se canta desde tiempos remotos. Otro epígrafe a tener muy en cuenta en relación con las tierras almerienses es la guitarra, la *bajañí* en lengua caló; uno de los talleres de más rancio abolengo es el del *Gerundino*, Gerundino Fernández, nacido en Almería en 1931, posiblemente el último de los más grandes maestros en la creación de personalísimas guitarras que han utilizado y utilizan las primeras figuras del *toque* y entre ellas los *Habichuela*, el *Tomatito* y *Paco de Lucía*. Hay una

razón fundamental para que Almería fuera un centro de creación y difusión del arte flamenco y es que en 1838 se descubre en la Sierra de Almagrera un filón minero que atrae a muchos trabajadores que vienen y traen consigo el cante. Así surge la taranta, atribuida a *Rojo el Alpargatero* que asimiló los llamados cantes de *madrugá* creando el llamado «estilo libre», uniéndolos con otros estilos de la zona. Luego aparece el taranto, que incorpora una variante bailable; varios son los intérpretes a los que se atribuye el inicio de su difusión y el que lleva hoy el testigo es el buen cantaor local José Sorroche.

En el otro extremo, el occidental, de la región andaluza, se encuentra la provincia de Huelva que es tierra de fandangos por antonomasia y con profundas implicaciones históricas que se remontan al menos a 1492, de cuando proceden las primeras referencias a determinadas manifestaciones folclóricas de ciertos cantes y bailes centradas en El Portichuelo, nombre antiguo de la localidad de Alosno; naturalmente, estos antecedentes folclóricos nada tienen que ver con el actual flamenco pero figuran como parte integrante del folclore andaluz.

En Alosno, el recientemente fallecido Pedro Carrasco, natural de allí y campeón del mundo de boxeo, cuando bien metido en juerga se lanzaba a entonar un fandango, no hacía otra cosa que lo que cualquier paisano, como *Paco Toronjo,* uno de los grandes del cante onubense, contemplando los estilos locales a la sombra de la Ermita de la Columna que hoy acoge el monumento al cantaor. Camino de la Sierra de Aracena nos encontramos con Almonaster, con su fandango divertido y bullanguero que choca con el carácter sobrio y austero del castillo y de la mezquita, sobriedad que sí se percibe en los estilos de los lugares aledaños. Son importantes los festejos de El Cerro de Andévalo y los de Zalamea la Real, tierras que dan paso a otro enclave fandangueril, es decir, a la Sierra de Huelva.

En la zona fronteriza con Portugal, especialmente en el pueblecito de Encinasola, donde se arremolinan las corrientes folclóricas de ambos lados de la frontera y donde se canta un muy peculiar fandango con ocasión de su romería de la Virgen de las Flores; de forma parecida se celebran sus fiestas en todos los enclaves de la zona, muy típicos por otra parte, con sus estrechos callejones y empinadas cuestas, que son el caldo de cultivo musical de un exuberante folclore siempre en constante evolución.

Parece que el fandango onubense nació en Alosno según tantos indicios, y con raíces bastante remotas, pero los primeros cantaores nacieron en Huelva y el primero que figura es José Rebollo en cuya garganta los viejos arpegios del folclore andaluz se transformaron en los sones flamencos del fandango de Huelva. Detrás llegaron otros, también nacidos en la ciudad onubense como *Paco Isidro* o Antonio Rengel, que dejaron sus nombres grabados a fuego en los libros de historia, como el frustrado pero fabuloso guitarrista *Niño Miguel* que alegra las calles, aunque no se aprecia alegría en su rostro, y se le puede ver en cualquier esquina, después de recorrer con éxito leguas europeas. «Linares, pueblo andaluz y minero», reza el estribillo de una vieja canción andaluza; andaluz porque pertenece a la provincia de Jaén, en la Andalucía septentrional, la primera que se topa el viajero que baja desde la meseta por la carretera de Andalucía, pasando el puerto de Despeñaperros; y minero porque tuvo una actividad minera de las más relevantes de España en los finales del siglo XVIII y principios del XIX, con gran trasiego de gentes, de compañías y de productos comerciales; al día de hoy probablemente Linares es más conocido en el mundo por su Torneo Internacional de Ajedrez que concentra entre sus calles a lo más granado del mundo de los peones. Pero ayer y hoy, Linares y su vecina Andújar, y toda la tierra jienense, fértil en un rico y variado folclore, en toreros y cantaores, aportan al flamenco una múltiple diversidad de estilos y de cantes. Parece que un hecho crucial fue la llegada del ferrocarril, que acortó mucho la llegada del carbón cordobés a las factorías de Linares, lo cual aumentó la actividad de la zona y la necesidad de mano de obra con lo que incrementó notablemente el tráfico de personas y de suministros y el número de ventas en las rutas, paradas para el tráfico de diligencias y, en definitiva, el movimiento de gente que fue incorporando sus tendencias folclóricas; así parece que llegaron a las tierras jienenses los cantes de *madrugá* antecedente real de la taranta, que nace en Andújar y Linares y en toda aquella región. Al decaer la actividad minera se viene abajo todo el tinglado montado alrededor y también las actividades flamencas y folclóricas en general, pero persiste un cante, unos estilos que hoy tienen mucho arraigo y cuya esencia se puede paladear especialmente en el Festival del Cante de las Minas.

El ambiente que respiró Federico García Lorca en su infancia y en su juventud, cargado de puras esencias flamencas que explican de forma nítida su afición y la carga flamenca que destilan tanto sus actividades como su obra; sucesos importantes en la vida y obra del poeta, como el Concurso de 1922, cuyo Presidente del

JACARANDA (O JACARANDÁ). Según el Diccionario de la Academia, la palabra pierde el acento en su uso americano, en México, en Salvador y Honduras, pero en todo caso significa «Árbol ornamental americano de la familia de las bignoniáceas, de gran porte, con follaje caedizo y flores tubulares de color azul violáceo». Su madera la emplean los fabricantes de guitarras para la construcción del aro y del fondo.

Jurado calificador fue D. Antonio Chacón, quien bebió intensamente de las fuentes granadinas para crear y recrear las granaína y media granaína. Pero el folclore granadino es mucho más antiguo y sin embargo vigente, como la *zambra*, que hoy se sigue viendo y escuchando en las cuevas del Albaicín, como en la *Cueva de María la Canastera*, cuyo hijo sigue oficiando al pie del cañón. Sacromonte y Albaicín son nombres de santuarios donde se veneran la *soleá* y los *tanguillos*. Pero en el catálogo flamenco de *Graná*, no hay que olvidar los cantes campestres de labor, como las *trilleras* con sus múltiples variantes en enclaves como Iznájar o Montefrío, aunque la mayoría de las referencias versan sobre la capital, con sus peñas, entre ellas la decana, la Peña de La Platería, sus cuevas y sus bares, todo ello destilando *duende* por todos sus poros. Y no es pequeña la aportación de sus gentes, en todos los tiempos, pero de la época más moderna hay que citar como mínimo a las familias Carbonell y Montoya, a los muchos *Habichuelas*, a *Mariquilla*, al clavel reventón que es Estrella Morente y, dejándole para el final, a su padre, el inconmensurable Enrique Morente, probablemente una de las más brillantes estrellas vivas de la actualidad, junto con *Paco de Lucía*.

Puente Genil tiene un genio y un zángano, un genio en el genial cantaor *Fosforito* y un *zángano* en su típico fandango, peculiar y distinto, tanto cantado como bailado y probablemente procedente de la *rondeña* que llega de la Sierra de Ronda a través del río Genil en el sur de la provincia de Córdoba; más al norte se encuentra Bujalance en donde se venera una reliquia del cante, la *Pajarona* que interpreta el conductor de un arado y le contesta otro que puede estar muy alejado, o las *serranas*, con vestigios de gran antigüedad. Cabra patria chica de Cayetano Muriel Reyes, *Niño de Cabra*, máxima figura del cante cordobés, aunque no vivió ni murió aquí. Ricardo Molina, como buen poeta, quizá exageró un poquito sus loas a la ciudad de Córdoba y a la gitanería de sus habitantes flamencos, pero ciertamente en la ciudad se respira un aire *jondo* por todos sus viejos barrios, desde la calle de Armas, con el taller de guitarras de José Reyes al patio florido de la Sociedad de Plateros, sobre todo en mayo con su Concurso de Patios y dando escenario a la pléyade de grandes cantaores que por allí se pasean, sin dejar a un lado la *judería*, o el reloj de la Plaza de las Tendillas que marca las horas con un toque por *seguiriyas* de Juan Serrano; es Córdoba, donde las grandes figuras no nacen ni mueren, simple-

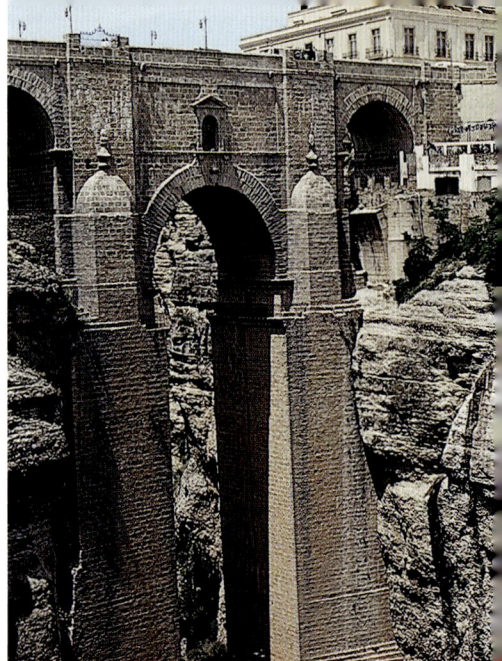

Puente Genil tiene un genio y un zángano, un genio en el genial cantaor Fosforito y un zángano en su típico fandango, peculiar y distinto, probablemente procedente de la rondeña que llega de la Sierra de Ronda. En el Tajo de Ronda (arriba), el legendario bailarín Antonio creó el baile por martinetes.

mente viven. Pero, a pesar de todo, el pueblo más genuinamente flamenco es Lucena, con su monumento al flamenco con aspecto dominante desde su guitarra que aguarda al tañedor. En Lucena pueden escucharse hasta tres tipos diferentes de fandangos dentro de una gama completa de recursos folclóricos que tienen como eje central a la Virgen de Araceli que inspira muchas de las letras, que transforman al flamenco gargantas como las de Rafael Rivas o Antonio Ranchal. Una visita al barrio de El Perchel guiados por el tristemente desaparecido Juan Cepas, que tenía su cátedra fija en la Librería Ibérica y la ambulante paseando por las calles, por las humildes calles de barrios sin turismo pero con historia de personajes, como por ejemplo de la persona de *Juan Breva*, le sirvió a Juan para introducirnos en el folclore y en el flamenco malagueño, con pocas palabras y algunos gestos. Pese a la muy profunda raigambre del flamenco malagueño parece que fue D. Antonio Chacón, jerezano, quien lo recreó e impulsó en tiempos relativamente modernos; fue hacia 1884 cuando Chacón salió a buscar fortuna junto con un guitarrista y un bailaor creando por entonces la malagueña y la cartagenera tal y como hoy se interpretan. El flamenco malagueño se interpretó en la multitud de cafés cantantes, especialmente en la época de bonanza económica de la segunda mitad del siglo XIX, pero no sólo en los cafés, también en el campo, cantes de arar y de trillar, y en el mar, con el célebre cante de los *marengos*; pero el cante de mayor prestigio histórico es la *jabera*, que es una variante de fandango *abandolao*, surgido en alguno de los barrios de la ciudad donde se gestaba la venta ambulante. La presencia de Chacón no se conoció en la zona de La Axarquía, aunque probablemente sí le llegó la influencia; por los Montes de Málaga se escuchan los verdiales más puros y en otros muchos lugares se originan otros estilos muy propios, por ejemplo en Álora o en Coín. Otro estilo de la zona es la *bandolá* y en la parte costera el *jabegote*, que se puede utilizar como remate de unas malagueñas. En el Tajo de Ronda, el legendario bailarín *Antonio* creó el *baile por martinetes* tomando imágenes de la danza el autor dramático Edgar Neville para su película *Duende y misterio del flamenco*.

Utrera, Lebrija, Alcalá de Guadaira o Morón de la Frontera son enclaves más chiquitos en donde el flamenco se cuece con más parsimonia y quizá con más enjundia que en la capital, Sevilla, grandiosa ciudad bien conocida en el mundo por multitud de razones, algunas relacionadas con el Arte Flamenco y alguna de ellas por caminos un tanto heterodoxos, pues la universalmente conocida y celebrada Feria de Abril o el popular baile por sevillanas, de cuya enseñanza hay academias esparcidas en todos los rincones del orbe, no son los emblemas más carismáticos de la magia impartida por Ramón Montoya, D. Antonio Chacón o Carmen Amaya. Pero Sevilla existe sobre y tras su feria y sobre todo existe Triana, una de las cunas de este arte amado, de donde proceden la *soleá*, la *toná* o las *seguiriyas* en sus variantes más peculiares y cálidas. Y sevillanas son localidades como Utrera, que dio cobijo a la jerezana *Mercé la Serneta* creadora de su *soleá*, además de las geniales hermanas allí nacidas Bernarda y Fernanda, como *Gaspar de Utrera* activo participante en el *Potaje Gitano* a pesar de sus más de setenta años, como Lebrija, muy próxima

Pág. 62 Abajo: «Niño de Cabra» es el nombre artístico de *Cayetano Muriel Reyes*, nacido en Cabra (Córdoba), en 1870. Abandonó su oficio de molinero a los veinte años para dedicarse al cante, debutando en el Café del Burrero de Sevilla, donde también actuaba Antonio Chacón. Recorrió toda España actuando en cafés cantantes y espectáculos flamencos. Murió en 1947, y a partir de 1965, como homenaje, se celebra en Cabra un certamen flamenco que lleva su nombre, que también le da título a uno de los premios del Concurso Nacional de Arte Flamenco de Córdoba.

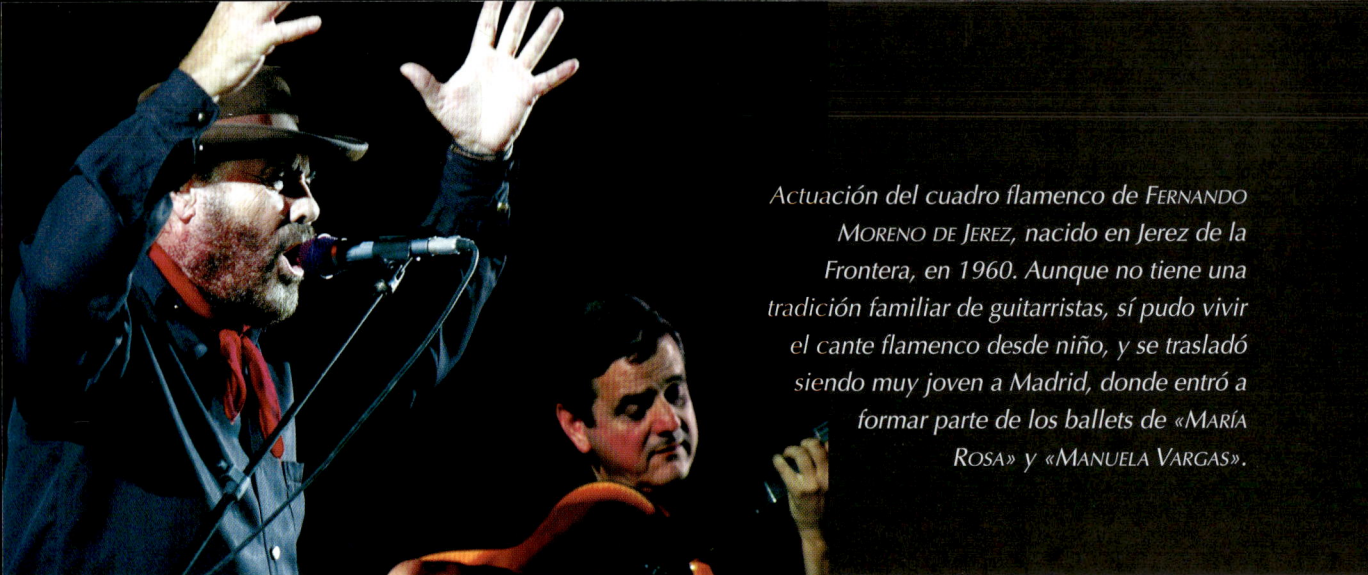

a Utrera, con varias figuras históricas y actuales, como *La Perrata* y su hijo *Juan Peña el Lebrijano*; otro lugar legendario es Alcalá de Guadaira, con *Los Gordos* y su otro estilo de *soleá*. Y otro lugar emblemático, que bien merece un punto y aparte, es Morón de la Frontera, capital oficiosa del toque de guitarra flamenca, al menos desde que Diego Flores, *Diego el del Gastor*, se afincara en la ciudad, desde su lugar de nacimiento, Arriate en la provincia de Málaga, y recibiera el legado de *Pepe Naranjo* con su guitarra y con las aportaciones suplementarias que recibió, entre ellas los aires sajones de Donn Pohren, quien disponía de una finquita vecina a la localidad, en la que con frecuencia organizaba festejos flamencos; Diego pasó a la historia como un tocaor genial, pese a no haberse desplazado mucho de la sombra del gallo que le acogió y cuya memoria venera.

Y si hablamos de guitarras, no muy lejos de allí se encuentra Algeciras, patria chica de *Paco de Lucía*, Premio Príncipe de Asturias, galardón que merecidamente recibe una estrella flamenca que en su momento formó con el *Camarón* un dúo inigualable, o al menos inigualado, que no se formó en Algeciras sino en San Fernando y más precisamente en la Venta de Vargas, donde se terminó de fraguar el cante del *Camarón* escuchando al *Caracol*, a su hermano Manuel y a María Picardo que con su marido eran los dueños de la venta. Fue la Venta de Vargas refugio y escenario, escaparate y púlpito, fue casi todo para José Monge y hoy, manteniendo su función primigenia de excelente casa de comidas es un museo a pequeña escala y un lugar de peregrinación. Siguiendo en la provincia de Cádiz y por la ruta de la guitarra, la *bajañí* caló, se recala en Sanlúcar de Barrameda y de aquí es natural otro monstruo del instrumento, Manuel Muñoz Alcón, más conocido como *Manolo Sanlúcar* que, junto con Víctor Monje, *Serranito* y *Paco de Lucía* conforman el triángulo esencial del toque flamenco actual. No sólo de la guitarra se ha nutrido el flamenco sanluqueño, son hitos del cante jondo figuras como *Tío José el Granaíno* o Encarnación Marín, *La Sayago*, cantaora de gran trayectoria cuyos fandangos y saetas figuran en las antologías del cante. No es una gran figura del flamenco aunque sí de la canción española

una mujer de gran temperamento y larga voz, la chipionera *Rocío Jurado*, que merece la mención y su presencia aquí.

Y en esta época de grandes cataclismos naturales sí viene a cuento recordar al *Terremoto de Jerez*, Fernando Fernández, natural de Jerez de la Frontera, la ciudad de los vinos, de los caballos, de los coches de Fórmula 1, de otras mil cosas... y del flamenco. Terminamos este breve repaso andaluz en esta ciudad que es una de las cunas del flamenco, del flamenco y de muchas de las figuras que son y han sido, payos o gitanos, nacidos aquí o allá o en el barrio de Santiago. De aquí fue el *Maestro Patiño*, inventor de la cejilla y primer maestro guitarrístico de la historia, o Javier Molina que acompañó al maestro del cante D. Antonio Chacón. Mucho más moderno pero igualmente genial *Terremoto de Jerez*, Fernando Fernández Monje, prematuramente fallecido después de conseguir los máximos logros al alcance de un cantaor como, a título de ejemplo, el Premio Nacional de Cante, otorgado en 1965 por la Cátedra de Flamencología y Estudios Folclóricos Andaluces de Jerez de la Frontera. Guitarrista de hoy es Gerardo Núñez, nacido en Jerez en 1961 y que destaca en plena vanguardia, tanto de composición y ejecución como de investigación y de enseñanza, con cursos que imparte en el Conservatorio de Sanlúcar de Barrameda. Una visita a Jerez no se debe terminar sin una visita al Centro Andaluz de Flamenco, en el Palacio de Pemartín, y otra a la Cátedra de Flamencología, en cuyos archivos se encuentra toda la documentación básica del Arte Flamenco en general y de la guitarra flamenca en particular. En el resto de España también se ama y se cultiva el flamenco, especialmente en Extremadura, en Barcelona y desde luego en Madrid, que desde siempre ha atraído a las máximas figuras e impulsado sus carreras, ofreciendo los escenarios más adecuados y aportando el calor de un público entregado y entusiasta.

Por no hablar del resto del mundo, en donde el flamenco se ve y se disfruta, como ocurre en los Estados Unidos, no solamente en Nueva York sino en multitud de ciudades, con largas temporadas de los espectáculos y de los solistas que les visitan, o en Japón, donde proliferan las escuelas de danza y adonde todas las figuras han de acudir, o en la República Argentina, con un Buenos Aires tachonado de locales dedicados al flamenco o de peñas flamencas y ciudades como Rosario, en donde se encuentra ubicada la Agrupación Andaluza, que data nada menos que de 1915. Y en lugares tan distintos y distantes como Australia o Costa Rica, han prendido las semillas del flamenco en pacífica invasión que va llenando de *quejíos* el universo.

JUNCAL.
El Diccionario de la Real Academia de la Lengua lo define, en su segunda acepción, como «Gallardo, bizarro, esbelto», pero también procede del caló con los mismos significados de garbo y gallardía aplicados a las figuras del flamenco y de la torería.

LA TRAVESÍA DEL VERGEL

Porque así puede llamarse el periodo posterior a la travesía del desierto sufrida en la época de la *ópera flamenca* y posterior, época en la que las figuras no desaparecieron pero se escondieron, actuaron poco, ante grupos muy reducidos de cabales, dejando muy pocos testimonios de su actividad; algunos como *Pepe Marchena* o la *Niña de la Puebla* participando en espectáculos con públicos numerosos, con un bagaje flamenco muy alejado de la ortodoxia y del rigor exigido por los defensores de las raíces del arte y de los modos estrictamente inmersos en el buen hacer heredado, sin que, sin embargo, fueran ni mucho menos proscritos y tienen su lugar en la historia y en las antologías. Bien puede fijarse el inicio de esta época hacia 1960 y más exactamente en 1962 cuando *Antonio Mairena* gana la Tercera Llave del Arte Flamenco y se lanza decididamente a la ingente tarea de engrandecer el monumento artístico del que desde ese tiempo figura merecidamente como «mascarón de proa», actividad vital a la que ya se ha hecho referencia. Los críticos más progresistas le achacan en su «debe» el partir de la base de que el flamenco ya estaba hecho y terminado, con lo que cerraba la puerta a cualquier innovación, viniera de donde viniera, con lo que trabajos como los de *Chano Domínguez*, de *Martirio*, de *José Mercé* o de los mismísimos *Paco de Lucía* y Enrique Morente quedarían en entredicho. Muchas son las estrellas que han brillado y que brillan en el firmamento flamenco del momento actual y también muchas cuyo brillo ya se extinguió a lo largo de este lapso, de más de cuarenta años y ya adentrado en el siglo XXI. En etapa de revalorización y consolidación no sería justo no comenzar mencionando al maestro *Perico el del Lunar* por su decisiva intervención en la Antología Discográfica y por su labor en la concepción, diseño y puesta en marcha de los tablaos, decisivos en la etapa inicial del periodo. Otro elemento decisivo fue sin lugar a dudas *Fosforito*, responsable del brillante desarrollo y desenlace del Primer Concurso Nacional de Arte Flamenco, celebrado en Córdoba en 1956, sin cuya participación las cosas no habrían ido por un camino tan claro, pues su actuación le dio al certamen una imagen de seriedad que dejó marcado al concurso para el futuro.

Pero no fueron sólo *Antonio Mairena* y *Fosforito* quienes animaron el panorama flamenco, por una parte poniendo de relieve a las figuras que estaban

a la sombra de las circunstancias actuando casi de incógnito y de repente comenzaron a ver abrirse las puertas de los tablaos, de las emisoras de radio, de las peñas flamencas y de los festivales para canalizar la creciente popularidad del cante, del toque y del baile; por otro lado, aún más importante, nuevos valores arrancan con fuerza y se van haciendo un hueco atrayendo a un público cada vez más numeroso y haciendo mella en la juventud, que va nutriendo las filas de un público cada vez más comprometido. Así, van surgiendo jóvenes valores alguno de los cuales se transforman en las grandes figuras que hoy conocemos, como José Menese, que se llevó el Premio de Honor en el concurso de Córdoba de 1965, o Manuel Moreno, *El Pele*, que también ganó premios en el concurso de Córdoba y la gran *Carmen Linares*; más jóvenes, los que hoy día ya han despuntado y se encuentran en una espléndida joven madurez y entre ellos Estrella Morente, la *Niña Pastori* o el bailaor *Farruquito* y la bailaora *Sara Baras* que alumbran el futuro de nuestro espléndido presente actual. Punto y aparte para *Paco de Lucía* y Enrique Morente, nacidos con el corto lapso intermedio de un lustro, 1947 y 1942, los dos andaluces, marinero de Algeciras el uno y serrano de Granada el otro, ambos son en estos años iniciales del nuevo siglo los seres vivos que más alto hacen ondear el gallardete del flamenco más sublime e imperecedero; el bailaor recibe en 2004 el Premio Príncipe de Asturias de las Artes, por citar el, quizás, premio más importante de los innumerables recibidos y el cantaor, también en el seno de un montón de galardones, recibió en 1998 el Premio Nacional de Música; pero el galardón más importante que ostentan es el cariño y la admiración de un inmenso público nacional e internacional.

Se finaliza este breve recorrido por un fenómeno probablemente irrepetible, un suceso de la vida cotidiana de consecuencias trascendentes en un mundillo relativamente pequeño si se le aplican baremos universales. En 1950 se produce un hecho natural, como tantos otros cada día, en San Fernando como en cualquier otro lugar, nace un niño sin que nadie intuya que va a significar por sí solo una bien definida época y una verdadera revolución flamencas. Hijo de un gitano trabajador en la fragua y de una madre de la que hereda el timbre de su voz y la comprensión y el estímulo para recorrer el camino que va a emprender. Tras una infancia humilde y agitada, corriendo por los caminos, o haciéndolos al andar según el poeta, de la Venta de Vargas al Palacio de los Deportes de Madrid, de *Rancapino* a *Antonio Mairena* se fue forjando la leyenda viva del *Camarón de la Isla*.

Estilos o palos flamencos

EL CANTE, EL BAILE Y LOS PALOS

Dice escuetamente el Diccionario de la Real Academia de la Lengua, en la acepción número once de las pertenecientes a *palo* que el vocablo se refiere a «cada una de las variedades tradicionales del cante flamenco». Como definición no está mal, salvando la circunstancia de que en la conversación normal se encuentran también incluidos el baile y el toque, sobre todo el baile que forma parte esencial de muchos de los estilos (acepción equivalente a palo, que se emplea en lenguaje más literario); ahora bien, a poco romanticismo que se le ponga al discurso, parece que le queda un poco corta como definición de *bulería*, de *seguiriya* o de *petenera* el cortante *variedad tradicional* del flamenco. A continuación se citan los estilos o palos más conocidos y frecuentes, con alguna de sus características principales.

Aceituneras

Su semejanza con la *toná* contradice la teoría de que no sea un cante de los llamados andaluces. No cabe duda de que su origen es jienense y se centra alrededor de la recogida de

BAMBERA.
Un palo, una clase de
cante, un estilo
aflamencado.

la aceituna. Sin duda es un cante andaluz, sin duda es muy antiguo y figura en algunos archivos como referencia no demasiado fiable. Un cantaor como Bernardo Álvarez, muy estudioso del tema, las recoge como semejantes a las *trilleras*, e incluso realizó alguna grabación con su nombre artístico, *Bernardo el de los Lobitos.*

ALBOREÁ

Pilar básico de la cultura gitana es la virginidad de la novia, más ensalzada aún en tiempos de cierta relajación de las costumbres, como los actuales. La *alboreá* es un baile que forma parte importante de la zambra *granaína*, con origen claramente gitano, con compases de *soleá* por bulerías y letras dedicadas a ensalzar la virginidad de la novia, la virtud femenina más cuidada. Curiosamente, la *alboreá* es un baile que no se presenta frecuentemente en espectáculos públicos, quizá con excepción de las *zambras* del Sacromonte. Cierto es que durante mucho tiempo pervivió la creencia de que traía mala suerte interpretar la *alboreá* fuera del ámbito de una boda gitana, aunque hoy día las grabaciones y las películas se han encargado de desvirtuar tal presunción. Las *alboreás* más genuinamente clásicas son las de Cádiz y de Sevilla, pero también proceden del resto de Andalucía y de Extremadura.

ALEGRÍAS

Música destinada inicialmente al baile, muy alegre y desenvuelta, dedicada a un ambiente eminentemente festivo. Luego se le incorpora la copla, generalmente con cuatro versos octosílabos, una alegría; entre alegría y alegría suele intercalarse un juguete o estribillo, con otra música pero sin perder el compás. Es un

RICARDO LÓPEZ CABRERA,
Recién casados, 1905.
Óleo sobre lienzo,
58 x 79 cm.
Colección Carmen
Thyssen-Bornemisza.

baile difícil, en principio pensado para la mujer, pero lo bailan todos. Es más ligero que la *soleá*, pero su cadencia y su ritmo son idénticos. Según Caballero Bonald, es la más difícil y genuina de todas las danzas andaluzas.

Pertenece al grupo de las *cantiñas*, y parece que procede de la llamada *jota de Cádiz*, que se cantaba durante la guerra de la independencia. Fue Enrique Butrón quien le dio su estructura flamenca y luego Ignacio Espoleta le introdujo el compás de entrada que popularizó Manolo Vargas, quien también recortó la duración y la ligazón de sus partes, separándose un poco de la línea clásica, de compás más lento, que divulgó *Enrique el Mellizo*. Desde los cafés cantantes hasta nuestros días, desde Gabriela Ortega hasta *Sara Baras*, las alegrías nunca han perdido vigencia y figuran en el repertorio de los más grandes cantaores y bailaores; citemos, una vez más, a *Camarón de la Isla*.

ARRIERA (Véase lateral)

BAMBERA

Cante de origen puramente campestre y procede de la costumbre de acompañar al rítmico balanceo del columpio, de ahí su nombre. Fue la *Niña de los Peines* quien acogió estos cantos populares y los aflamencó dándoles el ritmo y el compás del fandango (hay quien dice, probablemente de forma fuera de tiempo, que el compás es de la *soleá*). Ella les dio el nombre de «bamberas» dándoles la onomatopeya de bamba. Fueron después *Paco de Lucía* y *Naranjito de Triana* quienes le cambiaron el compás a los tiempos de la *soleá* por *bulerías*. Es un cante con copla de cuatro versos octosílabos.

BANDOLÁS

Según el Diccionario de la Real Academia de la Lengua la *bandola* es una guitarra de tres cuerdas y el fandango *abandolao* se interpreta con este instrumento. Es un fandango típico de la sierra malagueña que también tiene sus orígenes en la provincia de Córdoba. La versión más romántica sobre el origen del nombre, obviando el del instrumento con el que se toca, se centra en los bandoleros tan frecuentes en los tiempos románticos en la Serranía de Ronda.

ARRIERA.

Cante que guarda un gran parecido con la trillera y la aceitunera, que como ellas se cantaba y se canta como acompañamiento a las labores del campo, al son de las campanillas de las caballerías (para éste y para muchos otros cantes y hasta bailes la mecanización del campo y de las labores agrícolas está resultando una puñalada muy seria). Tiene gran semejanza con la toná y se canta también sin acompañamiento, lo cual desvirtúa la teoría de que no sea un cante típicamente andaluz. Es un cante gaditano, pero también se da en otras provincias con otras denominaciones.

BULERÍA (Véase lateral)

CABALES

Se dice que el nombre se lo puso el cantaor *El Fillo*, quien al contemplar la escasa propina dispensada por un atento espectador le espetó estos versos: *«Yo he cantado por cabales, pero esto no es cabal».* Es un cante del grupo de la seguidilla, de la que sólo se diferencia en la entonación. Se escucha con frecuencia en Cádiz y en Sevilla.

CAMPANILLEROS

Cante de origen plenamente popular típico de manifestaciones religiosas como el *rosario de la aurora*, interpretado por las agrupaciones que en cada pueblo se reunían bajo el nombre de *campanilleros*. Probablemente la grabación pionera se debe a Manuel Torre, que realizó una grabación llena de sentimiento y *jondura*; la popularidad se la dio la *Niña de la Puebla* y en los últimos tiempos han sido varias las primeras figuras, como José Menese y *Agujetas*, que lo han interpretado.

CANASTERAS

Es un cante nuevo, recién inventado, que no se ha repetido y que se recoge aquí dada la inconmensurable categoría de sus autores: *Camarón de la Isla* y *Paco de Lucía.* Jugando con la estructura del fandango se inventaron estas estrofas que no se han vuelto a repetir, si bien han quedado dos grabaciones gracias a las que este cante no ha quedado en el olvido. Como es lógico su ámbito de difusión *en vivo* se redujo a la Isla de San Fernando y más concretamente a la *Venta de Vargas*. Desaparecido el *Camarón* sólo quedan los referidos discos.

BEMOL.
En la guitarra los bemoles se ejecutan utilizando el traste anterior al realizar el acorde.

CANTES DE IDA Y VUELTA

Un cante de ida y vuelta es ni más ni menos que lo que su nombre indica, un cante que ha ido y ha vuelto, con las modificaciones sufridas a lo largo de sus viajes. A América se «exportaron» muchos de nuestros cantos populares, además de los de origen africano, adaptándose cada uno a la idiosincrasia local; probablemente fue la guajira cubana el primero que cruzó el charco y se *aflamencó*, siendo la primera referencia el cantaor gaditano *Curro Dulce*, que los interpretaba de forma muy notable, y desde luego, fueron los primeros cantes de los que quedaron referencias discográficas. Estos cantes inicialmente se sitúan en las fronteras del flamenco hasta que son bien digeridos por los flamencos de vanguardia, entre los que se pueden destacar a *Pepe Marchena*, a *Bernardo el de los Lobitos* o al mismísimo D. Antonio Chacón. Tras las guajiras vienen las milongas o las colombianas y derivan sin ninguna duda las rumbas catalanas, con *Peret* a la cabeza. En definitiva, los cantes de ida y vuelta, si bien han alcanzado notoria brillantez interpretativa de manos de las principales figuras de cada época, como el *Chano Lobato* y Enrique Morente, grandes estrellas del momento actual, no han llegado a los altos niveles del cante *jondo*.

CANTIÑA

Es un nombre genérico, por cierto etimológicamente de procedencia gallega, que engloba una serie de cantes de música rápida y alegre como las alegrías, el mirabrás, los caracoles y las romeras, todos de copla corta, emparentados de una manera o de otra con la *jota de Cádiz*. Es un cante genuinamente gaditano, rítmicamente incluido en el toque por alegrías. La *cantiña* era de hecho el pregón para el arranque de cualquier fiesta flamenca, con gran preponderancia en los repertorios de los cafés cantantes y durante muchos años fueron el timón de cola de la gracia y el salero de los cuadros flamencos. A su ritmo, las más grandes bailaoras de cada momento, como Gabriela Ortega, la Macarrona, la Jeroma o la Mejorana, enjaretaron sus más bellos desplantes. Por su gran adecuación su ritmo era empleado en cualquier canción o pregón o, incluso, himno guerrero o político, como *El himno de Riego*. En la actualidad, se mantienen plenamente vigentes las alegrías, las romeras, los caracoles y el mirabrás.

CAÑA

Su origen etimológico no está del todo claro y bien pudiera ser, aunque sea una simple especulación, que se cantara en honor de la caña de vino. Es un cante con

una copla de cuatro versos octosílabos, cante duro y recio, triste y melancólico, que suele rematarse con otro más retador, frecuentemente una *soleá*. Difícil de cantar, la caña no se baila, el cantaor no utiliza *los jipíos* y se mantiene gallardamente en todas las estrofas. Dice Estébanez Calderón, en su obra *Escenas Andaluzas*, publicada en 1847, que la caña es el tronco común de todos los cantes andaluces, un cante que comienza con un suspiro y concluye con otra copla más viva, pero igualmente triste y lamentable.

La caña de Diego Bermúdez debe aproximarse mucho a la primitiva pureza de este cante; Diego, nacido en 1852, la lleva a 1922 en el Concurso de Cante Jondo de Granada en el que ganó el primer premio, con ella y con sus *soleares*. No suele cantarse mucho la caña en la actualidad, y la que se canta suele ser la que en su día popularizó Antonio Chacón y en la que destacan *Fosforito* o Enrique Morente.

CARACOLES

Es el estribillo terminado en la palabra *caracoles* con que se concluyen cada una de las estrofas de que consta la copla que contiene varias de longitud variable, en general relativas al mismo asunto, lo cual impide la improvisación tan frecuente en las *cantiñas*, de las que los caracoles son una variante. Como baile es más adecuado para la mujer, por la cantidad de movimientos ondulatorios y cadenciosos que contiene. Quien verdaderamente difundió y engrandeció a los caracoles fue D. Antonio Chacón que es el que realmente los eleva a la categoría de estilo. Les dio entonaciones y detalles musicales; fue durante su etapa madrileña por lo que *madrileñizó* letras y situaciones, lo que hizo que muchos consideraran a los caracoles como un cante madrileño, de forma obviamente equivocada.

CARCELERA

El nombre le fue cambiado por éste en vista de que las letras siempre venían referidas a temas carcelarios. Es como un *martinete* del que no le diferencian más que las letras; se le considera una modalidad de la *toná* y como tal no admite el acompañamiento de guitarra. Algunas de las Antologías más completas y prestigiosas como la *Magna Antología del Cante Flamenco*, incluyen en su repertorio alguna carcelera, como «En el primer calabozo» cantada por *Antonio Ranchal.*

CARTAGENERA

Se desarrolla en el ámbito territorial de Almería, aunque Cartagena pertenece a la provincia de Murcia. Son a los llamados «cantes de Levante» y de entre ellos los llamados «cantes de las minas», con los que se monta uno de los principales festivales nacionales. Hay tres teorías acerca del origen del nombre de este cante. Según una de ellas, su nombre se debe al de Concha la Peñaranda llamada *La Cartagenera*, otra atribuye la paternidad del cante al cantaor apodado *El Alpargatero*, almeriense, y la más fiable orienta su procedencia a un viejo fandango folclórico de Cartagena. La cartagenera entra a formar parte del archivo flamenco a finales del siglo XIX, probablemente por el impulso que le dieron alguna de las figuras señeras del cante como Antonio Chacón. Hoy día es más frecuente encontrarse a la cartagenera en la discografía que en las actuaciones personales frente al público.

CHUFLAS

Cante típica y genuinamente gaditano, de jolgorio callejero y expresión carnavalera, que invade los ambientes especialmente en estas fiestas populares y son

CAÍDA.
Se llama así al remate de un cante o de un tercio del cante que se hace bajando mucho la voz, sin perder el ritmo ni el compás.

••• **75**

CALESERA.
Se dice del cante
atribuido a los
conductores de calesas.

la válvula de escape del humor y de los contratiempos del pueblo. Técnicamente son bulerías con la única diferencia del tono jocoso de las letras de sus coplas.

COLOMBIANAS

Es un cante inventado por Pepe Marchena con marcados giros originarios centrados en el folclore sudamericano, sobre la base de la rumba española, pero sin que su referencia sea un ritmo o una canción determinada. Se presentó al público en el año de 1931 y ese mismo año se realizaron las primeras grabaciones bajo el título de *Mi colombiana*; en los siguientes años se realizan dos grabaciones más, de la última de las cuales extrajo la gran Carmen Amaya la letra de uno de sus éxitos más notables. Pese a su nombre, las colombianas son de origen y extracción totalmente españoles, como lo son los principales nombres de artistas que los han interpretado.

CORRIDOS GITANOS (Véase lateral)

DEBLA

Según el Diccionario de la Real Academia es un «cante popular andaluz, en desuso, de carácter melancólico y con copla de cuatro versos», y es un cante que se interpreta sin acompañamiento de guitarra, como las *tonás, martinetes* y otros. Su nombre, en lengua caló significa «diosa», lo cual contribuye a aumentar su carácter ya enigmático, impulsado en parte por una película de escaso interés cinematográfico pero muy centrada en el enigma, *Debla, la virgen gitana*, interpretada por Paquita Rico y dirigida en 1950 por Ramón Torrado. El cante hoy conocido como *debla* fue una *toná* popularizada por Tomás Pavón por el año de 1940, aunque ya se cantaban en Triana a finales del siglo XIX.

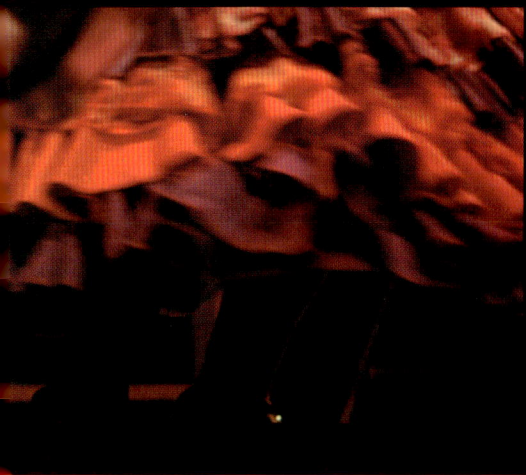

CORRIDOS GITANOS.

Hay quien dice que el corrido gitano es el palo más antiguo y el origen de las tonás. Ya Cervantes hace mención de ellos en «La gitanilla» y es evidente que los romances están en el habla popular desde antes del siglo XV y son el fundamento de los corridos que recita entonadamente el pueblo. Han trabajado este palo nombres tan prestigiosos como «Pepe de la Matrona» o «Antonio Mairena».

FANDANGO

Actuación de la compañía de ANDRÉS MARÍN, consumado bailarín de fama internacional.

Del latín *fatus*, «hado», se deriva el fado y de éste, parece, surge el fandango, que es un baile y un cante con una copla de cinco versos, que se convierten en seis por repetición de uno de ellos. Es un baile de estilo muy antiguo; en 1712 Manuel Martí escribía: «Ya conocéis esta danza de Cádiz, famosa hace tantos siglos...».

El fandango llegó a tener carácter, en el siglo XIX, de cántico y baile nacional, mencionado por Edmundo de Amicis, entre otros muchos escritores. Es un baile con acompañamiento de copla de origen árabe, que se extendió por toda la geografía evolucionando a formas tales como la *jota* o la *muiñeira* y, desde luego, al fandango flamenco más puro. Modernamente son quizá los más genuinos *fandangueros* Pepe Marchena y Manolo Caracol, muy distintos entrambos pero muy personales en sus respectivas interpretaciones. El fandango es tan antiguo, tan plural y tan diverso que exige un amplio tratado para sí mismo, pero no hay que olvidar al *Camarón*, pese a su modernidad. Son tantos los distintos fandangos que pueblan la geografía del flamenco, tantos como creadores, buenos y menos buenos, que no es posible incluirlos en una breve reseña; se dan a continuación unas pocas referencias.

FANDANGOS DE HUELVA

Según algunos estudiosos del tema éste es el cante más antiguo que pervive. Parece que procede de la localidad onubense de Alosno desde donde se extendió por toda la provincia. Hay una gran cantidad de ellos destacando por los nombres de los artistas más preclaros que los han interpretado y que más han destacado en su ejecución.

FANDANGOS DE LUCENA Y DE CABRA

En ambas localidades cordobesas se ha desarrollado un fandango *abandolao*, desarrollado por diversos ejecutores, entre los que destacan Rafael Rivas, de Lucena, y Cayetano Muriel, de Cabra. Hay que mencionar al de Puente Genil y a las muy diversas formas de interpretación como los *verdiales* o la *jabera*; todos ellos se cantan con la misma estructura rítmica diferenciándose únicamente en la melodía.

FANDANGOS MINEROS

Quedan encuadrados en los cantes de Levante con la estructura inequívoca del fandango caracterizándose todos ellos por la melodía y por el contenido de las coplas eminentemente minero.

FANDANGUILLO

Es el fandango más popular, que se acompaña con el baile y en el que quien canta busca la máxima efectividad y espectacularidad para complacer a un público festivo y mayoritario.

FARRUCA

El nombre procede de *farruco*, denominación de los andaluces a los gallegos, denominación que, al parecer, también recibían los gallegos y los asturianos en Cuba. Es por consiguiente un cante de origen gallego, aflamencado, cadencioso y melancólico. Como baile su más importante espaldarazo se lo dio Manuel de Falla al encargar en 1918 a Félix Fernández, llamado Félix el Loco, que le anotara sus ritmos para incluirlos en el ballet de *El sombrero de tres picos*. A principios del siglo XX, el cantaor llamado *El Loli*, seguido poco después por Manuel Torre, realizó la adaptación definitiva al flamenco.

GARROTÍN (Véase lateral)

GRANAÍNA

Parece que es un cante de Levante derivado de un fandango popular aflamencado. Como en la mayoría de los casos, son varias las teorías que defienden los orígenes de este cante y puestos a elegir, la más sólida por la categoría de su autor, D. Antonio Chacón, que utilizó el material que tenía más a mano, sencillo y popular, es decir, la media granaína; hacia 1890, Chacón pasó una temporada en Granada empapándose de los matices locales más finos que luego tradujo en savia flamenca a los cantes, cuya ascendencia flamenca tanto se discutió. En el momento actual la granaína se incluye en festivales y en grabaciones y los cantaores más preclaros dejan su impronta en la granaína.

GUAJIRAS

A los hombres blancos dedicados a las labores del campo en Cuba se les designa con el nombre castellano de *guajiro*, que según nuestro Diccionario tiene exactamente ese significado si bien en la línea anterior se recoge el mismo vocablo que en lenguaje *antillano* significa «hombre poderoso». Es un cante aflamencado con origen en el folclore cubano, con coplas

cuyas letras se refieren a sucesos por lo general habaneros. Su época dorada fueron los años veinte y treinta y se cantaba acompañado de un baile del mismo nombre. Su mayor auge se lo dio *Pepe Marchena* enriqueciéndolas con su dominio de la melodía.

JABERAS

Parece que la primera mujer que cantó este estilo se apodaba *La Jabera*, es decir la vendedora de habas, con la conveniente adaptación de la fonética andaluza y de la ortografía castellana. Se puede encuadrar el cante en el grupo de los fandangos malagueños, que se canta sin compás, lo que da al intérprete las máximas posibilidades de recurrir a todo tipo de floreos y ornamentaciones vocales, lo que exige del intérprete las máximas facultades para ejecutarlo. Estébanez Calderón escribe en sus *Escenas andaluzas* en 1847 «érase una malagueña del estilo de *La Jabera*, célebre cantaora». En la actualidad se sigue interpretando y figura en los repertorios de figuras como *Fosforito*, *El Chocolate* y muchos otros. Hay quien dice que durante mucho tiempo estuvo en desuso, hasta que la rescató del olvido el *Niño de Málaga* que la grabó incluida en la *Antología del Cante Flamenco*, editada en 1955.

JALEO (Véase banda)

LEVANTICA

Modalidad de taranta típicamente cartagenera elevada a mayores niveles regionales por la voz y el estilo tan peculiares del gran *Pencho Cros* y el ámbito cada vez más amplio y apreciado del Festival del Cante de las Minas.

LIVIANA

Cante sencillo, como su nombre indica, que aparece en el horizonte flamenco a mediados del siglo XIX y que empezó a cantarse sin acompañamiento de guitarra,

como un elemento de preparación del cante. Es un cante sencillo, muy semejante a la seguidilla aunque sus coplas son de temas campestres, más parecidos a los de las serranas. Se utilizó habitualmente como preparación al cante de la serrana, para que el cantaor entre con fuerza y sin el comienzo más cadencioso habitual.

LORQUEÑAS

Han pasado a la historia como *lorqueñas* una serie de canciones aflamencadas que compuso Federico García Lorca que interpretó *La Argentinita* y que han pasado a la historia como *lorqueñas* pero que en realidad son *bulerías*. Tuvo mucha repercusión la copla denominada «En el Café de Chinitas», en su día la difundió mucho la *Niña de los Peines* y más recientemente la gran Carmen Linares.

MALAGUEÑA

Cante raíz y tronco de los cantes de Levante, descendiente directo de los fandangos malagueños, que se trasforma en flamenco puro *por mor* de sus más brillantes intérpretes allá por la primera mitad del siglo XIX. Se acompaña a la guitarra y no se baila. Un prolífico autor, entre otras cosas del poema «El Piyayo», José Carlos de Luna dejó dicho que la malagueña «tiene los arrestos de la caña, sentimientos de la seguidilla y matices de *soleares*, pero no se parece a ninguna». El número de malagueñas tiende al infinito, con ligeras modificaciones de unas a otras, unas son del entorno de la ciudad, de la comarca otras, de muy diversos lugares más o menos próximos muchas y todavía más de los intérpretes punteros de todos los tiempos. Una característica notable es que todas las malagueñas de postín empiezan de igual forma, de manera que en el arranque no se sabe de cuál se trata. Creadas por gaditanos son, entre muchas otras, la de *Fosforito*. Capítulo aparte merece, como siempre, D. Antonio Chacón. Dice José Blas Vega que fue «en este cante su revolucionador, su jerarquizador, su mejor intérprete, su divulgador y su creador genial». Una primera época de esplendor de la malagueña se la proporcionaron los cafés cantantes con Chacón y otros; pero nunca

CAPIROTE.
Rasgueo que se da golpeando simultáneamente la tapa y las cuerdas graves de la guitarra con el dedo índice.

ha disminuido su vigencia que en la actualidad mantienen muchas voces importantes, y entre ellas por citar una muy señera, dejemos dicho el nombre de Enrique Morente.

MARIANAS

Mariana era el nombre de una cabra que un grupo de gitanos llevaba como atracción haciendo que se subiera a una banqueta y, de paso, dio nombre al palo que cantaban sus acompañantes ¿o fue al revés, que el cante dio nombre a la cabra? Este cante se popularizó a principios del siglo XX, probablemente a causa del *Niño de las Marianas,* que a su vez tomó el nombre de lo que cantaba. Es un cante próximo a los *tientos,* más pausado que los tangos, grupo al que realmente pertenece. Ha sido siempre muy popular y en tiempos recientes voces preclaras como las de *José Menese* y Enrique Morente lo han elevado a grandes alturas.

MARTINETE (Véase lateral)

MEDIA GRANAÍNA

Pertenece al grupo de los cantes de Levante y es un invento de D. Antonio Chacón a quien parece que la granaína le venía un poco pequeña y creó esta *media,* más sonora y con más recursos para el puro lucimiento. En cuanto al nombre, Chacón la llamó así «porque de alguna manera tenía que llamarla». Otros cantaores han abusado de ella alargando los finales para causar mayor impacto en los públicos, por lo que es recomendable escuchar y captar la musicalidad y los matices de D. Antonio. Este palo no se baila, pero en la X Bienal de Sevilla, del año 1998, la bailaora *Eva la Yerbabuena* presentó una granaína que, según Luis López Ruiz, en su *Guía del flamenco,* fue la primera vez que se bailó.

MILONGA

Al parecer, la bailaora Josefa Díaz fue contratada por el jerezano Juan Junquera para realizar una gira por la República Argentina y a su vuelta había adaptado la milonga incorporándola a su repertorio y cantándola y bailándola con ritmo de tango. Es un cante aflamencado de origen evidentemente argentino, que estuvo muy de moda en España durante

Manuel Cabral Aguado, Jaleando a la puerta del cortijo, 1854. Óleo sobre lienzo 64 x 49 cm. Colección Carmen Thyssen-Bornemisza.

Actuación de
CARMEN PACHECO Y
GERARDO NÚÑEZ en
la Bienal de 2002.

los años veinte y que tuvo la fortuna de gustarle a Antonio Chacón, que lo incorporó a su repertorio, si bien no lo interpretaba en ocasiones de cierto nivel. Otra figura que lo engrandeció fue el maestro *Pepe Marchena*.

MINERA

Cante del grupo de cantes de Levante que aparece a mediados del siglo XIX en la zona de la Sierra de La Unión. Es evidentemente un cante minero por su nombre y porque la temática de sus coplas lo es, probablemente se deriva de los fandangos locales, y es en realidad una variante de la taranta. Parece, según José Blas Vega, que el creador fue *Rojo el Alpargatero*, cuyo hijo la engrandeció y la sostuvo; después de un muy largo letargo, en los años cincuenta del pasado siglo reaparece, pero más bien ajustado a las bases de Festival del Cante de Las Minas (del que se acaba de celebrar, en agosto de 2003, la edición XLIII) con lo que ha quedado encuadrado como cante tipo, separado de las tarantas. Actualmente goza de plena vigencia en su zona de influencia y en la discografía de la mayoría de las principales figuras. A su auge han contribuido muchos nombres, pero por su especial significación quedan aquí registrados los de *Pencho Cros* y Carmen Linares.

MIRABRÁS

Mira, Blas, no parece ser la más afortunada de las múltiples elucubraciones que se han barajado tratando de averiguar el origen del vocablo, origen que permanece incierto pese al tiempo transcurrido, es uno de los más antiguos cantes, y a los numerosos intentos de aclararlo. Es una *cantiña* originaria probablemente de Sanlúcar de Barrameda pues parece ser que muchos de sus primeros intérpretes eran oriundos de esta localidad. El mirabrás es un típico cante para bailar, con música muy alegre para el acompañamiento con guitarra, con letras anecdóticas e intrascendentes, salvo en la época liberal de las Cortes de Cádiz y algunas de las que se ingenian en las temporadas de Carnaval. Tuvo una época de apogeo hacia finales del siglo XIX, con los espectáculos en el café cantante *Silverio*, en el que parece estableció su cuartel general, a cargo de artistas como *La Mejorana* o Miguel Cruz.

CEDRO.
Es una madera que reúne
características de
ligereza y resistencia que
la hacen muy adecuada
para la construcción de
la tapa armónica y del
mástil de las guitarras.

Joaquín Sorolla, El primer hijo, 1890. Acuarela sobre papel, 48 x 65 cm. Colección particular.

Murciana

Es un cante de los del grupo de cantes de Levante de origen desconocido y difícil seguimiento por las dudosas pistas discográficas existentes. No merecería especial mención si no fuera por ser una de las especialidades del gran artista almeriense José Sorroche, una de las máximas figuras del cante nacidas en Almería.

Nana (Véase banda)

Petenera

El embrujo y el misterio que embeben en su conjunto al flamenco en general y a sus gentes y a sus orígenes alcanza un clima máximo cuando se trata de *La Petenera*. Hacia finales del siglo XVIII existió una cantaora oriunda de la localidad gaditana de Paterna de Rivera, una *paternera*, palabra de la que se deriva por variación eufónica admisible la de *petenera*, parece que es la teoría más fiable como origen del nombre del palo, aunque son muchas y muy diversas otras que lo hacen derivar desde lugares geográficos, como la comarca guatemalteca de Petén, hasta comunidades religiosas como la judía, que se basan en determinadas letras con una muchacha judía de protagonista. Según la leyenda, la moza gaditana fue una encendedora de pasiones entre los hombres y murió a manos de uno de ellos loco de celos. La copla, de cuatro versos octosílabos que se pueden convertir en seis por repetición de uno y por otro adicional, se entona muy pausada y melancólica, sentimental y majestuosamente, con acompañamiento de castañuelas o palmas con tintes de tragedia y de la fuerza del destino. Hay composiciones del siglo XVIII, pero cuando alcanzó el máximo de popularidad fue en Sevilla a finales del XIX en años en los que hubo gran escasez de víveres; por esta época *Medina el Viejo* define la *petenera* como cante muy serio y de gran precisión rítmica, creando una modalidad de muy difícil interpretación. Pero fue, una vez más D. Antonio Chacón el que enriqueció melódicamente la *petenera* y la divulgó ampliamente. Discográficamente, ha sido *Pepe el de la Matrona* el que ha dejado constancia de las versiones de *Medina el Viejo*; más

Castañetazo. Golpe seco y desafiante que produce la bailaora con las castañuelas, sobre todo con la mano izquierda.

jóvenes, otros grandes intérpretes de gran proyección como *José Menese*, Enrique Morente o Carmen Linares dejan muestras muy importantes y significativas. En cuanto al baile también se interpreta muy abundantemente, a pesar de su aureola de mal *fario* especialmente entre los gitanos, y son bailaores a tener muy en cuenta Soledad Miralles o Ros Durán.

POLO

La primera cita bibliográfica de este cante se debe a José Cadalso que lo cita en su obra *Cartas marruecas* en 1773. Fue muy popular en los siglos XVIII y XIX como cante flamenco recio y emotivo que se acostumbraba a cantar después de la caña. Alfredo Arrebola lo valora como «viril y majestuoso y para el que hacen falta excelentes facultades y sentido del compás, pues tiene la misma línea musical que la *soleá*». El polo y la caña se parecen mucho y hoy día se confunden, aunque se interpreta muy poco y casi no aparece más que en algunas grabaciones. Entre los intérpretes actuales que más grabaciones han realizado, *Fosforito, José Menese* y el propio Alfredo Arrebola.

ROMANCE

Romance es sencillamente la lengua castellana, el español, que es una lengua derivada del latín, también es una composición poética escrita en romance y asimismo es un palo del flamenco, que también se llamó *corrido* o *corrida*, originado por una especial forma de *decir* los romances populares andaluces y que es muy posible sea la forma más primitiva del flamenco, del que se derivaría hacia las *tonás*. Siguiendo a José Blas Vega en sus investigaciones «los corridos, corridas o carrerillas son nombres que se dan en Andalucía a los romances, por su forma de cantarse, seguida y monorrima». En «La Gitanilla», de Miguel de Cervantes, la gitana Preciosa canta un romance. Pero los romances viejos caen en el olvido durante siglos, quedando relegados a las más bajas extracciones culturales y a las zonas rurales, son los tiempos de los romances plebeyos y unos momentos en los que los gitanos toman cartas en el asunto y adquieren una gran importancia en el crecimiento del Cante Flamenco. Desde Estébanez Calderón, bien entrado el siglo XIX, son muchos los autores que se preocupan de rastrear los romances andaluces y muchas las obras narrativas en las que aparecen escenas donde se interpretan romances o hay claras referencias. Pero, a pesar de todo, los romances no despiertan el interés de los expertos en flamencología hasta la segunda mitad del siglo XX. Una muy interesante selección de romances figura en la *Magna Antología del Cante Flamenco*, dirigida por el gran erudito José Blas Vega, publicada por Hispavox en 1982.

ROMERA

El nombre se debe probablemente a que este vocablo, *romera*, se repite con mucha frecuencia en las letras de este cante popular. Es un cante festivo que se acompaña a la guitarra y pertenece al grupo de las *cantiñas*, muy aptas para bailar por lo rítmicas y ligadas. Aparece a mediados del siglo XIX invadiendo los cafés cantantes de la época. Se bailan de forma similar a las alegrías aunque tienen diferente melodía. La copla permite al intérprete introducir cuantas variantes se le ocurran siempre que mantenga el ritmo y la melodía:

> *Asoma el morro al ventano,*
> *saca medio cuerpo fuera,*
> *saca luego el otro medio,*
> *verás qué torta te pegas.*

Se supone que los artistas que más destacaron hacia finales del siglo XIX fueron *Romero el Tito* y *Macaca*; después quedó un poco olvidada hasta que *Antonio el Chaqueta* la incluyó en la *Antología del Cante Flamenco*, publicada

Manuel Cabral Aguado, En la romería de Torrijos, 1883. Óleo sobre lienzo, 69 x 99 cm. Colección Carmen Thyssen-Bornemisza.

en 1955. Después han sido varios los grandes intérpretes que han destacado cantando romeras, más que nadie Antonio Mairena y, ya fallecido éste, otros como María Vargas y Chano Lobato.

RONDEÑA

El ir de ronda a cantar a mi moza es una costumbre muy poco extendida en Andalucía por lo que el origen más probable de la palabra esté en la ciudad de Ronda. Ricardo Molina y Antonio Mairena definen: «El más viejo fandango malagueño conocido y cantado aún es la rondeña de la que abundan referencias en los escritores costumbristas y en la prensa local del siglo XIX, como el periódico malagueño *El Guadalorce*. Sin compás, *ad libitum*, la rondeña no es sino un fandango local, típico de la pintoresca villa de Ronda». El cante lleva una copla de cuatro o cinco versos octosílabos, con abundancia de temas, entre los que predominan los de corte campero.

Pero donde la rondeña ha adquirido la máxima altura artística y flamenca ha sido en el toque por guitarra y entre los concertistas que con ellas destacan sobremanera se encuentra el gran Manolo Sanlúcar. La rondeña se baila con aire de taranto; se le llama rondeña por zambra, en la que los bailaores y las bailaoras ofrecen un baile abierto y más florido que el taranto. Cantaores actuales que destacan en las rondeñas están, entre otros, *José Menese*, Enrique Orozco y *Fosforito*.

ROSAS (Véase lateral)

RUMBA

Según el Diccionario, rumba es «francachela, parranda», «cierto baile popular en Cuba» y «música que lo acompaña». De ese cante y baile cubanos procede la rumba flamenca que, en cualquier caso, era prácticamente desconocida a mediados del siglo XX, hasta que los gitanos catalanes comenzaron su divulgación, más o menos a partir de 1940. Es un cante aflamencado muy utilizado por los intérpretes en los tablaos y espectáculos populares: destacó con él Antonio González *El Pescaílla*, al que muchos consideran incluso el creador de la rumba catalana, y más adelante *Peret* le dio una versión personal que alcanzó grandes éxitos y popularidad y dio lugar a multitud de otras versiones creadas por cantaores y grupos folclóricos.

*ROSAS.
Son un cante prácticamente en desuso que vienen aquí únicamente en homenaje al gran cantaor Antonio Fernández, «Fosforito», que ha realizado varias grabaciones que los incluyen. Es un cante con copla de cuatro versos, del grupo de las cantiñas, muy parecido a las alegrías, que probablemente nació en Sanlúcar de Barrameda.*

*Gonzalo Bilbao Martínez,
La procesión de las Siete
Palabras, 1902. Óleo sobre
lienzo 54 x 45 cm.
Colección Carmen
Thyssen-Bornemisza.*

SAETAS

El Diccionario de la Academia da dos definiciones de *saeta*. En su acepción número 5 dice: «Copla breve y sentenciosa que para excitar a la devoción o a la penitencia se canta en las iglesias o en las calles durante ciertas solemnidades religiosas» y en la 6 dice: «Jaculatoria o copla que una persona canta en las procesiones». De las saetas se habla por vez primera en un libro publicado en Sevilla en 1691, obra de Fray Antonio Escaray. En el siglo XVIII las cantaron los cofrades de la Ronda del Pecado Mortal. El inicio de la saeta popular y la costumbre de cantarla en público data de mediados del siglo XVIII. La saeta moderna nace alrededor de 1920 y hay quien se la atribuye a Manuel Centeno y quien a D. Antonio Chacón o a *Manuel Torre*; intérpretes muy significativos de aquellos años fueron la *Niña de los Peines* y *Manuel Vallejo*. En la actualidad la vigencia de la saeta es absoluta y se canta en la calles, sobre todo en el sur de España, durante las procesiones de Semana Santa, figura profusamente en toda la discografía que se produce y ha traspasado las fronteras y todas las primaveras se celebran recitales de saetas en París a cargo de los principales intérpretes.

SEGUIRIYAS

Simple deformación fonética de la palabra *seguidilla*. El palo flamenco no tiene nada que ver con las seguidillas tan frecuentes en el folclore español. Es un cante sombrío, fuerte y desolador, exponente por antonomasia de la esencia *jonda* del flamenco, con letras que expresan la profunda pena y la desolación que causan los dolores y los sufrimientos relacionados con el amor, con la vida y con la muerte, la síntesis de la vida y de la tragedia humana. No admite adornos fáciles. De ella dijo Manuel Machado que es «el extracto de un poema dramático». Se la puede definir como «la columna vertebral del cante», se acompaña de la guitarra que es difícil de rasgar por los continuos cambios de matización. El cante exige sentir y sólo si se siente se puede cantar: según Manuel Ríos Ruiz «cantar por *seguiriyas* es fundamental y en la *seguiriya* culminan o se descalabran todas las voces, para quien bien la canta significa la mayor satisfacción que puede experimentar un cantaor de flamenco». Parece que la *seguiriya* se deriva de la *toná* dentro del lapso de consolidación del acoplamiento de la gui-

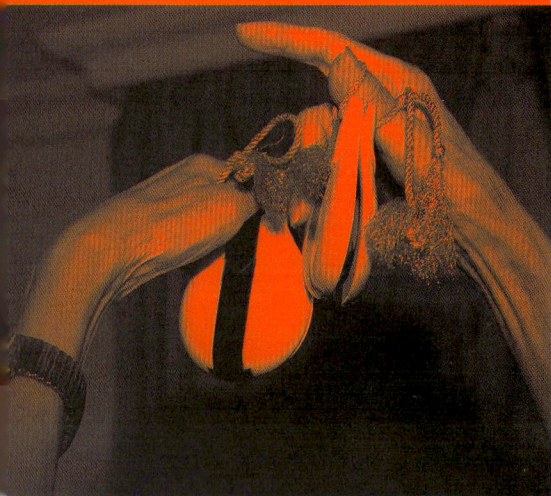

tarra, pues inicialmente se cantaban sin acompañamiento, como se sigue haciendo con las *tonás*. Según sugiere el profesor García Matos, ante la semejanza de la *seguiriya* con la *endecha*, la muerte es el tema fundamental y puede estar entroncada con los cantes de las plañideras. Las *seguirillas* actuales conocidas proceden de Cádiz, de Jerez y de Triana, siendo las trianeras las más antiguas y las menos divulgadas por lo que predominan las gaditanas y las jerezanas. El gran Silverio Franconetti murió en el año de 1899 por lo que nada de su cante ha quedado grabado, sólo los poemas de García Lorca, pero al parecer fue un cantaor enciclopédico que lo cantó todo y todo lo cantó bien, creó muchos cantes por *seguiriyas* dándoles matices y giros expresivos de muy difícil interpretación por lo que su escuela ha desaparecido. A partir de la segunda mitad del siglo XX se inicia una época de revalorización y hoy la *seguiriya* figura en los repertorios de las grandes figuras. Sería ocioso mencionar a todos los que han descollado, es decir, a todos. Como figura última en el tiempo, que no en su enorme altura, Enrique Morente nos deja su personal versión.

CEJILLA.
Pequeña pieza de material variable que se sitúa sobre un traste para adecuar el diapasón a la voz del cantaor. El artilugio no goza de la complacencia de los buenos guitarristas.

ENDECHA.
Canción triste o de lamento, explica el Diccionario de la Academia, entre varias acepciones, todas ellas de carácter triste o luctuoso.

SERRANA

Es el cante que se refiere a cosas del campo, de la sierra, del monte, de ahí su nombre, *serrana*, así, en singular porque serrana no hay más que una. Es un cante muy valiente y lanzado, melodioso y pegadizo, exigente de grandes facultades para interpretarlo; parece que Silverio lo cantaba con frecuencia y fue junto con *Gallardo el de Morón*, el gran maestro, también, de este cante, de cuyos orígenes la opinión está muy dividida. Estébanez Calderón en 1847 ya cita a «las modernas serranas» que ya por esas fechas se cantaba habitualmente de forma profesional y que probablemente se aflamencó por entonces; en su melodía se captan matices de caña, de *seguiriya* y más que nada de liviana; se acompaña de guitarra con toque de *seguiriya* y el baile, de creación muy posterior, tiene también el ritmo de *seguiriya*. Richard Ford en sus manuales de viajes por España concede a Ronda la primacía en la paternidad de todo lo relativo al flamenco y la serrana sólo podía proceder de la Serranía de Ronda; pero otros autores tan destacados como Ricardo Molina apuntan a Córdoba como cuna e incluso niegan la relación de la serrana con alguna sierra; algunos autores más pretenden que la procedencia sea Huelva, basándose en las interpretaciones de *Antonio Silva el Portugués*, cante que nos ha llegado gracias al cantaor onubense Antonio Rengel. Actualmente muchos intérpretes incluyen la serrana en sus repertorios discográficos, pero muy pocos se arriesgan a su ejecución en público.

SEVILLANAS

No es probablemente lo más puro del flamenco, no es *cante jondo*, ni está incluido en los grandes recitales de los más grandes maestros, pero las sevillanas dominan el mundo del folclore, llegan a los lugares más remotos del país y se extienden por todo el mundo, salas de todo tipo se dedican fundamentalmente a las sevillanas que son la reina indiscutida de las academias de baile españolas y extranjeras. Como

estructura de la canción es muy similar a la seguidilla castellana y siempre tuvo como misión fundamental el acompañamiento del baile. El baile por sevillanas es vivo y ágil, dinámico y variado, con pasos diferenciados y precisos y con marcados finales en los que música y baile acaban simultáneamente quedando los bailarines inmóviles, mirándose y adoptando expresiones triunfales y provocativas. La pareja de baile puede excepcionalmente formarse por dos mujeres. Cada sevillana se divide en cuatro partes que se denominan sencillamente primera, segunda, tercera y cuarta. Fundamentalmente por la temática de sus letras, las sevillanas se dividen en infinidad de clases, hoy por hoy están muy de moda las rocieras, que aluden a la celebración del Rocío, muy divulgado por los medios de comunicación y al que algunos intérpretes han volcado sus canciones en su honor, como *María del Monte*, *Los Marismeños* o *Los del Río*, otros, como Alfonso Grosso con su novela *Con flores a María* han contribuido también a su divulgación, si bien por otros motivos. De la sevillana antigua probablemente el máximo exponente vocal fue la *Niña de los Peines* y más actuales son multitud, aunque no figuran en las actuaciones de los grandes intérpretes, que compiten con Francisco Palacios, *El Pali*, quien se supone es la máxima figura de las sevillanas en los comienzos del siglo XXI. El escenario clásico y tradicional para la interpretación de sevillanas es la caseta de una feria, si es posible de la Feria de Abril, pero son muy variados y se bailan en público en cualquier lugar, en cualquier patio, en cualquier explanada, en múltiples salas normales o rocieras, en cualquier tablao o sala de fiestas. El baile rápido y vivaz de las sevillanas ha ido frenando su ritmo, por lo que hoy es frecuente ver y escuchar sevillanas bailadas «en cámara lenta», en comparación con las tradicionales.

SOLEÁ

Considerada por investigadores y estudiosos como uno de los estilos básicos del cante flamenco. Emilio García Gómez opina: «A la *soleá* la tengo como reina del *cante jondo*, por su relampagueante belleza y por su brevedad». Por sus formas y por sus maestros no cabe duda de su origen gitano y es muy posible que, mucho antes de su pública aparición en Triana en 1840, fuera interpretada en la intimidad del hogar gitano. La primera voz conocida que emite sus quejas por soleares fue la trianera apodada *La Andonda*, de lo que se deduce que la *soleá* aparece efectivamente en el barrio sevillano. Probable-

ESTRELLA MORENTE CARBONELL.
Granaína nacida en una familia de gran tradición en el flamenco, es hija del maestro Enrique Morente y de la bailaora Aurora Carbonell, es una gran cantaora que domina todos los estilos.

mente, la *soleá* comenzó como un cante para bailar, como los tangos y las *bulerías*, transformándose poco a poco en cante para cantar y, finalmente, se fue transformando en *cante grande*. Los poetas la proclaman la reina de las coplas de Andalucía. Voces gitanas y payas le han dado variedad y versatilidad, pero manteniendo su origen popular y colectivo. Además de Triana, Alcalá de Guadaira reclama la cuna de la *soleá*, debido sobre todo a su principal divulgador, *Joaquín el de la Paula*. En la actualidad, los cantaores profesionales practican profusamente las soleares, tanto por su complejidad como por su variedad, siempre del agrado de los buenos aficionados.

TANGOS

Su nombre, aquí y fuera de aquí, puede proceder del ritmo monótono del tambor, del *tan-tan*; podría también proceder del verbo latino *tangere*, tangir en castellano, del que permanece la acepción que, advirtiendo su carácter de *antiguamente*, dice «tañer» (hacer sonar según arte un instrumento musical). Es uno de los palos básicos del flamenco y probablemente es de los más antiguos, desde luego se remonta a los primeros conocimientos fehacientes. El lugar de su cuna está disputado sobre todo entre Triana y Cádiz, pero también Jerez y Málaga tienen mucho que decir. El tango evoluciona constantemente, a causa de su carácter más popular si cabe que otras variantes flamencas y muchas de sus letras son de amplio conocimiento popular, como *aquellos duros antiguos / que tanto en Cai dieron que hablar* o las innumerables que proceden de las chirigotas carnavalescas gaditanas. El intérprete que más lustre les dio fue la *Niña de los Peines* que incluso tomó para su nombre artístico la letra de un tango que hizo muy popular:

> Péinate tú con mis peines,
> que mis peines son de azúcar,
> quien con mis peines se peina,
> hasta los dedos se chupa.

En los últimos tiempos surgen nuevas tendencias, una impulsada por los gitanos extremeños de entre quienes destaca Juan Cantero, habitual intérprete en los tablaos madrileños. No cabe silenciar las últimas variantes debidas al *Camarón* y a Enrique Morente.

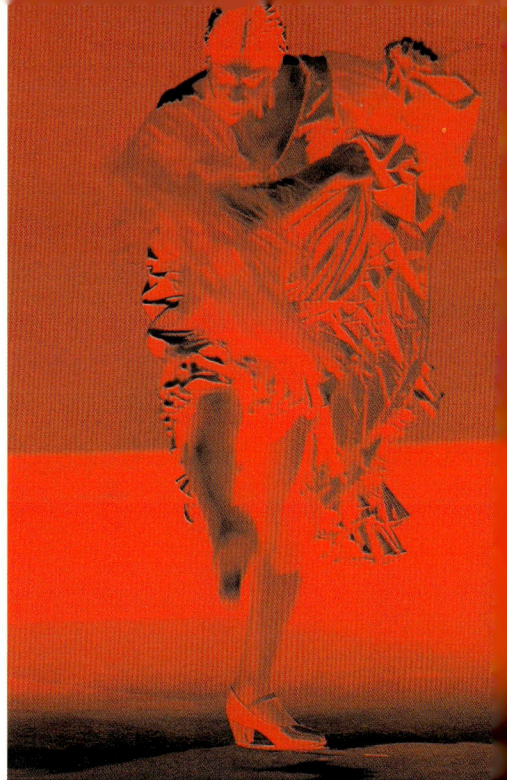

TANGUILLOS
Es un cante genuinamente carnavalero y gaditano que admite copla con cualquier métrica y con cualquier estribillo. Debido a su enorme difusión localizada en Cádiz, se les conoce como tanguillos gaditanos. Al aflamencarse se transforma en un cante propio de fiestas, festeros, se renueva constantemente adaptándose a la más rigurosa actualidad política, deportiva, sentimental y de toda índole. Son también un baile en el que se mantienen con mucha mayor rigidez los cánones flamencos y en el que el cante sirve como acompañamiento.

TANGUILLOS (Véase banda)

TARANTA

Confuso está el origen del nombre que podría venir de *tarantela* o quizá del gentilicio de almeriense. Pertenece a los cantes de Levante y de entre ellos a la variante de cantes de las minas y probablemente proviene de algún fandango de Almería, trasladado a las minas por la emigración gitana. Es un cante duro y recio que se acompaña a la guitarra y no se baila, se escucha. Su principal impulsor fue Antonio Grau, *Rojo el Alpargatero*, quien nació en Callosa del Segura, vivió un tiempo en Málaga y luego, hasta su muerte, en La Unión. Una vez nacido, el cante se extendió por las zonas mineras de Jaén y Murcia, especialmente en La Unión, donde en la actualidad se celebra el Festival de Cante de las Minas. La taranta mantiene plenamente su vigencia, aunque la mayoría de los intérpretes prefieren incluirlas en sus grabaciones discográficas más que en sus actuaciones en público.

TARANTO

Es un cante muy semejante a la taranta, no sólo en el nombre sino que se diferencia de ella en que el acompañamiento de la guitarra debe ir acompasado, en un compás semejante al de la zambra. Es también un baile flamenco, probablemente debido a Carmen Amaya, y en todo caso ampliamente difundido y majestuosamente interpretado por ella, antes que por *Rosario* y otras; en 1963, Alfredo Mañas realizó la película *Los Tarantos*, interpretada por Carmen, que ni siquiera pudo ver el montaje realizado, pues falleció por aquellos días.

TEMPORERAS

Cante que se ejecutaba en las tierras bajas de Andalucía en las épocas de recolección. Se discute sobre si es o no un cante exclusivamente andaluz, pero su gran similitud con la *toná* avala la posibilidad de que así sea. Actualmente en desuso, parece ser originario de la comarca de Porcuna, en la provincia de Jaén, de la época en que los muleros que venían en las temporadas de recolección y que cantaban algunas coplas que, mezcladas con los cantes locales dieron lugar a este cante, que se canta *a palo seco*, sin acompañamiento de guitarra.

GACHÓ.

Vocablo recogido por el Diccionario de la Real Academia como palabra perteneciente al idioma caló, hablado por la etnia gitana y muy utilizado en la literatura relativa al Arte Flamenco. Quiere decir «hombre» y, muy especialmente, «el amante de una mujer». También lo utilizan los gitanos en tono un tanto despectivo para referirse a un cante que no «suena» a gitano.

TIENTOS

Su nombre posiblemente procede de *tentar*, provocar a alguien para que realice una acción. Es un cante reciente, posiblemente data de principios del siglo XX, posterior al tango, cante del que procede, llamándosele durante un tiempo *tango tiento*, quedando finalmente en *tiento*, cante algo más lento en sus tercios, a cuyo origen han contribuido, además del tango, la *seguirilla* y la *soleá*. Es un cante bailable y el baile, que algunos dicen que se debe a *Joaquín el Feo,* es sobrio y majestuoso. Parece que el verdadero difusor, amén de creador de sus formas más definidas fue, una vez más, D. Antonio Chacón, aunque Manuel Torre tuvo también una importancia fundamental y de ambos extrajo la *Niña de los Peines* una notable experiencia que no dejó de transmitir a sus *tientos*. Continúan siendo perfectamente vigentes, tanto en la discografía de los principales intérpretes como en las actuaciones en directo, pero no se advierte en ellos ninguna variación en las últimas décadas.

TONÁS

El nombre es la simple variación andaluza de la palabra *tonada*. Es un cante flamenco con coplas de cuatro versos. Las *tonás* son una base fundamental en el origen del cante flamenco que es un cante primitivo que se forma a partir de secuelas de canciones del folclore peninsular en las que se pueden advertir huellas de todas las razas y culturas que poblaron la península; los antecedentes flamencos más directos son los romances que interpretaron los abuelos y tatarabuelos de los cantaores. Así lo expone José Blas Vega en su documentadísimo libro *Las tonás* y en toda su abundante y erudita bibliografía. Se supone que comenzaron a cantarse las *tonás* hacia 1770 por el cantaor jerezano llamado *Tío Luis el de la Juliana* que fue el primer especialista del que se tiene noticia fehaciente. Dos son los polos de influencia

y de extensión y difusión de las *tonás*, Jerez de la Frontera y Triana, siendo la escuela trianera la que mejor conserva el sabor arcaico. Muchos de los palos cuyos nombres llegan hasta nosotros arrastran el del intérprete que los hizo famosos. En sus tiempos fue Silverio Franconetti quien las elevó al Olimpo, y luego D. Antonio Chacón. En la actualidad y después de una época de ostracismo, las *tonás* vuelven a disfrutar de gran vigencia en la discografía y en los tablaos.

JOAQUÍN SOROLLA, *Pasando el rato*, 1888. Óleo sobre lienzo, 21,7 x 30 cm. Colección particular.

TRILLERAS

Cantes de la trilla o *trilleros* son uno más de los cantes camperos de la campiña andaluza que se cantan al ritmo del cascabeleo de las caballerías. Como en otros su parecido con la *toná* desvirtúa el criterio de quienes afirman que no es un cante andaluz. Muy difundido por la zona de Jerez lo interpretó profusamente *Bernardo el de los Lobitos* y en la actualidad el cantaor jerezano *Fernando de la Morena* lo incluye con frecuencia en su repertorio.

VERDIALES (Véase banda)

VIDALITA (Véase banda)

VILLANCICO

Los cantes flamencos de tema religioso son las saetas, centradas en la pasión de Cristo, los *campanilleros*, de temas de índole eucarística, y los *villancicos* basados en la Navidad. Su significado es «labriego, campesino» (que es lo que significa *villano* o *villancico*) y son cantos navideños que se interpretan casi exclusivamente en Navidad. Pertenecen naturalmente al grupo de las coplas andaluzas afla-

mencadas. Son en general muy populares, muy especialmente entre la población gitana de Jerez de la Frontera y se cantan frecuentemente por *bulerías*.

ZAMBRA

Fonéticamente es la onomatopeya del ruido de los instrumentos o de voces ruidosas y sonoras. La versión hoy día más ejecutada es la zambra *granaína* de las Cuevas del Sacromonte, formidable reclamo turístico de la ciudad, que integra tres momentos, tres bailes, que simbolizan tres secuencias de las bodas gitanas, con una mímica que recuerda los bailes primitivos. También está muy extendida la versión orquestada, muy popular hace unos años cuando la interpretaban *Lola Flores* o *Manolo Caracol*. Resumidamente, son las *juergas flamencas* que organizan los gitanos en sus casas. En 1986 se presentó en el Teatro Alcalá Palace de Madrid el espectáculo *Zambra del Sacromonte* con ocasión de la III Cumbre Flamenca, espectáculo definido como «conjunto de bailes flamencos específicos del Sacromonte, siendo sus intérpretes oriundos de dicho barrio».

La primera zambra, tal como en la actualidad se desarrolla, la presentaba Antonio Torcuato en los bajos de una casa de la Plaza del Humilladero y en las ocasiones más solemnes en la mismísima Alhambra. La actualización última se produce a finales del siglo XIX con Pepe Amaya y sus hermanos en una cueva del Camino del Monte, que actualmente funciona como escuela.

ZAPATEADO

No se canta, sólo se baila y como baile, el gran bailarín *Antonio* lo elevó a alturas celestiales, en los jardines de La Alhambra, hace algunos años pero no los suficientes como para que ni un solo ápice del recuerdo palidezca.

Zorongo

Es un baile que se interpreta al compás de tango lento y un cante que se canta con parsimonia al decir:

La luna es un pozo chico,
las flores no valen nada,
lo que vale son tus brazos,
cuando de noche me abrazan.

A su gran popularización contribuyó Federico García Lorca con sus recopilaciones de cantes populares y «La Argentinita» que lo incluye hacia 1935 en su repertorio. El nombre puede proceder del estribillo de una letra muy en boga allá por los años de finales del siglo XVII y hasta mediados del XIX, cuando el baile se practicaba al son de panderos y guitarras sobre todo por las zambras *granaínas* del Sacromonte. En el siglo XIX fueron muchas e importantes las referencias literarias que quedaron. Hoy día algunos intérpretes lo ejecutan, pero sobre todo son los grupos de baile quienes lo ofrecen.

Personajes sobresalientes

TOQUE

▲ ANTONIO MOYA

Antonio Moya, guitarrista consumado, se inició a muy temprana edad en el acompañamiento del cante y del baile, y empezó a colaborar de forma habitual con Pedro Bacán. Aquí aparece junto a *Paco del Gastor*, uno de los más conocidos seguidores de la tradición guitarrista de Diego Amaya Flores.

«CHANO DOMÍNGUEZ», SEBASTIÁN DOMÍNGUEZ LOZANO

Nace en Cádiz el 29 de marzo de 1960 y desde la cuna percibe los sones flamencos que suenan en su casa y en su ambiente; su padre, gran aficionado, le alienta y le estimula y le regala una guitarra con la que, de forma totalmente autodidacta, practica con sus amigos y por los ambientes del barrio, adquiriendo conocimientos y experiencia. Unos años después, a sus doce años, entra en el coro parroquial y allí toma contacto con el vie-

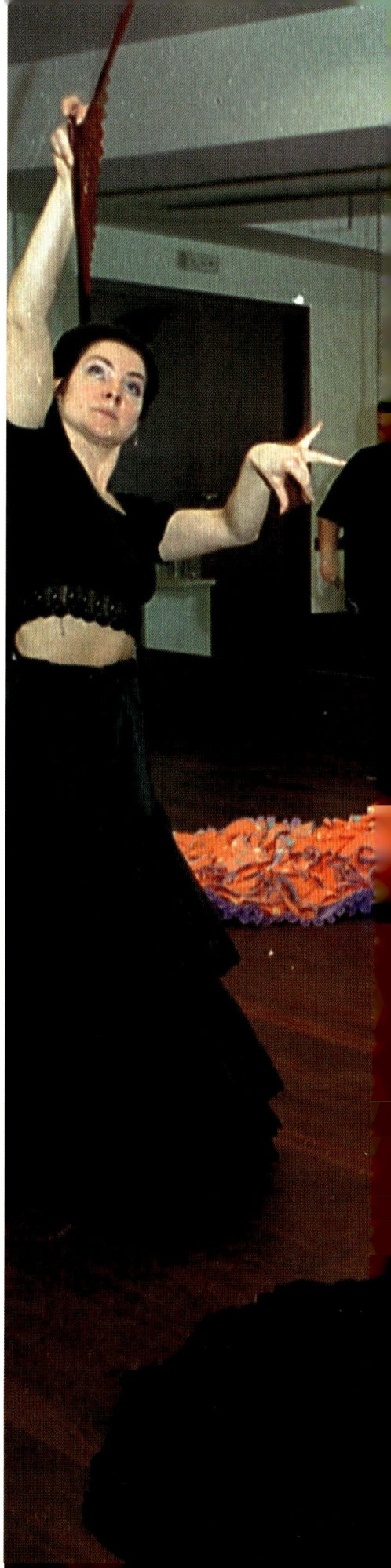

jo órgano, con el que aprende cuanto puede y se deja conquistar por la magia de las teclas, empezando a tocar el piano con grupos musicales diversos, por pura afición inicialmente pero con miras plenamente comerciales en seguida. A los escasos dieciocho años forma su primer grupo, comienza a componer y graba sus primeros discos; fue una de las primeras figuras de lo que se denominó «rock andaluz» y fue consolidando la brillante trayectoria que desde el principio se le pronosticaba, derivando cada vez con más fuerza y atrevimiento hacia la fusión del flamenco con el *jazz*. Forma en 1992 su *Chano Domínguez Trío* con el que ya no cesa de actuar cosechando innumerables premios y galardones en los más diversos escenarios del mundo. En una breve reseña no es posible enumerar la enorme cantidad de trabajos que ha dado a la luz, pero no queremos omitir los arreglos realizados para que *Ana Belén* alumbrara la maravilla denominada *Lorquiana* o su estrecha colaboración con la genial *Martirio*, con la que produce en 1995 el trabajo *Coplas de madrugá* que incluye algunas de las más genuinas aportaciones de la copla popular española; esta fructífera colaboración no ha cesado, dando lugar a la producción de otra pieza genial denominada *Acoplados*, un paso más de su trayectoria que discurre «haciendo camino al andar». No es el *Chano Domínguez* una reconocida primera figura del flamenco en opinión de los más puristas, pero a la tierna madurez de su todavía temprana edad ha alcanzado altas cotas profundizando en el difícil surco de la música tradicional española, la copla y el flamenco, con el, en principio, alejado y ausente de una *jazz-band*.

▶ «DIEGO EL DEL GASTOR», DIEGO FLORES AMAYA

Nació en la localidad malagueña de Arriate, en 1908, y vivió casi toda su vida en Morón de la Frontera hasta morir allí en 1973. Sin embargo, de niño vivió en El Gastor, provincia de Cádiz, y de esta época data el sobrenombre que adoptó. Sus apariciones en público fueron muy restringidas y se limitaron prácticamente a algunas apariciones en televisión en la última época de su vida, pero este aparente enclaus-

tramiento no fue en absoluto óbice para que su fama trascendiera y llegara a ser universal por las muy especiales características de su toque, con el que acompañó a prácticamente todas las máximas figuras del cante de varias generaciones. Dijo *Fernanda de Utrera*: «Yo era las cuerdas de su guitarra y él la queja de mi voz, y formábamos la pareja que mejor se ha compenetrado en el flamenco». Caballero Bonald le considera poco menos que legendario; sus variaciones y falsetas se hicieron realmente célebres. El gran Francisco Ayala dijo de él: «El toque de Diego contiene más duende que el de cualquier otro guitarrista flamenco de hoy». En el mismo año de su muerte, la Cátedra de Flamencología y Estudios Folclóricos Andaluces le concedió el Premio Nacional de Flamenco en vertiente de enseñanza y maestría.

Es hijo de *Melchor de Marchena* y nació en Marchena, Sevilla, en 1951. Hijo de su padre, evidentemente los inicios no le fueron complicados y comenzó en Madrid, en el tablao de *Manolo Caracol*, en Los Canasteros, en donde transcurrieron varios años. Luego se fue buscando compañías en gira por el extranjero y viajó a muy diversos países europeos, americanos, estuvo en Irán, y en Estados Unidos, donde intervino en el magno concierto que dio la Orquesta Nacional de España, con *José Menese* y *Enrique de Melchor*. Ha actuado como acompañante de grandes figuras, pero también como solista, como en la Cumbre Flamenca de Madrid en 1986 y en la I Semana Universitaria de Exaltación del Flamenco, también en Madrid y en el mismo año. En 1987 acompaña a *José Menese* en el acto de exaltación poética del flamenco organizado en el Centro Cultural de la Villa de Madrid por la Junta de Andalucía, con poetas como Antonio Hernández y el genial flamencólogo Manuel Ríos Ruiz. En su vitrina de trofeos lucen, entre otros, el Premio Nacional de Guitarra de la Cátedra de Flamencología y Estudios Folclóricos Andaluces, en su edición de 1979, o el Castillete de Oro de los Toques de Levante, del Festival Nacional del Cante de las Minas. Dentro del rico panorama guitarrístico actual, figura como una de las realidades más importantes.

GERARDO NÚÑEZ

Nace en 1961 en Jerez de la Frontera, cuna de tantos y tantos artistas flamencos, iniciándose muy joven en el aprendizaje de los aspectos técnicos del arte, pues el *duende* ya lo llevaba en la sangre; fue Rafael del Águila quien le guió en sus primeros pasos y le orientó hacia la Cátedra de Flamencología, con la que colabora desde su amanecer artístico y a la que debe una parte importante de su formación. A los catorce años ya se le podía considerar un virtuoso de la guitarra y acompañó a grandes artistas como *La Paquera*, Manuel Mairena o *Terremoto de Jerez*, antes de colaborar con el también guitarrista *Paco Cepero* con el que realiza una gira por Japón para después integrarse en la Compañía de Mario Maya trabajando en el espectáculo *¡Ay jondo!* Poco después se independizó formando pareja, en el arte y en la vida, con la bailaora Carmen Cortés para la que compuso la música de *A contraluz*, de *Memoria del cobre* y de otras, además del arreglo para cuatro guitarras de *El amor brujo*, de Manuel de Falla. Desde los años ochenta circula abiertamente por el camino de la fusión, integración del flamenco con otras músicas afines, como el *jazz*. En 1992 fundó un Seminario de Guitarra Flamenca en Jerez, que luego trasladó a Sanlúcar de Barrameda, donde cuenta con la colaboración del conservatorio local. Ha prestado su guitarra a voces tan relevantes como las de Plácido Domingo, Joaquín Sabina o *Rocío Jurado*, o Enrique Morente en concierto en el Teatro Real de Madrid. Por citar alguno de sus más grandes éxitos, digamos que recibió el Premio Flamenco al mejor disco de guitarra solista otorgado a su trabajo *Calima* por la crítica musical flamenca el 31 de diciembre de 2000, o la creación del cuarteto de guitarras *International Guitar Night*, con el que conquistó los Estados Unidos.

«ESTEBAN DE SANLÚCAR», ESTEBAN DELGADO BERNAL

Nacido en Sanlúcar de Barrameda, Cádiz, en 1910, fue a fallecer en Buenos Aires, República Argentina, en 1989, después de más de cuarenta años de residencia en Sudamérica. Se inicia artísticamente en los cafés cantantes sevillanos y acompaña a algunas primeras figuras del cante. Fernando el de Triana, que le conoció en los años iniciales, en su libro *Arte y artistas flamencos* le augura un espléndido porvenir. En los años de 1930, entre 1933 y 1935, forma parte del espectáculo que encabezan *Pepe Marchena* y *Angelillo* y recorre España y luego, en el año siguiente, hace lo propio con la *Niña de los Peines*. Participa en 1936 en el Certamen Nacional de Cante Flamenco, en el Circo Price de Madrid y emprende una gira por España con alguno de los participantes, momento en el que se declara la guerra. En los años 1938 a 1940 actúa con cantaores como *Pepe Pinto* y después comienza su colaboración con la compañía de Concha Piquer en los espectáculos *Las calles de Cádiz* y *Retablo español*. Hacia finales de esta década se instala en Venezuela, de donde se trasladará a la Argentina. Monta academias de guitarra y alterna sus actuaciones con la dirección académica. Produjo una muy amplia discografía. En tierras americanas se creó un enorme prestigio con su maestría y la gran calidad de su interpretación.

▲ FERNANDO MORENO (Véase arriba)

◀ GERARDO NÚÑEZ (Véase página izquierda)

GERUNDINO FERNÁNDEZ

El que probablemente es el último maestro vivo en el arte del diseño, construcción y puesta a punto de una guitarra nació en Almería en 1931 y allí comenzó a estudiar en profundidad y a trabajar la madera para concebir su propia per-

AFINAR.
Tensionado de las
cuerdas de la guitarra
para que el sonido sea el
adecuado. La operación
de afinado se debe
realizar siempre, antes de
tañer el instrumento, y
siempre cuando ha
habido humedad, pues
ésta hace que las
maderas se muevan y
destensen las cuerdas.

cepción del instrumento, sin profesor ni escuela, llegando a la guitarra propia, con su propia personalidad. Las paredes de su taller están tapizadas con los mil diplomas acreditativos de los innumerables certámenes nacionales e internacionales en los que ha obtenido premios y menciones. No hay ningún gran maestro, desde los *Habichuela* hasta *Paco de Lucía* que no haya pasado por sus instalaciones a probar los instrumentos del distinguido *luthier*, vocablo francés muy utilizado entre nosotros, y por el espléndido grupo argentino fabricante de sus propios instrumentos.

«HABICHUELA», JUAN GANDULLA GÓMEZ

Muchos son los artistas flamencos que han utilizado y utilizan este oportuno sobrenombre para acompañar a su nombre en sus actuaciones y en su vida privada, muchas habichuelas para dar buen sabor y mucha consistencia a un buen potaje flamenco, como el que cada año, y desde hace muchos, se cocina y sirve en la ciudad de Utrera. El guitarrista que nos ocupa nació en la ciudad de Cádiz, hacia 1860, y vino a morir en Madrid, en 1927. Como la mayoría, comenzó en los círculos adecuados de su ciudad y en los cafés cantantes y en los teatros de su entorno inmediato. De las actuaciones suyas de las que hay noticia destaca una función en la que actuaron *Fosforito* y *El Morcilla*, que tuvo lugar en el Circo Teatro de Cádiz, en 1898. A partir de 1902 acompañó a D. Antonio Chacón en sus actuaciones y en sus primeras grabaciones. Ese año salió para Sevilla y allí actuó en el Salón Filarmónico. Luego se trasladó a Madrid en donde transcurrió gran parte de su vida artística, con muchas giras por la geografía hispana hasta los años de 1920, y una buena parte de su actividad consistió en acompañar incansablemente a la *Niña de los Peines*, de la que fue guitarrista preferido.

«HABICHUELA EL VIEJO», JOSÉ CARMONA

Pocos rastros se encuentran de él y figura aquí fundamentalmente como cabecera de una larga relación de hijos, nietos y otros parientes que han contribuido al auge y realce del Arte Flamenco. Nació en Lachar, Granada, a finales del siglo XIX, y recorrió tabernas y festejos tocando la guitarra y recogiendo la voluntad de los presentes; iba generalmente acompañado de su hija María, con la que montaba su propio espectáculo, sin más *atrezzo* que el traje de la niña, el salero que aportaba y su propio arte.

JAVIER MOLINA

Como tantos otros guitarristas de pro, nació en Jerez de la Frontera, Cádiz, en 1868, y murió en el mismo lugar en 1956. Empezó actuando en su ciudad en el Café Vera-Cruz y pronto anduvo de gira por Andalucía occidental acompañando los también primeros pasos de D. Antonio Chacón. Luego se dedicó a alternar sus temporadas de actuación entre los numerosos cafés cantantes de su región, Jerez, Sanlúcar de Barrameda, Chiclana de la Frontera, El Puerto de Santa María y los de Sevilla y Madrid, y giras por España frecuentando los principales teatros y acompañando a los principales intérpretes. Más tarde y hasta su muerte, se dedicó, fundamentalmente, a la enseñanza de su arte, del que fue un gran maestro, siendo considerado por la historia como el creador de la escuela jerezana.

«JUAN HABICHUELA», JUAN CARMONA CARMONA

Más habichuelas para el potaje gitano, que ya va quedando granado y florido. Juan hereda, como todos los demás, el sobrenombre de su abuelo y de su

AGUDO.
Sonidos de las notas que se ejecutan sobre las tres primeras cuerdas, llamadas también cuerdas primas.

Actuación del
Cuadro Flamenco
de David Lagos en
la Bienal 2002.

Alzapúa.
No es vocablo recogido
por la Academia pero
hablando de guitarra
flamenca, es una técnica
que consiste en pulsar
con el dedo pulgar
repetidamente una misma
cuerda de sonido grave.

padre, y nace en Granada en 1933, y es hermano de Pepe, Luis y Carlos, que también le dan a la guitarra y figuran en la elite de los tocaores. Juan se inició muy pronto bailando en las Cuevas del Sacromonte junto a Mario Maya, pero pronto se encaminó a la guitarra, recibiendo lecciones de su padre y de Juan Hidalgo. Después de sus principios granadinos actúa con la granadina *Gracia del Sacromonte* y pronto debuta en Madrid, en el tablao El Duende y poco después en Torres Bermejas, realizando sus primeras grabaciones con *Rafael Farina* y con *Manolo Caracol*. Con *Fosforito* lleva a cabo una gira americana y en seguida se integra entre los guitarristas distinguidos de los más prestigiosos festivales andaluces. En 1974 recibe el premio de guitarra del Concurso Nacional de Arte Flamenco de Córdoba, y participa en la III Bienal de Arte Flamenco Ciudad de Sevilla, en 1984, y en otros festivales vinculados con la Cumbre Flamenca de Madrid. Le tributa un homenaje la Peña Flamenca Juan Breva de Málaga, durante la XX Moraga Flamenca. En 1986 fue el guitarrista que acompañó a Enrique Morente, con la Orquesta Sinfónica de Madrid, en el Teatro Real. Está en posesión de otros premios importantes y permanece a la cabeza de lo más granado del Arte Flamenco nacional.

JULIÁN ARCAS

Nacido en el pueblecito almeriense de María, en 1832, vivió hasta 1882, fecha en la que falleció en Antequera, Málaga. Inicialmente se dedicó a la música clásica, entre otras cosas porque la flamenca se encontraba por aquel entonces en periodo de formación. Hay poco escrito sobre él, pero sabemos que fue invitado por la reina de Inglaterra y que ella le condecoró con la Orden Real, por lo que en el Reino Unido habría que llamarle *Sir*. Además participó en conciertos por Europa e incorporó a la guitarra preflamenca técnicas clásicas, especialmente en los desarrollos melódico y armónico.

ABAJO:
Actuación de la
Compañía Nacional
de Flamenco
durante la Bienal
Sevilla 2000.

«LUIS HABICHUELA», LUIS CARMONA CARMONA

No por ser el pequeño de los tres hermanos se ha de quedar fuera del potaje y es un habichuela más, un *frijón*, que dirían en Utrera. Es el más joven de los hijos del *Tío José Habichuela*, nacido en Granada, como los demás, en 1947. Por ahorrar tiempo empezó antes, y empezó cantando como profesional a los catorce años, integrado en la compañía de Micaela Flores, *La Chunga*, no mucho mayor que él, en el Teatro Álvarez Quintero, de Sevilla. Al cambiarle la voz cambió sus cuerdas vocales por las de la guitarra, siguiendo un camino todavía más acorde con el de sus hermanos. Con la guitarra comenzó recorriendo los tablaos madrileños, que por entonces ya eran muchos, Torres Bermejas, El Corral de la Morería, Los Canasteros, El Arco de Cuchilleros, Las Brujas y el Café de Chinitas. Ha realizado giras por España y por el extranjero con diversos artistas y con varias compañías; también, acompañando a multitud de figuras, ha realizado grabaciones discográficas múltiples. También ha pertenecido al plantel del Ballet Nacional Español.

«MAESTRO PATIÑO», JOSÉ PATIÑO GONZÁLEZ

Vive y muere en Cádiz, en los años 1829 y 1902, respectivamente. Es sin duda el primer maestro guitarrístico de la historia. Dedicó su vida a la guitarra con la mayor devoción. Gitano del típico barrio de Santa María, se ganó la admiración de sus contemporáneos: Chacón le consideraba el más puro, y Aurelio Sellés se refería a él como a un fenómeno, y el *Pericón de Cádiz* decía que «ya podía venir el mejor del mundo que él lo mejoraba». Aunque decía, según Fernando de Triana, la guitarra se ha hecho «p'a acompañá al cantaor», fue el primero que actualizó la forma de tocar. D. Antonio Chacón siempre recordaba su juvenil emoción cuando sintió que le acompañaba, en agosto de 1886, en la presentación en Cádiz de la Velada de los Ángeles. Pasó la vida entre Cádiz y Sevilla, acompañando con su guitarra el cante y baile de las chirigotas carnavaleras de entonces, o haciendo las delicias de los asistentes a los cafés cantantes sevillanos de Los cagajones o Triperas. Acompañó con frecuencia al gran Silverio Franconetti. Sus últimas apariciones en público tuvieron lugar en 1898. Fueron discípulos suyos *Paco el Barbero* y *Paco de Lucena*.

ACORDE.
El Diccionario de la Academia nos da varios significados musicales, así «Conforme, igual y correspondiente, con armonía, en consonancia. En la música se dice con propiedad de los instrumentos y de las voces, y en pintura, de la entonación y del colorido» y «Conjunto de tres o más sonidos diferentes combinados armónicamente». Es normal llamar también al acorde postura.

«MAESTRO PÉREZ», ANTONIO PÉREZ

Nacido en Sevilla en 1839. Fue padre de los bailaores Carmelita y Manolito y del tocaor Antonio Pérez. Cuando Silverio regresó a Sevilla en 1864 formó con él una pareja de recuerdo imperecedero. En Sevilla se dedicó durante muchos años al Café El Burrero, cuyo cuadro flamenco dirigió, y en él puso en escena unos sainetes flamencos, obra suya, en los que actuaba también. Hacia el año 1884 actuó en el Café Imparcial, de Madrid, en el que recibió homenajes de sus admiradores. Es citado por Fernando de Triana en su obra *Arte y artistas flamencos* en la que de él dice «acompañaba muy bien el cante y extraordinariamente bien el baile». Junto al *Maestro Patiño*, está considerado como uno de los tocaores más notables de su tiempo. No consta la fecha de su muerte, pero falleció bien entrado el siglo XX.

MANUEL CANO TAMAYO

Nace en Granada en 1926 y muere en la misma ciudad en 1990. Las primeras lecciones de guitarra las recibe de su padre. Estudia en Madrid y en esa época se relaciona con el Arte Flamenco, conoce a distintas figuras de la guitarra y se inicia en el estudio y la investigación de los temas folclóricos andaluces. En 1959 realiza su primera grabación, con la que se da a conocer, y debuta como solista en Sevilla y en Granada. Participa en cursos de la cátedra Manuel de Falla de Granada y le contratan en la Universidad de Caen y en la televisión francesa para dar otros recitales y realiza allí otras grabaciones discográficas. Da conciertos por Europa y realiza las bandas sonoras para las películas *Cantos e imágenes de Granada* y *La música en la obra de Federico García Lorca* y participa en el Festival Internacional de Música y Danza; en 1964 graba el disco *Evocación de la guitarra de Ramón Montoya*, en el que utiliza la guitarra fabricada por Santos Hernández, regalo a Ramón Montoya del Duque de Almazán en 1924, siendo el disco premiado con el Premio Nacional del Disco Flamenco de la Cátedra de Flamencología y Estudios Folclóricos Andaluces, de Jerez, que le nombró miembro de honor. Sus conciertos por toda Europa y por América son continuos, destacan algunos, como el celebrado en París, en la sede de la Unesco, los doce ofrecidos en la URSS, entre ellos uno en la Sala Tchaikovsky, de

Moscú, lleno hasta la bandera, con 3.000 localidades. Dice de él el crítico y periodista Tico Medina: «Poeta de la música, riguroso investigador del folclore, viajero de los que se llaman infatigables, lleva junto a su guitarra el *duende* anillado. Pero no cesa de estudiar, de componer, de investigar». De su enorme trabajo de composición extraemos el arreglo y grabación de las tonadas populares recogidas por Federico García Lorca y las ocho composiciones dedicadas a las ocho provincias andaluzas. Es realmente uno de los primeros guitarristas de la última época.

Apagar.
Es el instante en el que una nota debe dejar de sonar, técnica que no es necesario utilizar con frecuencia en el toque flamenco, pero que se debe conocer bien.

«MANOLO DE HUELVA», MANUEL GÓMEZ VÉLEZ

Uno de los más importantes guitarristas de todos los tiempos. Nació en Riotinto, Huelva, y vivió intensamente hasta morir en Sevilla en 1976. Se inició muy niño en Huelva, donde residió antes de trasladarse a Sevilla. En 1910, con dieciocho años de edad, vio como la revista ilustrada *Nuevo Mundo* publicó su fotografía con un pie literario en el que daba cuenta encomiásticamente de su actividad hasta el momento, lo cual demuestra que siendo tan joven era ya uno de los mejores guitarristas. Por aquellos años era el acompañante preferido de Manuel Torre, de D. Antonio Chacón, de Tomás Pavón y de la *Niña de los Peines*, en 1922 fue guitarrista oficial en el famoso Concurso de Cante Jondo de Granada. Realiza grandes giras por España, con Manuel Vallejo, entre otros, durante los años treinta y cuarenta. Desde 1950 vive en Madrid actuando en reuniones, en el Figón de Santiago, en el tablao Zambra y en otros lugares señeros. En 1964 ilustró, junto a Enrique Morente como cantaor, una conferencia de José Blas Vega pronunciada en la Casa de Málaga. En 1974 la Peña Flamenca de Huelva le tributó un homenaje; ese mismo año tuvo lugar una de sus últimas actuaciones en el Palacio de la Magdalena, de Santander, en el seno de la Universidad Internacional Menéndez Pelayo. A finales de los años sesenta fijó su última residencia en Sevilla, donde falleció en 1976. Además de como acompañante realizó siempre una encomiable labor artística como solista.

MANUEL MOLINA

Nació en Jerez de la Frontera y murió en esta misma localidad a finales del siglo XIX. Es uno de los creadores más prolijos de estilos de *seguiriyas* de la historia. Tuvo un enorme influjo sobre Manuel Torre y creó escuela por *martinetes*.

«MANUEL MORAO», MANUEL MORENO JIMÉNEZ

Nacido en Jerez de la Frontera, en 1929, fenomenal guitarrista, se formó en su tierra, siendo discípulo de Javier Molina. Desde 1945 figura en los planteles artísticos de las principales figuras del cante y del baile y realiza giras por todo el mundo, hasta que entra en la compañía del bailarín *Antonio* como primer guitarrista, no dejando país ni escenario de prestigio sin visitar. Desde 1966 organiza los Jueves Flamencos de Jerez, para jóvenes promesas, al tiempo que recorre Andalucía acompañando a artistas como el *Terremoto*. Vuelve al ballet de *Antonio* durante tres temporadas y luego sigue actuando en festivales flamencos hasta que en 1985 forma su propio grupo y, contratado por la *National Theatre Company*, realiza giras por Estados Unidos. Desde 1986 es miembro de la Academia Jerezana de San Dionisio de Ciencias, Artes y Letras, en la que ya en 1969 ofreció un muy importante recital. Es uno de los intérpretes más premiados y de los que más han sido apreciados para el acompañamiento por su riguroso clasicismo y por su *jondura*.

▲ «MANOLO SANLÚCAR», MANUEL MUÑOZ ALCÓN

Probablemente es el único guitarrista capaz de ocultar, ante un público profano, la imagen de *Paco de Lucía*. Nace en Sanlúcar de Barrameda en 1943, de un padre, Isidro Muñoz, tocaor interesante, que desde niño le hace respirar el ambiente flamenco, musical y artístico, en el que muy pronto Manolo se integró y participó; contaba con sólo 14 años de edad cuando ya tocaba en un grupo flamenco. Desde siempre le atrae toda manifestación artística; a finales de la década de 1960 se deja captar por una humilde compañía discográfica llamada Fidias que en aquellos años realizó una gran *Antología de la Poesía Española, junto con colecciones como Versos y Coplas* o *Poesía y Música*; en estos trabajos se incluyó un buen número de jóvenes valores de la escena, como Adolfo Marsillach, Nuria Espert o Fernando Guillén y de la música, con acompañamiento de *Manolo Sanlúcar* y otros; valga de botón de muestra el disco de *Poesía y Música*, publicado en 1968, dedicado a Federico García Lorca en el que alcanza alturas sublimes: «La sangre derramada» interpretada por Nuria Espert, con la «Rapsodia flamenca a la guitarra», compuesta e interpretada por *Manolo Sanlúcar*. La biografía de *Manolo Sanlúcar* va mucho más

lejos que una tan breve reseña pero al menos hay que mencionar la música de *La Gallarda,* de Rafael Alberti, estrenada el 20 de abril de 1992 como inauguración de las actividades culturales de la Expo de Sevilla, con *Montserrat Caballé* y *Ana Belén*, entre otras intérpretes; la música y la orquestación del ballet *Mariana Pineda*, basado en la obra de Federico García Lorca, estrenado en Sevilla con ocasión de la XII Bienal de Arte Flamenco por *Sara Baras*, en septiembre de 2002; la música y la grabación en 1999 de «Locura de brisa y trino» cantada por Carmen Linares, que en 2000 acaparó premios de toda índole y cuyo CD está considerado una de las mejores obras en el mundo del flamenco. En 1997 fue nombrado miembro de la Real Academia de Bellas Artes de Cádiz.

«MELCHOR DE MARCHENA», MELCHOR JIMÉNEZ TORRES

Nace en Marchena, Sevilla, en 1907, y empezó muy chiquito en su ciudad en reuniones de ventas y *colmaos* y luego en Sevilla, donde acompañó a las principales figuras de los años treinta. En los cuarenta actuó en el espectáculo de Concha Piquer y luego en el de *Manolo Caracol*, con los que recorrió toda España y toda América. Después fue el guitarrista principal del madrileño tablao de *Manolo Caracol*, Los Canasteros, hasta 1970. Su toque era muy apreciado por *Antonio Mairena* y por *Manolo Caracol*, que siempre le reclamaban para el acompañamiento de sus grabaciones y de sus actuaciones en festivales y en concursos; acompañó también a otras muchas figuras del cante, como a *José Menese*. En 1966 recibió, de la Cátedra de Flamencología y de Estudios Folclóricos Andaluces, de Jerez de la Frontera, el Premio Nacional de Guitarra Flamenca, la máxima distinción de su clase. Estuvo considerado por los aficionados, por los críticos y por los intérpretes como un gran maestro. Murió en 1980 en Madrid, donde residía, pero fue enterrado en su Marchena natal.

MIGUEL BORRULL CASTELLÓ

Nace en 1866 en Castellón de la Plana y muere en Barcelona en 1947. Fue padre y abuelo de artistas flamencos como Miguel o Trini Borrull. Su trayectoria artística estuvo fundamentalmente centrada en los *colmaos* y cafés cantantes de Madrid. Fue durante cerca de veinte años, entre 1890 y 1910, el acompañante preferido de D. Antonio Chacón, con el que realizó algunos «pinitos» de grabaciones sobre cilindros de cera. Se desplazó a Barcelona, donde abrió el Café Villa Rosa que alcanzó momentos de gran esplendor durante los años de su dirección. Fue un magnífico intérprete de los cantes de Levante. También trabajó la guitarra clásica, dejando algunas grabaciones de Francisco Tárrega.

◀ «MORAÍTO», MANUEL MORENO JUNQUERA

Hijo de Juan Morao y sobrino de Manuel Morao nace en Jerez de la Frontera, Cádiz, en 1956, y muy pronto se inicia en los Jueves flamencos que se venían organizando en su ciudad natal para favorecer la aparición de jóvenes valores del Arte Flamenco. Comienza pronto a aparecer en festivales y a participar en las actividades de las peñas flamencas. Hacia 1980 actúa en Madrid en el colmao Los Canasteros y en La venta del gato. Obtiene premios en concursos nacionales de guitarra flamenca y en 1986 la Cátedra de Flamencología y Estudios Folclóricos Andaluces le concede la Copa de Jerez, trofeo que antes habían recibido sus mayores. Entre sus actuaciones más destacables figura su presencia en la III Cumbre Flamenca de Madrid, en 1986 y sus giras acompañando a *José Mercé*. Hoy por hoy está siendo considerado como una de las figuras emergentes más interesantes de la escuela jerezana.

◀ «NIÑO JERO»

Pedro Carrasco Romero nació en Jerez de la Frontera (Cádiz), en 1954. A muy temprana edad debutó como guitarrista en las ventas de Jerez acompañando a diferentes artistas, para pasar después a los tablaos flamencos de Madrid. Formó parte del grupo *Los Montoyas*, con los que actuó en la Cumbre Flamenca de Madrid, en 1986.

«NIÑO RICARDO», MANUEL SERRAPÍ SÁNCHEZ

Nace en Sevilla en 1904 y fue discípulo de su padre y de Antonio Moreno. Con trece años actuó en el Salón Vigil y al año siguiente, 1918, debuta formalmente, junto a su maestro, en el Ideal Concert, ambos de Sevilla. Le contrata Javier Molina para tocar en el Café Novedades y en diversos locales por la provincia, al cine Miramar y, en la cima provincial, en el Hotel Alfonso XIII en 1925. Debuta en Madrid en el Teatro Pavón y realiza una gira con la *Niña de los Peines*, y acompañado de ésta y de Tomás Pavón realiza una primera grabación, pionera de un gran número de ellas. A partir de estos años realiza cantidad de giras y multitud de actuaciones hasta la guerra civil española que le sorprende en Jaén, con Canalejas de Puerto Real. Finalizada la guerra reaparece en Sevilla en 1939 con la *Niña de los Peines* y *El Sevillano*, junto a los que, en unión de *Pepe Pinto*, emprende una gira, pasando después a la compañía de Concha Piquer. En 1945 le dan un homenaje sus compañeros, con ocasión de una intervención quirúrgica que sufre. El mismo año se incorpora a la compañía de *Juanito Valderrama*, con el que permanece y se desplazó por España y América hasta 1955, ingresando entonces con *Manolo Caracol* y luego con Antonio Molina, siempre viajando en giras casi ininterrumpidamente, a cuyo regreso, ya en 1970, el Sindicato Nacional del Espectáculo le otorga el Premio Ramón Montoya. *Niño Ricardo* conoció a la perfección las profundas variantes sufridas por el cante en los años de la transición, dándose el caso curioso de que ningún cantaor alcanzó en esos años altura equivalente a la del tocaor. Probablemente fue el primer inspirador del estilo de *Paco de Lucía. Niño Ricardo* falleció en Madrid en 1974.

«PACO CEPERO», FRANCISCO LÓPEZ-CEPERO GARCÍA

Guitarrista nacido, uno más, en Jerez de la Frontera, Cádiz, en 1942, sobrino-nieto del cantaor *José Cepero*, es discípulo de Javier Molina y de *Rafael del Águila*, y comienza su preparación en su ciudad, estudiando y empezando a participar en reuniones, fiestas, actos benéficos y acompañando ya a algunos artistas en pequeñas giras locales. A los veinte años ya acompaña a su paisana, la *Paquera de Jerez* y pronto ingresa en el plantel de *Los Canasteros*, desde donde alterna con su pre-

*BAJAÑI.
La Real Academia no recoge el término como perteneciente a la lengua castellana. La denominación, con rumores guaraníes probablemente sin fundamento, pertenece a la lengua caló, es muy utilizada por la gente gitana y significa «guitarra».*

sencia en otros tablaos y con sus cada vez más frecuentes salidas al extranjero. Desde 1970 actúa como solista en la interpretación de flamenco de concierto, pero también se dedica a la composición de canciones para artistas del momento y para participar en los festivales andaluces junto a artistas como *El Lebrijano*, con el que también ha ofrecido recitales junto a grupos de música árabe. Le han sido otorgados importantes premios como el Nacional de Guitarra Flamenca de la Cátedra de Flamencología, de Jerez, y el Yunque de Oro de la Tertulia Flamenca, de Ceuta. Críticos y escritores han glosado su guitarra y la sencillez y la integración que logra de los públicos.

«PACO DE LUCENA», FRANCISCO DÍAZ FERNÁNDEZ

Nació en Lucena, Córdoba, en 1859, muriendo pronto, en 1898, en su misma ciudad. Se inició en Córdoba, para alcanzar ya gran popularidad en Málaga, donde fue contratado por el Café de Bernardo y donde se hizo con el público a base de sus bellas improvisaciones; su fama llegó a Sevilla y fue contratado para el Café de Silverio, firmado por el mismísimo Franconetti. A partir de ahí se dedicó a los conciertos en solitario actuando en Córdoba, en donde fue empresario del Café del Recreo, en Bilbao en el Café de las Columnas y en París, durante la década de 1890. Engrandeció sobremanera la guitarra flamenca, enriqueciendo palos y toques, con notas y con variaciones hijas de su rica inventiva.

◄ «PACO DE LUCÍA», FRANCISCO SÁNCHEZ GÓMEZ

Uno de los más importantes guitarristas vivos del mundo nació en Algeciras, Cádiz, el día 21 de diciembre de 1947, hijo de Lucía Gómez, en cuyo homenaje confecciona su sobrenombre artístico, y de Antonio Sánchez, que tocaba la guitarra por las noches después de su jornada laboral para aumentar sus ingresos y cumplir su objetivo de lograr que sus hijos no sufrieran los apuros económicos que él hubo de superar. Las primeras enseñanzas guitarrísticas las recibieron los hermanos *de Lucía* de su padre y ya en 1962 obtuvieron un premio y la grabación de un disco, en el Concurso de Arte Flamenco de Jerez de la Frontera, ambos hermanos bajo el nombre de *Los Chiquitos de Algeciras*. De aquí en adelante, de cara al público ya todo son éxi-

CUERDAS.
Son los hilos que hacen sonar una guitarra, se fabricaban con tripas antiguamente y hoy se hacen con fibras sintéticas, recubriendo de metal las graves y dándoles un grosor variable en función del timbre.

tos, logros y premios, pero la actividad que no se ve, el trabajo incansable, el profundo estudio, la búsqueda de nuevos caminos, todo cuanto no se ve ha seguido funcionando a diario y a tope. En una primera etapa se dejó influir por el *Niño Ricardo* y luego por *Sabicas*, con quien se encuentra en Estados Unidos, y por alguno otro mientras fijaba su forma personal de tocar; hacia los primeros años de 1970 tenía ya un estilo definido que ya iba siendo reconocido por el mundo. Su consagración definitiva se produce en 1975, con un histórico concierto en el Teatro Real de Madrid, inmortalizado en un disco. Desde antes de entonces recorre el mundo tocando, acompañando a las figuras y grabando, no hay premio que no haya logrado ni acorde con el que no se atreva. Los guardianes de la más estricta ortodoxia le han dedicado, tímidamente, algún reproche, pero su toque innovador y en cierto modo revolucionario totalmente espontáneo ha prevalecido siempre. Ni mucho menos ha desdeñado aproximarse a otras tendencias musicales, que luego han tenido decisiva influencia en su posterior flamenco, pues su identidad flamenca nunca se ha desvirtuado; en 1979 realiza, en Madrid y Barcelona, conciertos con Larry Coryell, en 1982 con el pianista de *jazz* Chick Corea en la República Dominicana, después del disco editado en 1981 con John McLauglin y Al Di Meola, titulado *Friday Night in San Francisco*; con idéntica compañía produce en 1996 el titulado *Guitar Trio*, pero antes había producido *Concierto de Aranjuez*, del maestro Rodrigo, en 1991, o *Live in America*, en 1993. De 2001 es la *Selección Antológica del Cante Flamenco*, discos grabados en Francia, bajo el sello Iris Music con el cantaor, también genial, *Fosforito*. También ha compuesto música y realizado bandas sonoras para varias películas. Su biografía se completa con la concesión del Premio Príncipe de Asturias 2004.

«PACO EL BARBERO», FRANCISCO SÁNCHEZ CANTERO

Parece que nació en Cádiz en 1840, muriendo en Sevilla hacia 1910. Fue discípulo del *Maestro Patiño* y enseñó a Javier Molina. Actuó en cafés cantantes y en teatros andaluces, sobre todo de Cádiz y de Sevilla; de Córdoba constan dos recitales dados los días 5 y 12 de diciembre de 1885 y en 1886 fue contratado para amenizar con sus conciertos la inauguración de un café en Madrid, en la calle de Santa Isabel. Se le considera el más grande precedente de los guitarristas flamencos de concierto, fue, según *Fernando de Tria-*

BINARIO.
Cada una de las subdivisiones de un compás, en que una parte se divide en dos corcheas.

na, el primer concertista de la historia de la guitarra flamenca. También parece que fue el primer barbero que alternó su oficio con el toque flamenco.

«PARRILLA DE JEREZ», MANUEL FERNÁNDEZ MOLINA

Dentro de una familia de muy recia raigambre gitana y flamenca, nace en Jerez de la Frontera el 21 de septiembre de 1945; su padre, el llamado *Tío Parrilla de Jerez*, polifacético del flamenco, tanto en su saber como en su actuación, su madre Bernarda Molina Vega, sobrina del gran Manuel Torre. Nada le faltaba para entrar en el más puro ambiente flamenco y supo aprovechar las oportunidades, hasta debutar en la Feria de Sevilla a sus tiernos doce años. Actúa en fiestas y reuniones, en locales del entorno hasta que en 1963 sale a recorrer España en la compañía de Enrique Montoya y luego en varias ciudades y finalmente en Madrid, en el tablao El Duende. Debuta en el espectáculo de *Lola Flores*, después de asistir al bautizo de su hija *Rosario*, con la que vuelve a recorrer España, para luego cumplir contratos con muchos de los principales artistas del momento. Le contrata *Manolo Caracol* en 1968 para actuar en su tablao Los Canasteros, de Madrid; en 1969 en Los Gallos de Sevilla es el acompañante de *La Paquera de Jerez*, de la que es desde entonces guitarrista habitual. En 1971 viaja a Méjico con Enrique Morente y en 1973 recibe el Premio Nacional de Guitarra entregado por Manuel Ríos Ruiz, en presencia de, entre otras muchas personalidades, del gran guitarrista flamenco Agustín Castellón *Sabicas* y del inmortal Andrés Segovia. Su carrera es imparable y son constantes sus actuaciones por todo el mundo, las grabaciones de multitud de discos y la recepción de multitud de premios. En diciembre de 2001 estrena en el Teatro Villamarta de Jerez el espectáculo *Zambomba Jerezana* y en 2002 actúa en el Teatro Nacional de Tokio junto a la *Paquera*.

«PEPE HABICHUELA», JOSÉ ANTONIO CARMONA CARMONA

Como casi toda la familia, nace en Granada, en 1944; hijo de *Tío José Habichuela* y hermano de Juan y de Luis, se inicia artísticamente en su familia y en 1964 debuta en Madrid, en el tablao Torres Bermejas. Después realiza una notable cantidad de giras, acompañando a cantaores del porte de *Juanito*

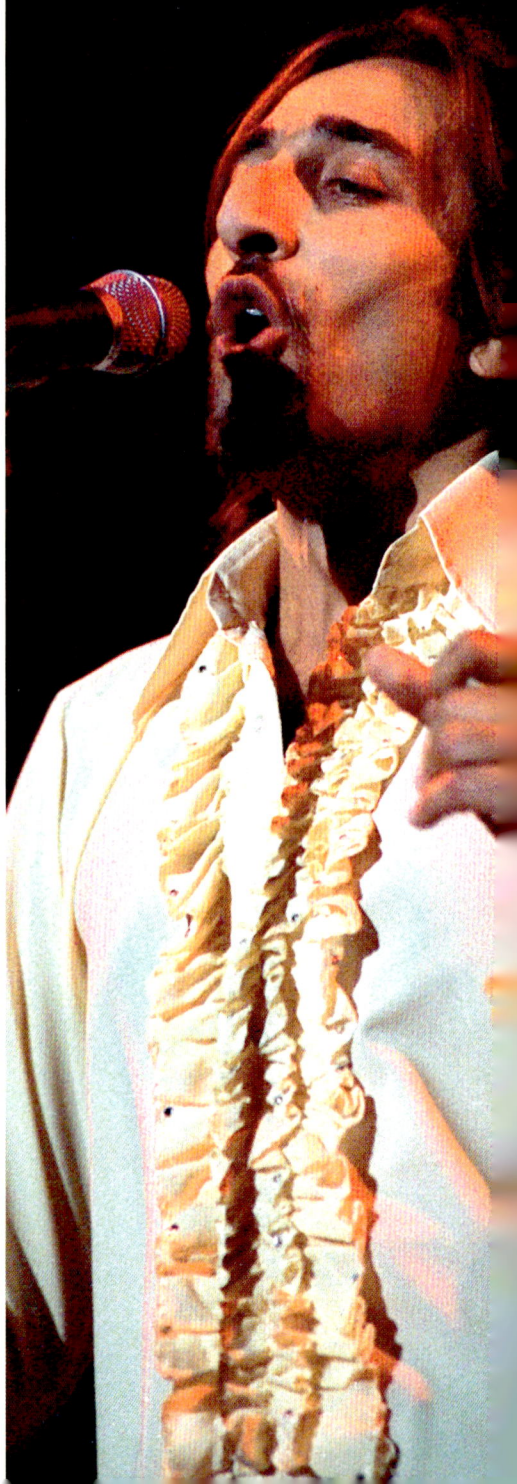

ANTONIO CARMONA, componente del grupo Ketama.

Valderrama, Pepe Marchena o *El Camarón* y después acompaña a Enrique Morente, con quien realiza varias actuaciones y le acompaña en la grabación del disco
homenaje a D. Antonio Chacón, disco que, en 1975, obtuvo el Premio Nacional de
Discografía, otorgado por el Ministerio de Cultura. Ha grabado discos con Bernarda y Fernanda de Utrera, con *Jarrito*, con Rafael Heredia y con Carmen Linares, cantaora a la que acompaña habitualmente. En solitario desarrolla una interesante labor
desde 1983, actuando en la Cumbre Flamenca de Madrid, en 1984 y 1985, en los
Conciertos de la Villa de Madrid en Los Veranos de La Villa, en la Bienal de Arte Flamenco de Sevilla o en la Isla de la Martinica en el *Carrefour de la Guitare*. Y siguen
su marcha mientras sus hijos, el grupo *Ketama*, exploran nuevos caminos.

«PERICO EL DEL LUNAR», PEDRO DEL VALLE PICHARDO

Otro guitarrista ilustre que viene a nacer en Jerez de la Frontera en 1894, donde vivió
sus primeros años y se inició en el Arte Flamenco, hasta trasladarse a Madrid, donde
se convirtió en colaborador habitual del local Villa Rosa en el que acompañó a las principales figuras del momento, como D. Antonio Chacón, con el que realizó diversas
grabaciones discográficas en 1928. En 1954 dirigió la fundamental *Antología del Cante Flamenco*, que resultó esencial para la revalorización del cante. Desde ese mismo
año figuró hasta su muerte como primer guitarrista del tablao Zambra, pero realizando viajes y giras por toda Europa y por los Estados Unidos de América. Conocedor de
todos los estilos, incluso los más remotos y escondidos, dominaba todas las formas cre-
ativas de los más grandes genios como *El Breva*, Silverio o Chacón, los recursos de las
geniales improvisaciones guitarrísticas de Paco de Lucena o del *Maestro Patiño* y las
tendencias musicales y hasta personales de los más grandes cantaores como, por citar
dos ejemplos, D. Antonio Chacón y la *Niña de los Peines*. Murió en Madrid, en 1964.

RAFAEL MARÍN

Uno de los guitarristas más distinguidos de la historia del flamenco y uno de los que
trabajó la guitarra clásica y la guitarra flamenca con dos selectos maestros, *Paco de
Lucena* por el camino flamenco y Francisco Tárrega por el clásico, nació en El Pedro-
so, Sevilla, en 1862 y murió en Madrid. No fue demasiado bien juzgado ni por los flamencos ni por los clásicos, como ocurre en todos los casos semejantes, lo cual no fue
óbice para que su buena técnica y su buen gusto se impusieran en uno y otro bando.
Triunfó especialmente en Madrid, sobre todo en sus cafés cantantes; realizó giras por
España y fuera de ella, fue contratado para tocar en París, en la Exposición Universal
de 1900 y de vuelta de este evento recibió, por parte de Marcelino García, el encargo
de realizar su *Método de Guitarra por Música y Cifra* obra que se publicó en 1902 y
que ha sido reeditada en edición facsímil en el año de 1995 por el Ayuntamiento de
Córdoba. Rafael Marín ejerció como profesor en la Sociedad Guitarrística Española y
fue un importante antecedente de figuras posteriores como Ramón Montoya y otros.

Boca.
Es el orificio central de la
guitarra, por donde se
emite el sonido, que se
amortigua tapándola
(tocando encima).

RAIMUNDO AMADOR FERNÁNDEZ

Nace Raimundo en Sevilla, en 1960, hijo de un guitarrista que trabajaba en la base que mantienen los norteamericanos en la gaditana ciudad de Rota; fue su padre quien le enseñó a tocar y con apenas doce años ya recorría Sevilla tocando y pasando después la gorra que la gente con gusto rellenaba. En Camas, junto a Sevilla, famoso lugar por su buena relación con el flamenco y sobre todo por ser la cuna del *faraón*, de *Curro Romero,* uno de los toreros más conocidos y carismáticos, ya retirado. Se encuentra el Tablao Los Gitanillos y en él Raimundo conoció tanto a *Paco de Lucía* como al *Camarón de la Isla,* con los que luego colaboró en la famosa grabación *La leyenda del tiempo.* En 1977 comienza a grabar con *Kiko Veneno*, formando *Veneno,* con grabaciones que tuvieron gran repercusión en la joven generación de músicos andaluces y marcaron tendencias musicales que muchos siguen. En 1981, junto con su hermano Rafael forman el grupo *Pata Negra* dándole consistencia a la fusión del flamenco con el *blues*, realizando con gran éxito conciertos y grabaciones hasta 1989, cuando realizan su última grabación. Se lanza en solitario y graba en 1995 el primer disco con el título *Gerundina*, en honor de Gerundino Fernández, exquisito fabricante de guitarras, entre otras de la suya. Colaboraron con él otras figuras como Andrés Calamaro o B.B. King. Dos años después graba *En la esquina de Las Vegas* con el que Raimundo se centra en la guitarra eléctrica afianzando un público específico. Ha contado con muy importantes colaboradores como *Juan Perro, Charo Manzano* o *Remedios Amaya.*

RAMÓN MONTOYA SALAZAR

En su época se le consideró el mejor guitarrista de todos los tiempos; hoy probablemente compartiría el podio con *Paco de Lucía*, con *Manolo Sanlúcar* y quizás con alguno más. Ramón Montoya nació en Madrid en 1879 y murió en la misma ciudad en 1949. De dónde sacó los aspectos técnicos de su formación no está del todo claro, sí que recibió algunas clases del Malagueño y de Miguel Borrull, pero poco más. Con catorce años comenzó a tocar en un café cantante de la calle del Pez y es descubierto por el empresario del entonces muy impor-

«SERRANITO», VÍCTOR MONJE SERRANO

Nacido en Madrid en 1942. Ejerce como guitarrista profesional desde la temprana edad de doce años y en seguida formó parte de la compañía de los *Chavalillos de Andalucía*, con la que recorrió por primera vez América, después recorrió España con diversas figuras del cante. Más tarde estuvo en la compañía de Juanito Valderrama y luego con Lucero Tena con la que estuvo en Madrid, en el tablao El Corral de la Morería. A continuación pasa a ser director artístico, además de solista, del Café de Chinitas madrileño, coyuntura que aprovecha para lanzarse como guitarrista de concierto, alcanzando grandes éxitos en prácticamente todo el mundo, al tiempo que inicia su serie de grabaciones discográficas. Sus giras posteriores han sido grandiosas tanto por su extensión como por sus rendimientos artísticos. Son momentos culminantes recitales en la BBC, el Festival de Música de Bratislava, el concierto en Borgiobellino, Italia, en presencia del Papa Juan Pablo II, en 1982, seguido de muchos más y culminando esa temporada con el estreno, en el Teatro Real, de su obra *Andaluz sinfónico*, junto a la Orquesta Sinfónica de Madrid. Su camino triunfal no ha disminuido un ápice y presenta con éxito creciente su toque barroco pero sutil y conmovedor. El número de premios obtenidos es interminable, sólo citaremos el Castillete de Oro concedido por el Festival Nacional del Cante de las Minas. De *Serranito*, el mejor elogio que se puede hacer es decir que es un guitarrista singular, en el más amplio sentido de la palabra. Junto a *Paco de Lucía* y *Manolo Sanlúcar*, forma hoy parte del triángulo mágico de la guitarra flamenca española.

tante Café de la Marina, en una función de homenaje a La Mejorana en el Liceo Rius de la capital. En el café permaneció varios años y allí se consagró como el guitarrista gran figura de su tiempo. Desde 1912 a 1926 fue el tocaor fijo de D. Antonio Chacón, época a partir de la cual en toda fiesta que se organizara en los palacios de la nobleza, el último número del programa era D. Antonio Chacón indefectiblemente acompañado por Ramón Montoya. Además de sus muchas actuaciones públicas gustaba de participar en las tertulias madrileñas más afines, en las que actuaba como uno más, pero él también enseñaba. Los inmensos recursos que desarrolló e incorporó a su guitarra, que son la base de las técnicas de los grandes maestros de hoy, pudieron por fortuna mantenerse gracias a las grabaciones que de toda su obra se realizaron. Desde 1936 hasta 1938 realizó giras por las salas de conciertos más prestigiosas de Europa y de América y en febrero de 1938 acompañó a *La Argentinita* en un recital privado dado a la reina de Inglaterra. Se asentó en París en tanto finalizaban los conflictos bélicos en España, a cuyo final regresó a Madrid para encabezar varios espectáculos, la mayoría acompañando a *Pepe Marchena*, y para realizar cantidad de grabaciones discográficas. En 1984, con el patrocinio del Ayuntamiento de Sevilla, en el seno de la III Bienal de Arte Flamenco se realizó la última grabación de su obra.

«SABICAS», AGUSTÍN CASTELLÓN CAMPOS

De su afición a comer habas crudas le viene el nombre artístico a este paisano de Julián Gayarre, nacido en Pamplona en 1912. Con diez años le trasladan a Madrid, donde pronto actúa en el

Teatro El Dorado, alcanzando éxitos acompañando a la famosa cupletista *La Chelito*. Con sus actuaciones en el *colmao* Villa Rosa de Madrid llamó la atención del mismísimo Ramón Montoya. Recorre España con diversos espectáculos; al final de un recital dado en la Real Maestranza de Sevilla, el público le obligó a dar la vuelta al ruedo, esto sucedía en 1934. En 1936 viajó a América acompañando a Carmen Amaya y realizó varias giras por todo el continente hasta que, en 1950, se instaló en México hasta 1955, fecha en la que se trasladó a Nueva York, desde donde organizó su vida profesional, dando recitales por todo el mundo y alcanzando su prestigio enormes alturas, al tiempo que realizaba gran cantidad de grabaciones que han servido de libro de texto para varias generaciones. No vuelve a España hasta 1967, cuando viene para recibir un cálido homenaje y la Medalla de Oro de la Semana de Estudios Flamencos de Málaga. A partir de entonces ya viene asiduamente y participa en conciertos muy importantes y significativos y recibe multitud de premios, distinciones y homenajes. Digamos, como ejemplo significativo, que en 1982 se le ofreció un homenaje en su Pamplona natal, con un apoteósico recital en el Teatro Gayarre, o el que recibió en 1987 del Ayuntamiento de Madrid en la Sala de Profesores del Teatro Real. *Sabicas* fallece en Nueva York en 1990. La historia de la guitarra flamenca puede hoy dividirse en dos épocas: antes y después de *Sabicas*.

SALVADOR BALLESTEROS

Nacido y residente en Madrid desde 1876 a 1956. Hijo del dueño de un *colmao*, desde niño conoció el ambiente y a los intérpretes que por allí circulaban. Después de una cierta preparación en Liceo Rius, de la calle Atocha, debuta en el Teatro Romea, en el que conoció a *La Argentina* comenzando una colaboración que duró hasta la muerte de la artista, y recorrió con ella España y el extranjero. Gran dominador del repertorio que cultivaba, fue un guitarrista muy solicitado, y como ejemplo, fue requerido por los organizadores del Festival Exaltación del Arte Flamenco, montado en 1935 en el Teatro Español de Madrid, para recaudar fondos para la edición del libro de Fernando de Triana *Arte y artistas flamencos*.

◀ «SERRANITO», VÍCTOR MONGE SERRANO
(Véase página anterior)

«TÍA MARINA HABICHUELA», MARÍA CARMONA FERNÁNDEZ

Nació, como su hermano José, hijos de *Habichuela el Viejo*, en la localidad granadina de Lachar, en 1911. Desde muy niña cantaba por las ferias y las fiestas de sus alrededores y por las tabernas del lugar, siempre acompañando a su padre, que tocaba a cambio de la voluntad de quienes les escuchaban. Lucía el adecuado traje de flamenca y vendía las tarjetas con su efigie. Siendo ya mayor, desaparece de la escena y de los espectáculos hasta bien entrada en años, cuando aparece en el

BORDÓN.
Según el Diccionario de la Real Academia, es «En los instrumentos musicales de cuerda, cualquiera de las más gruesas que hacen el bajo». En la guitarra flamenca, llámase así a la última cuerda, la sexta, de mayor grosor que el resto. Por extensión, se aplica el nombre a las tres cuerdas superiores, que se llaman «bordones».

montaje denominado *Los últimos de la fiesta*, especialmente en las representaciones dadas durante la III Bienal del Arte Flamenco, celebrada en Sevilla en 1984.

«TÍO JOSÉ HABICHUELA», JOSÉ CARMONA FERNÁNDEZ

Padre de Juan, Pepe y Luis, hermano de María Carmona, hijo de *Habichuela el Viejo*, su página en el árbol genealógico es motivo suficiente para dejar aquí su huella, porque artísticamente no tuvo grandes éxitos reseñables, ya que en su juventud, e incluso en gran parte de su madurez, solamente intervino en festejos familiares y locales. Nació en Lachar, Granada, en 1909. Muy próximo ya a su muerte, aparece en algunos festejos de los espectáculos denominados *Los últimos de la fiesta* y, entre otros, el que tuvo lugar durante la celebración de la III Bienal del Arte Flamenco, de Sevilla, en 1984. Murió en su casa en 1986.

▶ «TOMATITO», JOSÉ FERNÁNDEZ TORRES
(Véase banda)

VICENTE AMIGO GIROL

Nacido en Guadalcanal, Sevilla, en 1967, vive desde muy pequeño en Córdoba y en esta ciudad ha completado su formación. Inició sus trabajos con *Manolo Sanlúcar*, luego formó pareja con *El Pelé* difícilmente repetible, por el profundo entendimiento entre el cante y el toque; luego se separó del cantaor y se dedicó a los conciertos, casi exclusivamente, situándose entre los mejores de su generación. Ha recorrido todo el mundo, ha tocado en todos los más importantes festivales y ha logrado alcanzar un considerable prestigio. De él se dice que puede llegar a ser otro *Paco de Lucía*. Ha ganado importantes premios a la guitarra flamenca, como el del Festival Nacional del Cante de las Minas y el de la Cumbre Flamenca de Córdoba, en los años 1988 y 1989. Alcanzada ya su plena madurez es una firme realidad de la guitarra flamenca actual.

Nace en el barrio de la Pescadería de Almería, ciudad de larga tradición en su familia, en 1958, en familia de antigua raigambre guitarrista; su abuelo, Miguel Fernández Cortés, *El Tomate* con su guitarra hacía dúo con su hermano Antonio a la bandurria en fiestas y festejos locales; su padre, *El Tomate,* tocaba la guitarra con la familia y los amigos y el clarinete en la Banda de Música de Almería. En su trayectoria artística figuran en primer lugar sus actuaciones con *Camarón de la Isla* en grandes recitales por España y por Estados Unidos, junto con otras acompañando a figuras como Enrique Morente o Antonio Mairena. Destacó firmemente en certámenes tales como la III Bienal de Arte Flamenco celebrada en Sevilla en 1984, los Festivales de la Cumbre Flamenca en Madrid en 1985 o en el V Festival de *Jazz* en Madrid en 1986. Figura en la cumbre del flamenco y de la guitarra desde que, hacia 1996, las formas en las que sabe integrar el clasicismo y la innovación, le han hecho conquistar no sólo el mundo del flamenco, sino el del cine, del teatro y el de cualquier manifestación artística musical.

BAILE

ADRIÁN GALIA

Es una de las más recientes incorporaciones a la elite del baile flamenco y nació, hijo de bailarines, en la ciudad de Buenos Aires, República Argentina, en 1965. Inicia su formación, bajo la dirección del bailarín *Antonio*, en el Ballet Nacional de España, en cuyas filas ingresa como bailarín en 1982, para actuar como primer bailarín en el Teatro de Danza Española de *Luisillo.* En 1991 forma parte de la Gala de Estrellas de Madrid, junto a Peter Schaufuss, Silvie Guillén y Maya Plisetskaya. En 1992 actúa en el Teatro de los Campos Elíseos de París, con Patrick Dupont y Julio Bocca, igualmente en 1992 gana el premio del I Certamen de Coreografía de Danza Española y Flamenco, de Madrid. Para la compañía de Cristina Hoyos trabaja en *Caminos andaluces.* Con su propia compañía, Compañía de Flamencos Adrián Galia, presenta en el Teatro de la Abadía, de Madrid, para el Festival de Danza, su espectáculo *En clave flamenca;* en 1997 participa en la presentación de *Omega,* de Enrique Morente, con el grupo *rock Lagartija Nick.* También ha realizado la colección de vídeos *Paso a paso: los Palos del Flamenco.*

«ALBERTO LORCA», ALBERTO AERSSEN GRANDE

Nació en Sevilla en 1924 y destacó enormemente como bailarín, como demuestra el hecho de haber trabajado

con Pilar López desde 1947 hasta 1954, fecha en la que hubo de retirarse, pues sus problemas de salud le impidieron proseguir con el baile. Pero su máxima importancia se la da el hecho de haber sido uno de los fundadores del Ballet Nacional Festivales de España, que luego se transformó en el Ballet Nacional Español. Más adelante, fundó una de las dos compañías que se fusionaron en el Ballet Nacional de España, entidad para la que hasta hace muy poco realizaba coreografías.

«ALEJANDRO VEGA», ALEJANDRO CORSI OLIVEIRA

Nació en la ciudad de Huelva en 1910 y vino a morir a Madrid en 1980. Inició sus pasos en un *colmao* de Sevilla La Europa y en las reuniones de cabales de la misma ciudad. Acabada la guerra civil se trasladó a Madrid y bailó en tablaos, estuvo en Estoril y poco después entró en la compañía de Pilar López con la que permaneció mucho tiempo y realizó muchas giras, por España y por el extranjero, sobre todo por América. Formando pareja con Pastora Vega y con Maleni Loreto actúa en diversos tablaos madrileños; también interviene en espectáculos teatrales, como el de Concha Piquer, o los ballets de *Mariemma* o de Pilar López.

Más tarde actúa junto a Pilar López en la película de Edgar Neville *Duende y misterio del flamenco*. Se le considera uno de los más importantes bailaores que ha habido; González Climent, comparando su estilo con el del gran *Antonio*, dice «*Antonio* es sin duda el primer bailarín andaluz, es único. Pero *Alejandro Vega* es el primer bailaor flamenco; *Antonio* es la genialidad del equilibrio, *Vega* es la genialidad del pellizco. *Antonio* es *ángel*, *Vega* es *duende*. *Antonio* es Andalucía, *Vega* es un lugar situado entre Sevilla, Cádiz y Jerez».

◀ ANDRÉS PEÑA
(Véase banda arriba)

▶ «ÁNGELES GABALDÓN», MARÍA ÁNGELES GABALDÓN
(Véase página siguiente)

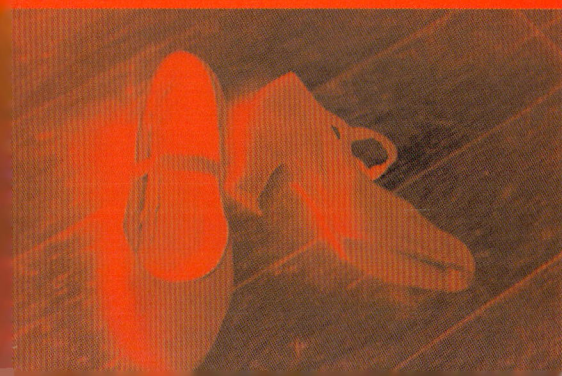

ANDRÉS PEÑA

Nació en Jerez de la Frontera (Cádiz), 1976. Se introdujo en el baile de la mano de Angelita Gómez y Fernando Belmonte. Sus primeros pasos profesionales fueron en el Ballet Albarizuela y en los tablaos de Café Chinitas y Las Carboneras en Madrid. Su carrera se consolidó al lado de grandes figuras del baile y pasó a formar parte de la compañía de *Eva Yerbabuena*. Sus éxitos continuaron en la Bienal de Sevilla 2000, adquiriendo fama internacional.

«ANTONIO», ANTONIO RUIZ SOLER

Una de las mayores glorias del flamenco español. Nace en 1921 y muere en Sevilla, en 1998. Su vida y su transcurrir artístico se pueden dividir en dos partes bien diferenciadas: desde su nacimiento hasta 1952 y desde entonces hasta su muerte. Empieza el aprendizaje prácticamente en la cuna, en la academia del *Maestro Realito*, a los seis años de edad y a los siete le emparejan con una niña de predisposición semejante a la suya y con ella realizó la primera mitad de su carrera. Comienza muy pronto, debutando a los siete años en el Teatro Duque, de Sevilla, y en el mismo año de 1928 dejan atrás las fronteras para bailar en la Feria Internacional de Lieja. En 1929 bailan ante los reyes Alfonso y Victoria Eugenia, que presidían la inauguración de la Feria Universal de Sevilla. Debe *Antonio* su especialización en el baile flamenco al *maestro Frasquillo*, con el que termina su incipiente primera etapa de aprendizaje, tras la que se les queda pequeño el ámbito sevillano y extienden sus actuaciones por Andalucía y por el resto de España, llegando a Madrid, donde se les empieza a llamar «Los chavalillos sevillanos» o, en los carteles internacionales, *Los chavalillos de España*. En 1937 inician una larguísima gira por Sudamérica que termina en Brasil en 1939, cuando les contratan para actuar en el Waldorf Astoria de Nueva York, lo que les abre de par en par las puertas de Norteamérica, incluido Hollywood, donde intervienen en varias películas. En 1943, una vez más de vuelta en Nueva York, *Antonio* interpreta el *Corpus Christi en Sevilla*, de Albéniz, en el Carnegie Hall. En el año de 1946 estrena el *Zapateado*, de Sarasate, en el Teatro Bellas Artes de México; luego el *Zorongo* y la *Jota Navarra*, y los bailes de latido caribeño y americano. No vuelven a España, y por ende a Europa, hasta 1949, debutando el 27 de enero en el madrileño Teatro Fontalba, donde continúan dos meses para pasar a Sevilla y a Europa en tres años de actuación prácticamente ininterrumpida, cosechando éxitos sin número. Por razones nunca bien explicadas públicamente, la pareja se rompe en 1952.

Y empieza la segunda mitad de la vida artística de *Antonio*. Ese mismo año *Antonio* monta su propia compañía que en seguida presenta al público y se embarca en una trepidante carrera creativa adaptando y estrenando multitud de nuevas obras y obteniendo éxitos indescriptibles. Un botón de muestra: al debutar con su compañía en el Teatro

«ÁNGELES GABALDÓN», MARÍA ÁNGELES GABALDÓN

Sevilla, 1974. Es licenciada en Danza Española y diplomada en ballet clásico por la Escuela Superior de Arte Dramático y Danza de Sevilla. Su formación académica la complementa con profesores consagrados del flamenco, como Matilde Coral, Manolo Marín, *Manolete*, Javier Latorre, *Eva Yerbabuena* o Belén Maya; en danza española, sus maestros han sido José Granero o Ana María Bueno; y en clásico, con Rosa Naranjo y Cristina Urbano. Su carrera profesional le ha llevado a participar en todos los espectáculos y tablaos más prestigiosos, tanto de fuera como de dentro de España. Destaca su labor como profesora, y ha obtenido varios premios, entre los que destaca el primer premio de baile del Festival Internacional de las Minas de La Unión de 2002.

Empire de París fue sacado a hombros del teatro. Su mayor éxito en esta fase se produce al estrenar en el Teatro Saville, de Londres, el ballet de *El amor brujo*, de Manuel de Falla, obra que luego representa en distintos escenarios y en el Teatro de la Scala, de Milán, cuyas butacas jamás habían escuchado cantar flamenco. En 1962 vuelve a encontrarse con *Rosario*, a la que lleva como estrella invitada durante una larga gira mundial. Piensa en retirarse ya en 1978 y prepara una gira de despedida que culmina en Sapporo, Japón, en 1979, al cumplir sus bodas de oro con la danza. Fue nombrado Director del Ballet Nacional Español en 1980 y cesado dos años después. Su actividad desde entonces se reduce a algunas colaboraciones y coreografías. Un accidente vascular le derrumbó y, como la vida es a veces tan injusta, la última imagen suya públicamente difundida fue en un sarnoso programa de televisión basado en «la máquina de la verdad». Murió en su Sevilla natal en 1998.

◀ «ANTONIO CANALES», ANTONIO GÓMEZ DE LOS REYES

Nacido en Triana, el más flamenco barrio de la flamenca Sevilla, en el seno de una familia flamenca y, a mayor abundamiento, nace en un tablao flamenco en la calle Castilla. Le enseña baile una profesora que impartía clases en el Club Natación Sevilla y se inicia en el Ballet Nacional, al ser seleccionado en unas pruebas celebradas en el Teatro Lope de Vega, y pronto pasó de simple bailarín a solista, siendo artista invitado en los espectáculos de otros artistas; formó parte del cuadro de Maguy Marín en *Calambre*, que se estrenó en el Teatro de la Villa de París, en 1981. En 1986 formó parte de la compañía de *Manuela Vargas* con el espectáculo *El sur y la petenera*. En 1988 recibió el Premio Mavisela, en Italia, al mejor bailarín y en 1990, compartido con Julio Bocca, el dedicado al mejor bailarín internacional, otorgado en Ciudad de Méjico. En 1992 crea su propia compañía, iniciando esta etapa de su carrera en Bilbao, con los cuadros *A ti, Carmen Amaya* y *Siempre flamenco*, para, el mismo año del Centenario del Descubrimiento, actuar en el World Financial Center de Nueva York, además de en el

A COMPÁS.
Es cuando se interpreta
un cante, o un baile,
siguiendo estrictamente
los ritmos y las cadencias
del palo del que se trate.

Holland Festival y en el Metki Hall, éste de Tokio. En 1997, por encargo del Ballet Nacional de España, realiza la coreografía de *Grito*, que se presenta en el City Hall de Nueva York en 1998. Se le otorga la Medalla de Andalucía en 1999, galardón que se concede a los personajes que más han contribuido a difundir el nombre y la imagen de la región. Ha recibido también el Premio Nacional del Ministerio de Cultura y ha paseado por todo el mundo sus coreografías, como *Guernica* o *La casa de Bernarda de Alba*.

«ANTONIO DE TRIANA», ANTONIO GARCÍA MATOS

Hermano del músico, nace en Sevilla en 1909, y estudia la carrera de piano. Debuta en el Teatro Imperial de Sevilla en un espectáculo de *La Argentinita*. Se fue a los Estados Unidos como inmigrante ilegal y, en Nueva York, acudió a bailar a una fiesta dada con motivo de una exposición de Ignacio Zuloaga, en la que bailó haciendo pareja con María Montero; como consecuencia de esta fiesta obtuvo varios contratos y logró abrirse las puertas de Hollywood, donde llegó a intervenir en una película titulada *La Mexicana*. Después de diversas vicisitudes, regresa a España en 1929 y con *La Argentinita* participa en el estreno de *El amor brujo*, obra con la que recorren Madrid, Barcelona y otras ciudades españolas. Los años 1940 y 1941 forma parte del ballet de Carmen Amaya, actuando en el Carnegie Hall, de Nueva York; en el Guild Theatre, también de Nueva York, presenta a su hija *Luisa Triana*. Vuelve a Hollywood, esta vez con Carmen Amaya y también rueda otra película, en 1943; en 1946 baila en el *Opera House* de San Francisco y reaparece en el Teatro Bellas Artes de México City, en 1949. Hombre polifacético, que le llevó a ser hasta campeón de boxeo de Andalucía, unió sus excelentes calidades como coreógrafo.

«ANTONIO EL DE BILBAO», ANTONIO VIDAL

Hijo del tocaor y bailaor *Niño de la Feria*, discípulo de *El Jorobao* y maestro de Vicente Escudero y de María Medina, nace en Sevilla en el úlimo tercio del siglo XIX, pero se inicia artísticamente en Bilbao y de ahí su apodo. A finales del siglo actúa en el Café Romero de Madrid, pero su

El «baile», como se le llama al baile flamenco por elipsis del resto de las palabras, es un arte donde el sentimiento y la fuerza son tan importantes como la preparación y los conocimientos.

presentación oficial en la capital no se produce hasta 1906, en el Café de la Marina, acompañado por Ramón Montoya que, al verle debajo de su boina vasca, tuvo serias dudas, pero en seguida le convenció, se hizo el amo de la noche y al final de ella fue contratado y, desde aquí, por toda España se escuchó su nombre. En 1914 se presenta en el Teatro Alhambra de Londres el espectáculo *El embrujo de Sevilla*, con Antonio, *La Argentina* y el maestro *Realito*, entre otras figuras. Triunfó en París, donde hizo célebre la danza *La Corrida* en el Cabaret de Pigalle. Volvió a Sevilla actuando en diversos locales y en 1917 viajó a Cuba, donde actuó en La Habana y, en 1923, le contrató el empresario Eulogio Velasco para sus espectáculos de revista, en unión de Adriana Carreras y de *La Verdiales*, que ya era su mujer, y en esta compañía recorrió toda España y una buena parte del extranjero. Se instaló en Buenos Aires para dedicarse a la enseñanza y allí falleció.

▶ «ANTONIO GADES», ANTONIO ESTEVE RÓDENAS

Antonio Gades, nombre artístico inspirado por Pilar López, nació en Elda (Alicante) en 1936, dedicó su tiempo a diversas actividades que simultaneó con las proximidades de la fiesta taurina a la que se sentía muy atraído, llegando a actuar en festivales y becerradas. Pronto ingresa en la compañía de Pilar López, con la que permanece hasta 1961, recorriendo el largo camino que va desde aprendiz aventajado hasta primer bailarín de la compañía, con la que recorre el mundo. Después de diversas actuaciones en el cine y en el teatro, con su propia compañía recién formada, reaparece en el Corral de la Morería, de Madrid, rea-

*Palmero.
Componente secundario de un cuadro flamenco cuya función es tocar las palmas, labor de cierta importancia pues hay que seguir el compás con todo rigor.*

liza la película *Los Tarantos* junto a Carmen Amaya, en 1962, y en 1964 actúa en el Pabellón Español de la Feria Mundial y obtiene la Medalla al Mérito Turístico. Recorre España y el mundo siendo esperado, admirado y aplaudido por doquier, agasajado y premiado por todas partes, recibe en Madrid la Medalla de Oro del Círculo de Bellas Artes. En 1970, llevando como pareja a Cristina Hoyos se presenta con su espectáculo en el Teatro de la Zarzuela de Madrid y gana el Premio Nacional de Teatro al mejor ballet. No hay premio nacional o internacional que no le haya sido concedido, su personalidad artística siempre ha merecido la atención de la crítica y, quizá, su máximo logro ha sido incorporar al baile clásico y de escuela la esencia violenta y dramática del flamenco, convirtiéndose en una especie de híbrido de bailarín y bailaor, alcanzando las máximas cotas de calidad y emoción, siguiendo siempre una de sus máximas más preciadas: *«Cuidar la ética antes que la estética».* Siendo consciente de la proximidad de su muerte, emprendió como última aventura un viaje por mar a Cuba, donde fue recibido por su amigo Fidel Castro, que le impuso las insignias de la Orden José Martí, la más alta distinción que otorga el gobierno cubano; esto sucedía el 6 de junio de 2004; el 20 de julio fallecía en Madrid, donde fue incinerado, siendo trasladadas sus cenizas a la propia Cuba.

«AURORA LA CUJIÑÍ»

Es una bailaora sevillana de la *prehistoria* del baile flamenco, de la que la única referencia escrita nos la da el famoso grabador y dibujante Gustavo Doré (1833-1888), que, a la vista de un dibujo de Chamán dice: «Aurora, nombre que lleva una de las bailarinas gitanas más famosas de Sevilla: *Aurora la Cujiñí,* que en el idioma gitano quiere decir *la rosa».* Este comentario está fechado en 1862.

CARMEN AMAYA

Nace en el barrio de Somorrostro, en Barcelona, en 1913, hija de Francisco Amaya *el Chino,* guitarrista modesto, que se ganaba la vida por las tabernas en amargas madrugadas de vino y borracheras. Sus inicios artísticos corrieron acompañando en las inciertas noches a su padre cantando y bailando y a los seis años debutaba en el restaurante El Siete Puertas. Pronto se topó con José Sempere, empresario de variedades, quien la llevó al Teatro Español, de Barcelona, donde tuvieron graves dificultades debido a la tierna edad de la niña. Gracias a su parentesco con *La Faraona* se presenta en el Palace, de París, actuando en el espectáculo en el que tenía un papel estelar Raquel Meyer. Vuelve a Barcelona y es descubierta por el crítico Sebastián Guasch, quien le dedica un artículo muy elogioso. En 1923 viaja a Madrid por vez primera y al

PALMAS.
Ni más ni menos que tocarlas como acompañamiento de un cante o de un baile. Así de sencillo. Pero la realidad es bastante diferente; en cualquier tablao actual, español o americano, puede verse a una multitud de turistas aporreándose una mano contra otra sin ritmo ni sentido, destrozando los oídos de la concurrencia; la cosa es bien diferente en, por ejemplo, una caseta de la sevillana Feria de Abril. Tocar las palmas decentemente es bastante difícil y tocarlas de verdad es algo con lo que probablemente se nace. Las palmas se tocan golpeando con los dedos de una mano la palma de la otra, o dando palma con palma; hay palmas simples y palmas redoblás que dan el contrapunto a las que llevan el son; en las palmas sordas se ahuecan las manos para no entorpecer el cante o el toque.

año siguiente, formando parte de la compañía de Manuel Vallejo, realiza una gira por España. Su definitiva consagración tiene lugar en 1935, cuando la contrata el empresario Carcelle y recorre varias ciudades españolas, presentándola en el Coliseum de Madrid Luisita Esteso. Al estallar la guerra civil, que la sorprende en Valladolid, se traslada a Lisboa y de allí emigra con la familia a Buenos Aires donde comenzó a cosechar grandes triunfos; luego viaja por toda Sudamérica, interviene en películas junto a Miguel de Molina, es públicamente elogiada por los músicos eminentes Toscanini y Stokovsky y en 1941 se presenta en Nueva York, primero en el Beach Comba y en seguida en el Carnegie Hall; el Presidente Roosevelt le regala una chaquetilla incrustada con brillantes y aparece en la portada de la revista *Life*. En 1942, interpretando *El amor brujo*, en el *Auditorium Bowl* de Hollywood con la Orquesta Filarmónica ante más de veinte mil personas alcanza el más impresionante éxito. Vuelve a Europa, se presenta en el Teatro Campos Elíseos de París. En 1947 reaparece en España, en el Teatro Madrid con el espectáculo *Embrujo español* para proseguir después con un incansable rosario de actuaciones que no paran hasta su muerte. Llamada por Alfredo Mañas y Rovira Veleta, interpreta la película *Los tarantos*, rodaje que terminó, pero la muerte la llamó antes de que pudiera ver el montaje terminado. Acababa la primavera de 1963.

◀ CARMEN CORTÉS

Nacida de padres andaluces en Barcelona en el año 1957, pertenece a esa generación ya madura de artistas que, a su sólida preparación, generalmente clásica, unen una marcada tendencia flamenca, habitualmente heredada de la familia, como éste es el caso. Su carrera transcurrió de forma semejante a la de tantos otros, bailando en reuniones familiares, en tablaos y en diversos escenarios hasta llegar a ser primera bailarina en la compañía de Mario Maya. Ha participado en el montaje de diversos espectáculos de muy variada orientación como el llamado *A Contraluz*, un tanto vanguardista, estrenado en 1988, o el titulado *Flamenco-Flamenco*, también de 1988, en el que se hace un estudio del flamenco a través de los tiempos, también el homenaje a Federico García

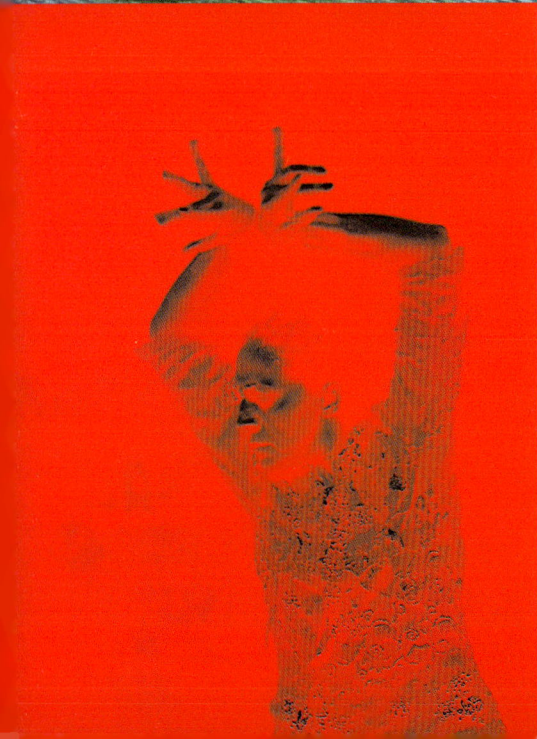

Lorca, de 1995; se introduce en el mundo del teatro con *Yerma* de 1996 o con *Salomé*, basada en la obra de Oscar Wilde, en el año 1997, obra con la que abre, por primera vez con danza, el Festival de Teatro Clásico de Mérida; continúa sobre esta línea, produciendo en 1999 la obra *Racial* que profundiza en los orígenes del flamenco y en 2003 *También muere el mar* sobre textos de poetas de la generación del 27; en casi todos estos trabajos la coreografía es de su producción, siendo la música del guitarrista Gerardo Núñez, que es su marido. En el año 2004 se estrena en el Festival Internacional de Santander la *Gala Flamenca*, en la que un jovencísimo elenco, liderado por Carmen Cortés, danza sobre los símbolos de la vida siguiendo las teorías del filósofo griego Anaxágoras: el fuego, la tierra, el aire y el agua.

CARMEN MORA

Un desgraciado accidente de automóvil ocurrido cerca de la ciudad de Torreón, en México, segó prematuramente la vida de la que ya era considerada una verdadera figura del baile flamenco. Nacida en Madrid en 1930, se inició, dio sus primeros pasos y comenzó su carrera profesional en su ciudad natal; a partir de 1950 sus actuaciones comienzan a tener proyección desde el Circo Price primero y después desde tablaos y salas de fiestas importantes de la capital, sobre todo la que se denominaba *Pasapoga*. En 1959 es seleccionada para intervenir, junto a Ava Gardner, en la película *La maja desnuda*, y en ese mismo año debuta en el Teatro de la Ópera de Steckborn, Suiza, y actúa en el Festival Internacional celebrado en Grecia. Un año después sale de gira por Oriente Medio y en seguida ingresa en la compañía de José Greco, con quien viaja por Europa y por los Estados Unidos. Vuelve a Madrid, al tablao Torres Bermejas, y estrena después el espectáculo Lorquiana en la madrileña Sala Florida Park. Alterna giras con actuaciones en tablaos madrileños, forma parte, en 1971, del *Trío Madrid*, con Mario Maya y *El Güito*, y siguen sus actuaciones en tablaos, teatros y festivales, hasta 1974, en el que forma pareja con José Tomás para actuar en el Café de Chinitas, de Madrid. Le llega la muerte cuando viajaba por México cumpliendo un contrato con el Fondo Nacional para las Actividades Sociales.

«ANGELES GABALDÓN», MARÍA ÁNGELES GABALDÓN, en plena actuación durante la Bienal Flamenca celebrada en Sevilla en el año 2002. Véase biografía en página 124.

Acento.

Es la nota del compás a
la que se imprime más
fuerza, pudiéndose
diferenciar dos palos
distintos que se
interpretan con los
mismos tiempos.

▲ CRISTINA HOYOS

Nace en Sevilla, en 1946, y comienza muy pronto a bailar, siendo discípula de Adelita Domingo y de *Enrique el Cojo*, entre otros, y debutando a los doce años en el sevillano Teatro de San Fernando, encuadrada en el espectáculo *Galas juveniles*. Actuó en tablaos sevillanos y luego en los madrileños, para acudir a la Feria Mundial de Nueva York con la compañía de Manuela Vargas. En 1968 la contratan en el ballet de *Antonio Gades*, con el que formó pareja durante muchos años, recorriendo el mundo y realizando papeles protagonistas en obras tales como *Bodas de sangre*. Desde 1975 actúa en diversos tablaos y realiza giras por Europa y el Japón, para entrar a formar parte del Ballet Nacional Español, hasta 1980. Vuelve con *Antonio Gades*, realizan giras y la película *Bodas de sangre* y, en 1983, el enorme

éxito cinematográfico *Carmen*. Crea en 1988 su compañía, con la que se presenta con éxito en el Teatro Rex de París, para montar, con coreografía propia y de *Manolo Sanlúcar*, los *Suspiros flamencos*, que se estrena en 1990 en la Sala Garner de la Ópera de París. También en París, en 1992, estrena *Yerma* y *Lo flamenco*, con la dirección artística de Gerardo Vera. Sigue presentando estrenos en París, en el Teatro Châtelet, en 1994, *Caminos andaluces*, con *Manolo Marín* y *Adrián Galia*; en el Teatro de la Ópera de Avignon presenta en 1996 *Arsa y toma*, y la obra en cierto modo autobiográfica *A compás del tiempo*, obra de la que se siente muy satisfecha, en el año 1999. El Gran Teatro de La Habana le concede en 2002 el Premio Anual. En los momentos actuales promueve en Sevilla el proyecto de Museo del Arte Flamenco. «Cristina Hoyos baila, enciende el aire, se bebe la noche sin fondo, pespuntea de sensibilidad el dobladillo de la danza», dice Juan García Garzón.

CUSTODIA ROMERO

Bella mujer, conocida en sus inicios como *La Venus de Bronce*, nació en La Carolina, Jaén, en 1905. Cuando en 1928 se le rindió homenaje a todo, pero más que nada a su belleza gitana, Julio Romero de Torres la inmortalizó en uno de sus lienzos. Bailaora y cantante, debutó a los doce años en su Jaén natal y luego vivió unos años en Sevilla. Debutó en el Teatro Lamppir de París y estrena la canción *Manolo Reyes*, amén de otras representaciones y actuaciones. Con Ramón Montoya graba en Nueva York un disco y en 1930 actúa en la compañía de Josephine Baker. Después de intervenir en el homenaje a los Machado y de actuar en París junto a Vicente Escudero, crea su propia compañía, con la que actúa en ciudades españolas y europeas y, terminada la guerra civil, recorre la geografía española encabezando diversos espectáculos y alternando con actuaciones en otras compañías, como la de Concha Piquer o la de *Manolo Caracol*. En 1953 actúa con grandísimo éxito en el Teatro Fontalba de Madrid, junto a José Toledano. Luego de una corta temporada en el tablao Zambra se retira de la vida artística y se dispone a pasar sus últimos años regresando a su tierra andaluza para ejercer como profesora de baile. Dijo de ella Cristóbal de Castro: «Es furia y es gracia, bajo el hechizo de la música».

«EL ESTAMPÍO», JUAN SÁNCHEZ VALENCIA

De Jerez de la Frontera, nacido en 1879, murió en Madrid. En su primera juventud fue novillero y actuó en varios cosos extremeños, con el nombre artístico de *El Feo*. Su trayectoria como bailaor parece que comienza en 1890 en Café San Agustín de Sevilla, según las notas de Augusto Butler. Según otro biógrafo, Alfonso Puig, debuta en Madrid en 1904, en el Café de la Marina, con un tango que tanto desagradó que le despidieron en la misma noche; al día siguiente actuó en otro café en el que interpretó por primera vez el baile del picador, en el que emitía un grito característico que derivó en su sobrenombre artístico. Durante los años 1917 y 1918 actuó en Barcelona y participó en un festival dedicado a los heridos de la guerra mundial y en el que participó también Raquel Meyer que bailó por *bulerías*. Para un ballet ruso que lleva Sergio Diaghilev, en el que hay incluido un cuadro flamenco, le contratan en 1921, y con tal espectáculo se presenta en el Teatro Price de Londres y en el La Gaité Lirique de París. Más adelante realiza multitud de actuaciones en muy diversos locales de Madrid. En 1928 participa en una gira con D. Antonio Chacón y baila en el Cine Pardiñas de Madrid. En 1929 realiza un recorrido por España y se anuncia como «El primer bailaor de España. Por alegrías». Vuelve a Madrid y realiza muchas actuaciones en el Price y en el Metropolitano, luego fiestas íntimas y, sobre todo, una fuerte dedicación a la enseñanza, siendo quien forma a muchos bailaores y bailaoras en su academia. Dice Augusto Butler: «La colocación y movimiento de los brazos de *El Estampío,* así como su baile de cintura para arriba –el baile más gitano– fue quintaesencia del arte coreográfico».

«EL FARRUCO», ANTONIO MONTOYA FLORES

Nace en Pozuelo de Alarcón, Madrid, en 1936, con apellidos significativos. Debutó enseguida y se integró en los espectáculos *Galas juveniles* y *Los chavalillos de Andalucía* para luego unirse a la compañía de *Lola Flores* y *Manolo Caracol* con la que realiza giras por España, alternando con apariciones esporádicas en tablaos y en festivales. En 1955 entra en el ballet de Pilar López, con el que actúa en diversos países y tiene un éxito espectacular en el Teatro Palace, de Londres, donde el telón se levantó en su honor dieciocho veces. Lue-

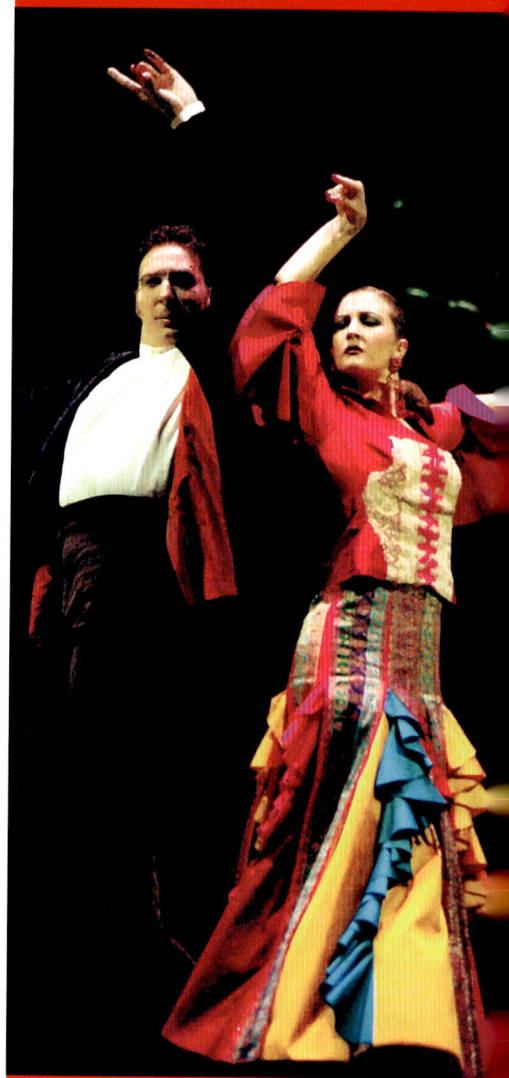

TORSIÓN.
Entre los movimientos característicos del baile flamenco figura éste, que compone una figura difícil y forzada pero de gran calidad estética; consiste en retorcer el cuerpo tomando la cintura como eje y orientando el resto en distintas direcciones.

«EL GÜITO» *acompañado de* ANTONIO NÚÑEZ MONTOYA *durante su actuación en la Bienal de Flamenco celebrada en Sevilla en el año 2002.*

go actuó primero en el Corral de la Morería, de Madrid, en 1957 y en el Duende, también de Madrid, en 1961. Perteneció al ballet de José Greco desde 1965, recorriendo prácticamente todo el mundo, hasta formar un grupo artístico con *Matilde Coral* y *Rafael el Negro*, grupo que actúa en diversos tablaos de Sevilla y de Madrid y que obtiene el Premio Nacional de Baile concedido por la Cátedra de Flamencología y Estudios Folclóricos Andaluces, de Jerez de la Frontera, premio concedido en 1970, con el que se convierten en uno de los grupos preferidos de los festivales andaluces. Muerto el hijo en accidente de circulación, *El Farruco* se retira hasta que, en 1978, reaparece acompañando a sus hijas, *Las Farrucas*, en el sevillano tablao-escuela La Trocha. Participa en la III Bienal de Arte Flamenco Ciudad de Sevilla y también en el espectáculo *Flamenco puro*, que se presenta en Nueva York, y en 1987 prácticamente deja ya de actuar, salvo apariciones muy esporádicas, alternadas con sus actividades de enseñanza. Muere en Sevilla, en 1997, dejando el recuerdo de sus desplantes y de su arrogante estética.

▲ «EL GÜITO», EDUARDO SERRANO IGLESIAS

Nace en Madrid, en 1942. Le enseña Antonio Marín, y muy pronto entra como bailaor en el ballet de Pilar López, con el que realiza giras por España, por Europa y por América hasta 1959, año en el que le conceden el Premio Sarah Bernard, del Teatro de las Naciones de París. El mismo año se presenta en Madrid con su propio cuadro y actúa en la Parrilla del Alcázar y en El Biombo Chino, en el que ya se le tributa un homenaje, y sale de nuevo, en 1960, de gira por Europa y luego por España; vuelve a Madrid, actuando en Torres Bermejas y en Pasapoga, inaugurando después el tablao El Arco de Cuchilleros y viajando a Alemania y a Nueva York. En 1962, de nuevo en Madrid, actúa en El Duende formando pareja con Pastora Vega. En 1971 con el *Trío Madrid Flamenco* formado por él, Carmen Mora y Mario Maya, hasta 1975, en el que actúan en *Los Canasteros*. En 1982 reaparece en los teatros madrileños, presentándose en el Teatro del Progreso, teatro en el que vuelve a actuar como estrella invitada del Ballet Español de Madrid. Nuevas giras, la II Cumbre Flamenca de Madrid, el espectáculo *Flamenco puro*, en Nueva York. No es un bailaor rigurosamente ortodoxo pero mantiene sin alteración el respeto a los cánones, aun a los más estrictos.

AFICIONADO.
Persona muy afín al arte flamenco, que lo sigue, lo ve y lo estudia con placer. Llámanse también así los intérpretes que no se dedican al oficio de forma profesional.

«EL MISTELA», JUAN MANUEL RODRÍGUEZ GARCÍA

Nació en Los Palacios y Villafranca (Sevilla). Desde muy pequeño acude a las academias de baile de su pueblo natal y después pasa a otras de mayor renombre, como la de Matilde Coral y Rafael el Negro, *Farruco*. Debuta en el Teatro de Morón de la Frontera con el nombre de *Juan Maravilla*, y años más tarde será *Farruco* el que lo bautiza como *El Mistela*, basándose en su origen, la calidad y el sabor de baile. Debuta con dieciséis años en el Festival de Mistela y un año más tarde se integra en el grupo *Los Farrucos* y pasa por varios tablaos. Obtiene un enorme éxito en la V Bienal de Flamenco de Sevilla y en 1989 marcha a Japón, donde crea su propio espectáculo. Posee el Escudo de Oro de la tertulia flamenca «El pozo de las penas» y de «El racimo de Uvas de Oro» del Ateneo de Los Palacios. En el año 2000, tras volver de una gira por Italia, recibió el reconocimiento del XIII Festival de la Campiña, en la localidad de El Rubio.

«EL NIÑO LARA», ENRIQUE LARA DE LA VEGA

Nació en Madrid, en 1886, y la afición y el deseo incontestable de ser bailaor se le inoculó viendo actuar a *Joaquín el Feo*, en el Café de El Sepulturero, y abordó su formación en solitario, debutando siendo todavía casi un niño en el Café de Naranjeros, pasando después a otros varios, como el de la Marina, donde actuó junto a *Faíco*. Saliendo de Madrid actúa en Jaén, en Bilbao y en Málaga; finalmente vuelve a Madrid, debutando en el Teatro

Antonio Ríos Fernández, «El Pipa» y María del Mar Moreno durante su actuación en la Bienal de Sevilla, 2002.

Romea y es contratado por Lola Montes, actúa en París, en Rusia y en otros varios países europeos. Después de reaparecer en Madrid y de realizar una gira por España se traslada a México para actuar en el Teatro Principal con la bailarina Julia García, con la que se casa, y con su hermano, Federico Lara, formando los tres el *Trío Lara*; con este conjunto recorre México, vuelve a España, con enorme éxito en el Trianón Palace, y en varias provincias, para volver a América y ser sorprendidos, en 1910, por la revolución mexicana, volviendo precipitadamente a España. Continúan los éxitos por todo el país y vuelven, por tercera vez, a América, presentándose en Buenos Aires, luego en Montevideo y en Río de Janeiro, después vuelven a la República Argentina, completando la gira, que termina en 1916. Continúan todavía unos años más, antes de retirarse, para dedicarse, junto a su hermano, a la enseñanza del arte, en la ciudad de Barcelona, en donde falleció.

▲ «EL PIPA», ANTONIO RÍOS FERNÁNDEZ

Jerez de la Frontera (Cádiz), 1971. Procedente de una familia con una gran tradición como bailaores, su abuela *Tía Juana la del Pipa*, y su padre, *Antonio el Pipa*, desde niño tuvo muy cerca a sus primeros maestros. Después pasó a formar parte de algunas de las más importantes compañías de baile, como la de Cristina Hoyos, la de *La Tati*, la de *Lola Flores*, o la de Antonio Vargas. En 1995 obtuvo los premios Juana la Macarrona, por *Alegrías*, y Paco Laberinto, por *Bulerías*, en el XIV Concurso Nacional de Arte Flamenco de Córdoba. También consiguió la Copa Teatro Pavón del Círculo de Bellas Artes de Madrid, en 1997, y la Copa Jerez otorgada por la Cátedra de Flamencología de Jerez, y el premio al jerezano de año, dado por los medios de comunicación. En 1998 recibió el Premio Nacional de la Crítica Española y la Insignia de Oro de la Peña Flamenca de Tío José de Paula.

ARMONÍA.
El Diccionario de la Real Academia es tajante en su definición: «Unión y combinación de sonidos simultáneos y diferentes, pero acordes»; también, relativa a la música, nos da la acepción número cinco: «Arte de formar y enlazar los acordes». En la guitarra flamenca actual se ha ampliado mucho el número de acordes, ensanchando su campo armónico.

▲ «EVA LA YERBABUENA», EVA MARÍA GARRIDO GARCÍA

Hija del exilio español de mediados del siglo XX, nace en la ciudad alemana de Frankfurt, en 1970, pese a lo que crece en un buen ambiente flamenco y la familia no tarda en volver, asentándose en Granada, donde ya vivía a los dieciséis años. Los estudios serios de flamenco los realiza en Granada, con artistas como *Angustillas del Sacromonte* o *Mariquilla*. Completa su formación con clases de teatro con Juan Furest, coreografía con Johannes García y baile con Javier Latorre y Mario Maya. Adquirió una depurada técnica y un amplio dominio de los estilos, siendo considerada por muchos aficionados como la bailaora más completa de su tiempo, por lo que sus actuaciones no cesan, tanto en España como en el extranjero. En 1997 realiza la coreografía de *A mi niña Manuela* para el Ballet Nacional de España, que se estrena primero en el City Center de Nueva York y luego en el Teatro Real, de Madrid; colabora como artista invitada en el espectáculo *Solo flamenco*, de *El Güito* y Carmen Linares, realizando una gira por Francia. Junto con su compañero el guitarrista *Paco Jarana*, baila desde 1998 con el Ballet Nacional de España, para montar su propia compañía en 2003, estrenando en 2004 el espectáculo *XXXX*. Recibe el galardón de ser nombrada socia de honor de la Peña *granaína* La Platería.

«FAÍCO», FRANCISCO MANZANO HEREDIA

Nació en Madrid, en 1932, hijo de *Pelao el Viejo*, y en Madrid murió en 1993. Su sobrenombre le viene en recuerdo del bailaor anterior, *Faíco el Viejo*, aquí reflejado. Comenzó muy pronto y a los doce años ya pertenecía al plantel de Concha Piquer. Inmediatamente después, en 1947, comenzó sus giras por el extranjero, primero con el ballet de Pilar López y luego en la compañía de *Lola Flores,* con la que transcurrieron muchas temporadas, alternando con otros significativos espectáculos, como el titulado *Ramillete de estrellas* en 1956, o *La copla morena* en Madrid y en Sevilla en 1960. En 1983 actúa en el tablao madrileño Corral de la Morería y luego se presenta en la Venta del Gato, también de Madrid, en el que permanece hasta 1987, intercalando muchos desplazamientos por España y por el extranjero. Obtiene el Premio Nacional de Baile que le concede en 1973 la Cátedra de Flamencología y Estudios Folclóricos Andaluces de Jerez de la Frontera. En 1986 interviene en la III Cumbre Flamenca, celebrada en el Teatro Alcalá Palace de Madrid. Desde 1982 alterna sus actuaciones con el ejercicio de la enseñanza del flamenco. Participó en numerosas películas cinematográficas, entre ellas *El amor brujo.*

«FAÍCO EL VIEJO», FRANCISCO MENDOZA RÍOS

Nace en fecha no exactamente precisada, en la segunda mitad del siglo XIX, en Sevilla, y muere en Madrid, en 1938. Actuó en sus inicios en los cafés can-

Nacido en Sevilla en 1983, es el heredero artístico de *los farrucos*, lleva el nombre artístico tomado del de su abuelo y apunta la técnica y el *duende* que adornaron el baile de *El Farruco*, en cuyo homenaje y en la confianza de que las expectativas para el nieto se cumplan, encuentra el hueco en esta breve relación de biografías. En todo caso, participó en una grabación para la BBC a los tiernos tres años, y mucho antes de los veinte ha realizado alguna gira con su propia compañía. Su zapateado es deslumbrante. Su vida, a la sazón, un tanto turbulenta.

tantes de su tierra jerezana. Formando parte del cuadro de *El Maestro Otero,* actúa en el Salón Barrera, en el Casino Nuevo y en el Salón Oriente, todos ellos de Sevilla. De Sevilla pasa a Madrid y en el Café de la Marina triunfa espectacularmente con su creación, en colaboración con el guitarrista Ramón Montoya, el *Baile por farruca,* junto con los tangos y las alegrías. Le contrata el Edén Concert de Barcelona y a continuación Amalio Cuenca para el local La Feria de París, momento a partir del cual se multiplican los contratos para actuaciones en el extranjero y, en 1914, se instala el espectáculo *El embrujo de Sevilla,* en el Teatro Alhambra de Londres, espectáculo en el que actúa junto a *La Argentina,* a *Antonio de Bilbao* y el *Realito.* En 1915 debuta en Buenos Aires, en el Teatro Odeón, con *Pastora Imperio.*

En una de sus giras, le sorprende en Rusia la primera guerra mundial y le retienen allí las circunstancias; en Rusia se casa con una gitana eslava, que bailaba zambras. Destacaron sus actuaciones con el espectáculo Ases del arte flamenco que tuvieron lugar en el Ideal Rosales, de Madrid, luego bailó en París y realizó viajes por Francia, para posteriormente centrarse en las fiestas privadas, que le reportaban más dinero y menos esfuerzo, en los locales de mayor postín de Madrid. Su éxito inenarrable fueron el garrotín, la farruca y los tangos. Sin duda fue un gran bailarín, aunque su forma de vivir y su ostentación del dinero no le reportaron una crítica demasiado lúcida.

◀ «FARRUQUITO», JUAN MANUEL HERNÁNDEZ
MONTOYA
(Véase lateral)

«FERNANDA ROMERO», FERNANDA SERRANO
CARRILLO

Bailaora sevillana, que nace en 1931 y que a los trece años debuta en el Casino de la Exposición de su Sevilla natal. Viaja pronto a América y debuta en el Teatro Avenida de Buenos Aires, siendo tal su éxito que se queda tres largos años en el continente americano. No regresa a España hasta 1953 y reaparece en medio de gran expectación en la Sala Pasapoga de Madrid y luego en el Teatro

Álvarez Quintero de Sevilla, con el espectáculo *Diana*. Después la contrata la compañía de Juanito Valderrama, con la que realiza giras por España y por Europa. De vuelta en Madrid, actúa en el Corral de la Morería y luego sale para diversas giras con distintos grupos hasta 1959. Vuelve a América y actúa triunfalmente durante tres años en Nueva York recibiendo allí el Óscar de la Prensa. De nuevo vuelve a Madrid, participa en el espectáculo *Alarde de flamenco 1964* con el que recorre España, en 1965 figura en el cuadro de *Los Canasteros*, luego recorre el mundo una vez más.

En 1972, en el Teatro Cómico de Madrid representa la obra Oración en la tierra. Acto seguido se establece en Francia durante siete años y a su regreso a Sevilla acude a recitales y festivales y actúa en el tablao- escuela La Trocha. Dentro del programa cultural Aula de flamenco da una serie de recitales por poblaciones de la provincia de Sevilla, y también baila en la III Bienal de Arte Flamenco Ciudad de Sevilla. Es una de las figuras más importantes de su época. Su máxima especialidad son las alegrías y las *bulerías*, en las que ha destacado en numerosos espectáculos tanto fuera como dentro de España.

▶ INMACULADA AGUILAR
(Véase lateral arriba)

▶ ISABEL BAYÓN
(Véase lateral abajo)

Nació en Sevilla, en 1969. Desde muy pequeña le gustaba el baile y destacó en la escuela de Matilde Coral. Se licenció en Danza Española en los conservatorios de Córdoba y Sevilla con dieciséis años, y domina la danza clásica, regional y contemporánea. Inicia su carrera profesional participando en numerosos festivales nacionales e internacionales, destacando su actuación en las bienales sevillanas, donde quedó finalista en 1988.

En la Bienal de Flamenco de Sevilla de 2002 presenta el espectáculo *Del Alma* y en la Bienal de Sevilla de 2004 participa como protagonista del espectáculo *La mujer y el pelele*, dirigido por Pepa Gamboa.

INMACULADA AGUILAR
Nació en Córdoba en 1958. Su formación académica y su carrera la hacen una artista singular. Su elegancia natural la convierte en una gran bailaora en el escenario.

◀ ISRAEL GALVÁN

Nació en Sevilla, en 1973. Hijo del bailaor José Galván, inicia sus pasos con tan sólo cinco años en el tablao sevillano de La Trocha. Cursa estudios de danza y debuta en un montaje creado para el Centro Andaluz de la Danza. Obtiene el primer premio en la IX Bienal de Flamenco en 1996 y el premio Vicente Escudero en el Concurso Nacional de Baile de Córdoba en 1995. Su arte es innovador y siempre intenta aportar nuevas técnicas y perspectivas al baile. Su fama ha alcanzado no sólo los espectáculos flamencos nacionales, sino también los internacionales.

▼ JAVIER BARÓN

Alcalá de Guadaira (Sevilla). Comienza desde muy joven como bailaor y estudia en Madrid con los mejores maestros. Entra a formar parte de las compañías de Luisillo, Rafael de Córdova Ciro y Rafael Aguilar. Obtiene la mención honorífica Pastora Imperio en el VIII Concurso Nacional de Arte Flamenco de Córdoba. En 1980 obtiene el primer premio del concurso de RTVE *Gente Joven*. Entra a formar parte del Ballet Nacional de España durante dos temporadas, y lo deja para realizar una gira por diferentes países europeos, comenzando así una fructífera carrera plagada de éxitos en diferentes espectáculos nacionales e internacionales.

AIRE.
Al folclore típico de una localidad o comarca se le llama así, «aire de Cádiz», por ejemplo.

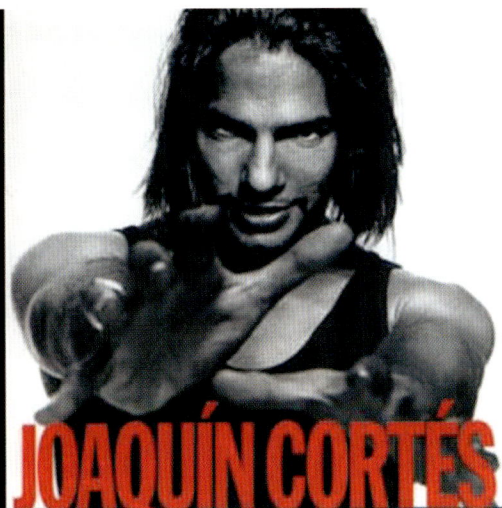

JOAQUÍN CORTÉS

Baes.
Otra palabra del lenguaje caló, de las muchas que se utilizan muy frecuentemente hablando de flamenco; ésta significa «manos».

▲ JOAQUÍN CORTÉS

Nacido en Córdoba en 1969 y forjado en el Ballet Nacional de España en el que asciende a la categoría de solista a los quince años. Viaja por el mundo entero, actuando en teatros tales como el Metropolitan Opera House, de Nueva York, o el Palacio de Congresos del Kremlin, de Moscú. Después de dejar el Ballet Nacional acompaña a artistas de verdadera primera fila, como Maya Plisetskaya o Silvie Guillem, y realiza importantes coreografías, como la de *Carmen* para el Teatro La Arena, de Verona. En 1992, después de actuar en el Teatro Champs Elysées de París crea su propia compañía, denominada «Joaquín Cortés Ballet Flamenco», que presenta su primer espectáculo denominado *Cibayí*, con el que se da a conocer en un puñado de países, entre ellos Francia, Japón y Estados Unidos. Debuta en el cine con un papel en la película *La flor de mi secreto*, de Pedro Almodóvar. Su segundo espectáculo se estrena en 1995, se llama *Pasión gitana* y tiene, entre otras colaboraciones, el vestuario diseñado por Giorgio Armani; al día de hoy ha sido visto por más de un millón de personas. En 1997 edita un disco, *Gipsy Pasion Band*, con su propio grupo, dirigiendo la música y colaborando en la percusión. En la primavera de 2004 estrena en Italia el espectáculo *El amor y el odio*, así como la película *Vaniglia e cioccolato*, en la que es actor principal, bajo la dirección de Ciro Hipólito. Su línea evolutiva pone de manifiesto una gran personalidad y un futuro indiscutible.

JOAQUÍN GRILO

Nace en Jerez de la Frontera, Cádiz, en 1968, y es otro de los valores incorporados más recientemente a la corte de los bailaores elegidos. Se inicia desde muy niño acudiendo a la escuela de *Cristóbal el Jerezano* y pronto pasa al estudio de danza de Fernando Belmonte y Paco del Río y muy pronto al Ballet Albarizuela, dirigido por ambos profesores, alcanzando el puesto de primer bailarín, y permaneciendo hasta 1988, realizando giras por Europa y programas para

Arreglo.
Son las modificaciones que se realizan sobre un baile o un cante, de acuerdo con el gusto y (o) con las cualidades de quien lo interpreta.

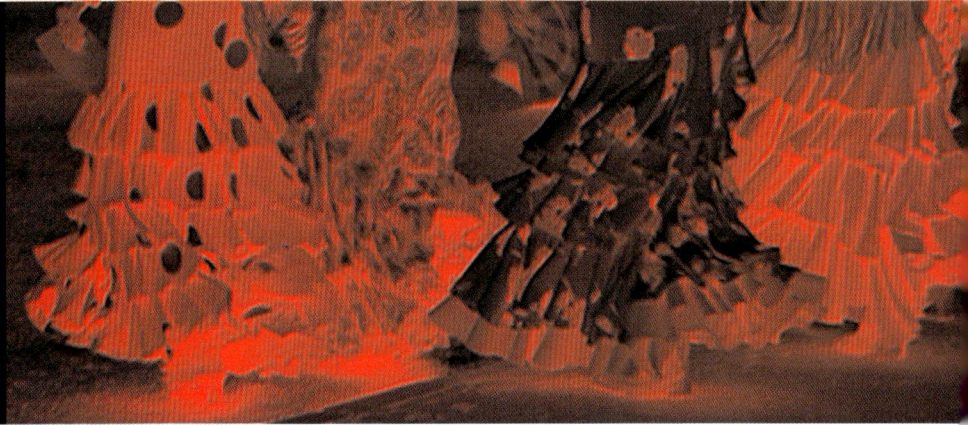

varias televisiones europeas y americanas. En 1986 se le concede la Medalla de Honor a su baile por alegrías en el XI Concurso Nacional de Arte Flamenco, de Córdoba; en ese año actúa en el *Queen Elizabeth Hall*, de Londres, y en un ciclo de recitales ilustrando una conferencia de Fina de Calderón en Ginebra y unos conciertos consiguientes, en los que bailó unos zorongos, obra de la misma autora. En 1987 se le otorga el primer premio de baile flamenco del programa de televisión *Gente Joven.* En 1989 vuelve a conseguir el primer premio en el Concurso Nacional de Arte Flamenco de Córdoba; en 1992 actúa en el tablao Zambra, de Madrid, en un espectáculo con otros cinco bailaores de la máxima calificación. Después entró a formar parte del grupo de *Paco de Lucía*, junto a varias primeras figuras, y colabora con grupos musicales en grabaciones y en la realización de vídeos. En Jerez de la Frontera se han estrenado varias obras con su coreografía.

JOSÉ DE LA VEGA

En Utrera, provincia de Sevilla, nace en 1932 este afamado bailarín y bailaor, que comenzó a despuntar artísticamente en el ballet de Pilar López en 1956, permaneciendo varios años en esta compañía, hasta que decide formar la suya propia y con ella realiza giras por Europa. En 1961 debuta en Madrid, en el Teatro de la Zarzuela, con Laura Salinas, Manuel Hidalgo y otros destacados artistas; en el mismo año le contratan para el Festival de Verano de Castelldefels y reaparece en Barcelona, ciudad que marcó sus comienzos profesionales. Vuelve a hacer giras por Europa y actúa en París, en Alemania y otros países europeos, y da un salto a la India, para luego volver a Barcelona y continuar por Europa. En 1964 presenta en el Teatro Elíseo de Roma el espectáculo *Lorca y el flamenco.* Inaugura en Cadaqués un teatro con su nombre en 1964, y en él presenta sus recitales y sus espectáculos, destacando el que llevó a cabo con la bailaora Regla Ortega. Obtuvo el Premio Nacional de Coreografía con su magnífica sobriedad que destaca especialmente en la escenificación de la saeta.

JOSÉ GRECO

Como muestra del carácter internacional del flamenco, especialmente en lo que se refiere a la danza, este bello bailarín y bailaor nace en la localidad de Montorio Romano, en la región del Lazio, Italia, en 1919, pero vivió unos años en Sevilla y a los diez de edad se traslada la familia a Nueva York, donde, en un ambiente latino, no le fue difícil familiarizarse con la danza y el ritmo flamenco, acudiendo a la adecuada academia y dedicándose al ejercicio profesional, hasta que le contrata *La Argentinita* para realizar una gira por los Estados Unidos, pero ya permanece con ella hasta que la muerte la sorprende en 1945. Vuelve a España acompañando el cadáver de la divina bailaora, y permanece al ser contratado al año siguiente por Pilar López, y en su compañía actúa durante dos años, luego una temporada con Carmen Amaya, más varios recitales en París, en el Teatro Champs Elysées. Al año siguiente crea su propia compañía y también debuta en el ambiente cinematográfico con la película *Brindis a Manolete*, emprendiendo después diversas giras europeas que se prolongan varios años y también recorre Estados Unidos. Vuelve a recorrer el mundo con un nuevo espectáculo que estrena en 1956 en el Royal Festival Hall de Londres, y reaparece en España, en el Teatro de la Comedia de Madrid para luego continuar en el Gran Teatro del Liceo, de Barcelona. En la Embajada de España en Washington se le impone la Cruz del Mérito Civil. En 1971 crea en Estados Unidos la José Greco Foundation for Hispanic Dance. Más giras, incluyendo una por África, múltiples grabaciones y la película *La vuelta al mundo en ochenta días* completan una somera biografía relativa sólo a su actuación profesional. Dice Edgar Neville: «José Greco es un típico ejemplo de vocación y también un ejemplo de la fuerza internacional del fenómeno andaluz del cante y del baile flamencos».

▶ «JOSÉ JOAQUÍN» JOSÉ JOAQUÍN NAVARRO CRUZ

Nació en Sevilla, en 1963. Desde muy niño desarrolló su gran afición por el baile, iniciándose con *Enrique el Cojo* y, desde entonces, profesó una profunda admiración por Antonio Ruiz Soler. En sus inicios le acompañaba su hermano, el *Niño de Pura*, y su primer gran éxito llegó con el Premio La Argentinita en el XII Concurso Nacional de Córdoba. En 1998 presentó *Sansueña* en la Bienal, obteniendo un gran éxito.

BAILE.
Así se entiende «baile flamenco», por elipsis del resto de las palabras.

◀ «JUANA AMAYAA»,
JUANA GARCÍA GÓMEZ

Nació en Morón (Sevilla), es nieta de Francisca Amaya Amaya y sobrina de la madre de *Paco del Gastor*. En 1983 entra a formar parte como primera bailaora de la Compañía Mario Maya. Entre 1984 y 1994 trabaja en *Cumbre Flamenca*, actuando en una larga gira por España, Inglaterra, India, Australia o Canadá. Participa en diversos espectáculos, uno de ellos junto a Joaquín Cortés y Antonio Canales. En 1996, Salvador Távora la reclama para protagonizar *Carmen*. Participa en un espectáculo del Queen Elisabeth Hall y como artista invitada en una gira por Japón del montaje de Joaquín Cortés *Pasión gitana*. Interviene como primera bailaora, junto a Plácido Domingo, en la ópera *El Cid*.

▶ «JUAN DE JUAN», JUAN CARLOS RAMÍREZ CASTILLO
(Véase página siguiente)

«LA ARGENTINA», ANTONIA MERCÉ Y LUQUE

Su nombre artístico se debe a que nació en Buenos Aires, Argentina, en 1890, hija de padres españoles y primeros bailarines del Teatro Real, de Madrid. Fue discípula en primer lugar de sus padres, como era de esperar, y a los catorce años ya debuta en Madrid, en el Teatro Romea y luego en el Apolo; impulsada y amparada por un grupo de poetas se presenta en el Ateneo de Madrid, siendo la primera bailarina que actuó en tal centro cultural. Alternando el baile con el cuplé pasa al Teatro Príncipe Alfonso, al Salón de Madrid y a la Sala Imperio, donde alterna con Raquel Meyer y con la *Tórtola Valencia*. En 1911 se instala en París, contratada por el teatro de variedades Le Jardín, luego pasa al Trianon y durante los años siguientes realiza una gira por diversos países europeos, encontrándose en Rusia cuando le sorprende el comienzo de la primera guerra mundial, por lo que regresa a Francia,

CAMELAR.
Dice el Diccionario de la Academia de la Lengua que coloquialmente es «galantear» y en otra acepción «coloquialmente amar, querer, desear». En el ambiente gitano es palabra muy utilizada entre los enamorados.

uniéndose allí a un grupo español, el *Embrujo de Sevilla,* con el que debuta en Londres. Inicia una gira por América que comienza en Buenos Aires y finaliza en Nueva York, donde estrena en 1916 *Goyescas*, de Enrique Granados. Durante cuatro años prepara prolija y concienzudamente *El amor brujo* y, aconsejada por el propio Manuel de Falla, viaja hasta Granada para conocer el estilo de los gitanos del Sacromonte, buscando ideas para interpretar *La danza del fuego*; entre las críticas recibidas figura la del propio Falla: «Usted y *El amor brujo* son una misma cosa». En 1927 actúa por vez primera en el Teatro de los Campos Elíseos y a continuación realiza una gira por el mundo entero. Presenta en la Opera Comique de París la Compañía de Ballet Español, primera compañía semejante, en 1929. En 1933 ofrece su primer recital en la Ópera de París, añadiendo a su ya enorme repertorio los estilos flamencos, como el zapateado, el tango, las alegrías y otros. En 1935 realiza un viaje relámpago a Madrid, para participar en el festival que se organizó en el Teatro Español para contribuir a la edición del libro *Arte y artistas flamencos*, de *Fernando el de Triana*. En su empeño por hacer un *Amor brujo* mejor y distinto presentó el ballet en 1935 en el Teatro Español de Madrid, tomando figura de Candelas, con Vicente Escudero de Carmelo, haciendo Miguel Molina el espectro y *Pastora Imperio* la Lucía; estrenó después el Ballet en París, en el Teatro de la Ópera. En 1936, volviendo a Bayona desde San Sebastián, donde había presenciado un festival de danzas vascas realizado en su honor, falleció repentinamente a causa de un ataque cardiaco. Dice García Lorca: «Una bailarina española, o un cantaor, o un torero inventan; no resucitan, crean. Crean un arte único que desaparece con cada uno y que nadie puede imitar».

«LA ARGENTINITA», ENCARNACIÓN LÓPEZ

Como *La Argentina*, nació en Buenos Aires, también de padres españoles, hermana de Pilar López, en 1895, permaneciendo en aquella ciudad hasta los seis años de edad, regresando la familia a España e instalándose en Madrid. Pasó por algunas escuelas de baile, terminando en la de Julia Castelao. Muy pronto, a los ocho años, se presenta al público en el Teatro-Circo de San Sebastián; el empresario Pardiñas es quien le adjudica el nombre artístico y quien la pasea por diversas ciudades y a los doce años ya actúa con regularidad, como niña

«JUAN DE JUAN»
Juan Carlos Ramírez Castillo nació en Sevilla en 1979. Comenzó desde muy niño a bailar, y después de aprender sevillanas, comenzó las clases de flamenco con Juana Amaya. Antonio Canales lo descubrió y empezó a trabajar en su compañía, desde entonces se ha convertido en una de las jóvenes figuras del flamenco.

Desfile de moda flamenca
SIMO 2003.

prodigio que era, en salones madrileños. Amplía su repertorio con danza clásica y flamenca y con su genial manejo de los palillos y va ampliando también el ámbito de sus escenarios, actuando en Barcelona, en Portugal y luego en América; en 1920 baila en la ciudad en la que nació, Buenos Aires. Con incesantes éxitos actúa en los teatros madrileños Maravillas, Price, La Latina y Romea y se retira durante un tiempo, reapareciendo en 1929 para bailar en París y en Berlín. Se une al grupo de poetas e intelectuales luego conocido como «generación del 27» y adapta a sus espectáculos antiguas canciones y versos y modifica su vestuario para hacerlo del todo acorde con la vieja tradición española. Acompañada al piano por Federico García Lorca recita y canta dando cuerpo a la conferencia que, sobre música y canciones, dicta Rafael Alberti; ambos poetas, junto con otros, incluido el intelectual torero Ignacio Sánchez Mejías, le asesoran e impulsan en la formación de su nueva compañía y de las nuevas estampas folclóricas como *Las calles de Cádiz* o el *Café de Chinitas* y la creación de su versión de *El amor brujo*, todo lo cual presenta en España y en el mundo en los años de 1932 a 1935, año en el que emprende viaje a Nueva York, donde sus recitales suponen la consagración de la danza española para aquellos públicos, y alcanzan el mayor de los éxitos. Durante 1943 se presenta en el Metropolitan Opera House de Nueva York el espectáculo flamenco Café de Chinitas, con poemas recogidos por García Lorca, con decorados de Dalí y con la orquesta dirigida por José Iturbi; en este mismo escenario, el 28 de mayo de 1945, interpreta el *Capricho español*, de Manuel de Falla y, finalizada la función, ha de ser hospitalizada e intervenida quirúrgicamente; el 24 de septiembre fallece. En su biografía figuran la relación casi infinita de premios obtenidos en vida y a título póstumo, los dibujantes, escultores, músicos, poetas e intelectuales diversos que la han glosado en todos los tonos. Dejemos como muestra la opinión que dejó escrita sobre su baile José Bergamín: «Es un arte poético de bailar, porque ha conseguido independizarse de las demás artes para realizar su propia mímesis».

«LA CUENCA», TRINIDAD HUERTAS

Su época de gran figura tuvo lugar en el último tercio del siglo XIX, por lo que son escasos los datos biográficos fiables, pero sí sabemos que nació en Málaga, y que se formó en los planteles de los cafés cantantes de su época. Alrededor de 1880 actuaba en el Teatro Eguilaz de Jerez y en 1887 encabeza un espectáculo que bajo el título *La Feria de Sevilla*, se presentaba en el Teatro Nuevo Circo, de París, espectáculo del que se conservan algunos artículos periodísticos sobremanera elogiosos. También de forma muy encomiosa se refiere a estas actuaciones Fernando de Triana: «El baile de hombre lo ejecutaba maravillosamente; fue la primera lumbrera como mujer vestida de hombre, con traje corto; y por si esto no fuera bastante, también fue una excelente guitarrista».

«LA CHUNGA», MICAELA FLORES AMAYA

Nace en Marsella, Francia, en 1938, de padres andaluces, residió desde muy tierna edad en Barcelona en donde se inició como incipiente bailaora. La descubrió el pintor Francisco Rebés, quien la orientó en el baile y en la pintura, su segunda brillante actividad profesional, en la que también ha alcanzado brillantes éxitos, con exposiciones en Madrid, en París y en las principales ciudades europeas y americanas; cultiva un muy personal estilo *näif* con el que ha merecido el estímulo de la crítica y el, por ella muy apreciado, de Dalí y de Picasso. En 1956, después de algunos escarceos mediterráneos, se la lleva Pastora Imperio a su tablao de Palamós, luego actúa en el madrileño Corral de la Morería; Ava Gardner la introduce en el mundo del cine y realiza algunas películas, actúa en Las Vegas y participa en los programas de arranque de la televisión en color; en la ciudad de México recibe un homenaje en el Teatro Bellas Artes. En 1958 regresa fugazmente a España para actuar en el teatro del Liceo de Barcelona, realizando después una gira por Europa y otra por América; en Chile recibe el Laurel de Oro. De forma más estable recorre España y en 1961 presenta en el Circo Price su espectáculo *Chunga Carrusel*. Recorre incansablemente el mundo entero; en 1967 presenta un nuevo espectáculo en el Teatro de la Comedia de Madrid; en 1969 lo hace en el Windsor de Barcelona, espectáculo con el que vuelve a recorrer España y Europa. En 1971 inaugura el local El Cordobés de Barcelona y, sin que nadie se lo espere, anuncia su retirada. En 1977 reaparece en el Café de Chinitas de Madrid, del que sigue siendo la primera figura, su alma y su impulso. Sus pies descalzos siguen bailando aquí y allá, recogiendo premios y cariño. Muchos poetas le han cantado encendidamente, como Rafael Alberti, Blas de Otero, León Felipe o

CABAL.
Aficionado verdadero, que sabe bien calibrar lo que ve y lo que escucha, sin alharacas ni aspavientos. También se le da este nombre a determinados cambios y a una variante de la seguirilla.

EL MISTELA
En una actuación en la Bienal de Sevilla del año 2002. Véase biografía en la página 136.

149

José Manuel Caballero Bonald. Quizá su premio más querido sea la Medalla de Oro del Círculo de Bellas Artes de Madrid.

«LA COQUINERA», ANTONIA GALLARDO RUEDA

Nace en el Puerto de Santa María, Cádiz, en 1874, para venir a morir a Madrid en 1944; sus hermanas, que formaron trío con ella llamándose *Las Coquineras*, Josefa y Milagros, quizá no eran tan buenas como Antonia, pero tenían una gran belleza, por lo que los contratos entraban fácilmente. *Las coquineras*, en lenguaje gaditano son las que recogen las coquinas, del agua del mar o de las playas, y de ahí les viene el nombre a estas bailaoras. Pero la verdadera estrella de esta constelación fue Antonia, *La Coquinera*, bailaora que se inició en Jerez de la Frontera, con D. Antonio Chacón y con *El chato de Jerez*, para aparecer en Madrid, en el Teatro Martín, en 1893, actuando con Salud Rodríguez; en 1897, también en Madrid, en el Café de la Patria, actuando junto a sus hermanas. Entre 1899 y 1903 aparece en diversos cafés sevillanos y luego en Madrid, en el Café de la Marina, del que siempre guardó un cálido recuerdo. El 29 de agosto de 1925 se le tributó un homenaje en la Sala Olimpia de Madrid. Actuó en Madrid durante varios años más hasta que su vida artística se extinguió.

«LA JOSELITO», CARMEN GÓMEZ

Debe su nombre artístico a que *Joselito el Gallo* le dio su nombre, bautizándola con vino de Jerez, cuando tenía siete años. Nació en Cartagena, Murcia, en 1906, y fue discípula de *La Macarrona* y de *Antonio el de Bilbao* y se casó con el guitarrista *Juan Relámpago*. Su infancia transcurrió en Barcelona, en cuyos cafés cantantes se fue iniciando, hasta 1924, año en el que debuta en Madrid y actúa varios meses en el Kursaal Imperial, y luego, con su marido, en el Teatro Romea. Más tarde, en 1929, aparece en la compañía de *La Argentina* en el Teatro Fémina de París y después en la Ópera Cómica, en la que interpreta diversas obras, como *Frasquita*, alternando con recitales, viviendo en la capital de Francia. Da varios recitales en la sala Pleyel y en gira por Europa con Ramón Montoya; se expande su panorama mundial y llega hasta Australia. En 1940 interviene en *La ilustre fregona*, versión coreográfica de la obra de Cervantes, estrenada en la Ópera de París. Da después varios recitales, destacando el que dio ilustrando una conferencia en la Sala Sarah Bernhardt con *Pepe el de la Matrona*. Al finalizar su vida activa dio conferencias y dedicó su tiempo a la enseñanza del flamenco clásico.

«LA MACARRONA», JUANA VARGAS

Se la considera la bailaora más importante de su época, quizá, en opinión de *Manolo Caracol* y de otros, de todos los tiempos; nació en Jerez de la Frontera en 1860 y falleció en Sevilla en 1947, a avanzada pero lúcida edad. Descendiente de Tío Juan y Tío

Vicente Macarrón, hija de Juan de Vargas, guitarrista, y de Ramona de las Heras, cantaora, y hermana de *María la Macarrona*. Se inició muy niña en las calles de Jerez, a los ocho años la contrata el sevillano Café de la Escalerilla y vuelve a Jerez, pero se la llevan a Málaga, en cuyo Café de Las Siete Revueltas actuó durante dos años, para ir a Barcelona, en donde actuó en los cafés cantantes de allí, para reaparecer en Sevilla, nada menos que en el Café de Silverio del que pasa a El Burrero. Debuta en Madrid, en el Café Romero, vuelve a El Burrero de Sevilla. Debuta en París, en el Gran Teatro de la Exposición, en 1889. Su actividad no cesa y no para de bailar, de café en café, de ciudad en ciudad. En 1922 interviene en el espectáculo *Ases del Arte Flamenco* en el Ideal Rosales de Madrid, en 1925 actúa en el Hotel Alfonso XIII de Sevilla y luego realiza una gira por España y durante varios años forma parte de distintas compañías y actúa en muy diversos escenarios. En 1930 presenta en Barcelona un espectáculo del Maestro Realito. En 1933 en un espectáculo denominado *Las calles de Cádiz*, ya con más de setenta años, *La Argentinita* confecciona un cartel de veteranos en el que la incluye. Finalizada la guerra civil reaparece en Madrid con la misma obra, en la compañía de Concha Piquer y en 1946 recibe un cálido homenaje en el Teatro San Fernando de Sevilla; al año siguiente su vela se apaga. Su vida y su arte han sido glosados por las plumas más preclaras; dice Caballero Bonald: *Juana La Macarrona* le injertó al baile una antiquísima fuerza emotiva, llena de feminidad y de gracia, como en las soleares de su creación».

«LA MALENA», MAGDALENA SEDA LORETO

Nace en Jerez de la Frontera en 1877 y muere en Sevilla, en 1956. En su infancia y en su juventud fue figura imprescindible en los cafés cantantes de la región. Fue compañera de *La Macarrona*, y formando parte de la compañía del *Maestro Realito* viajó a Rusia en 1911. También viajó a Barcelona, donde formó parte del espectáculo *Las calles de Cádiz*. En 1936 bailó en el Salón Variedades de Sevilla; luego, después de la guerra civil, actuó en la compañía de Concha Piquer. En la década de 1950, revive el pasado esplendor de los cafés cantantes; en una legendaria fotografía tomada en los Festivales de España de Sevilla, el bailarín *Antonio* la abraza emocionado, rindiendo pleitesía, según Manuel Ríos, al Arte Flamenco representado por su ancianidad y su magisterio.

La bailaora HINIESTA CORTÉS, *nacida en Sevilla en 1975 ha formado parte de las compañías de Mario Maya, Cristina Hoyos y Javier Barón. Ha participado en diversos espectáculos tanto fuera como dentro de España, aquí aparece interpretando el espectáculo titulado «Malena».*

«LA MEJORANA», ROSARIO MONJE

Nacida en Cádiz, en 1862, fue cantaora y bailaora y pasa a la historia por muchas razones, entre otras, y no la más chica, por ser la madre de Víctor Rojas y de *Pastora Imperio*; pero su arte también la traslada merecidamente a la historia del Arte Flamenco, a pesar de que actuó muy poco, pues se retiró del público al contraer matrimonio con el famoso sastre de toreros Víctor Rojas. Solamente actuó públicamente tres años, siendo la figura de los cafés sevillanos de Silverio y *El Burrero* por su gracia en el baile y por su extraordinaria belleza, que cautivó al público y a la crítica. Fernando de Triana dejó muchas páginas dedicadas a su belleza, a su cuidado vestuario y a su forma de actuar y de comportarse en el escenario, al ritmo de su baile y a la gracia de su cante. Murió en Madrid en 1922.

«LA QUICA», FRANCISCA GONZÁLEZ MARTÍNEZ

Nace en Sevilla en 1905, para morir en Madrid en 1967. Se casó con *Frasquillo* y fue madre de Mercedes León. Se inició en la academia de su marido y fue protagonista de brillantes actuaciones; sin llegar a memorable, fue una gran bailaora y bailarina que, al decir de Fernando el de Triana: «Sin duda alguna es la bailaora de más temperamento que se conoce hoy y de las que mejor saben llevar la bata de cola y el pañolillo de Manila». Actuó en el Kursaal de Sevilla con Antonio de Triana, hizo una gira por España, en 1928, con D. Antonio Chacón y con *Frasquillo*, bailó en el Victoria Hall de Londres, y realizó una gira por el extranjero con José Greco. En 1961 inauguró y fue directora de arte del tablao *El arco de cuchilleros*, de Madrid y colaboró en la enseñanza del baile en la academia de su marido, en Madrid. Máximo Díaz de Quijano dejó escrita su opinión sobre las dotes didácticas de *La Quica*: «... tiene además algo que no siempre es inseparable del buen bailar: el buen enseñar, y a ella deben acudir las neófitas».

▶ «LOLA FLORES», MARÍA DOLORES FLORES RUIZ

Nace Lola en Jerez de la Frontera, en el barrio gitano de San Miguel, en el año 1923. Cantaora, bailaora, terremoto

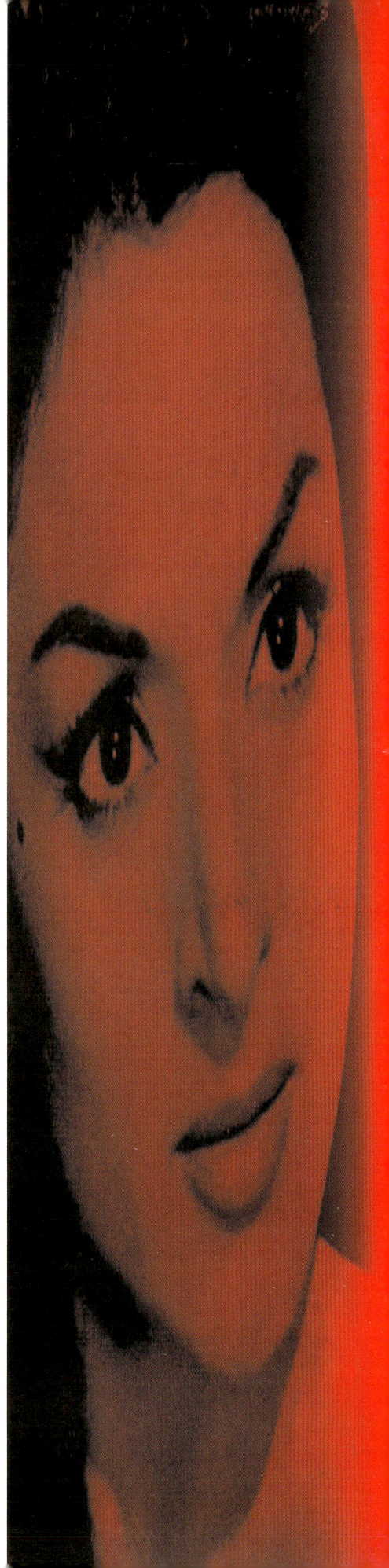

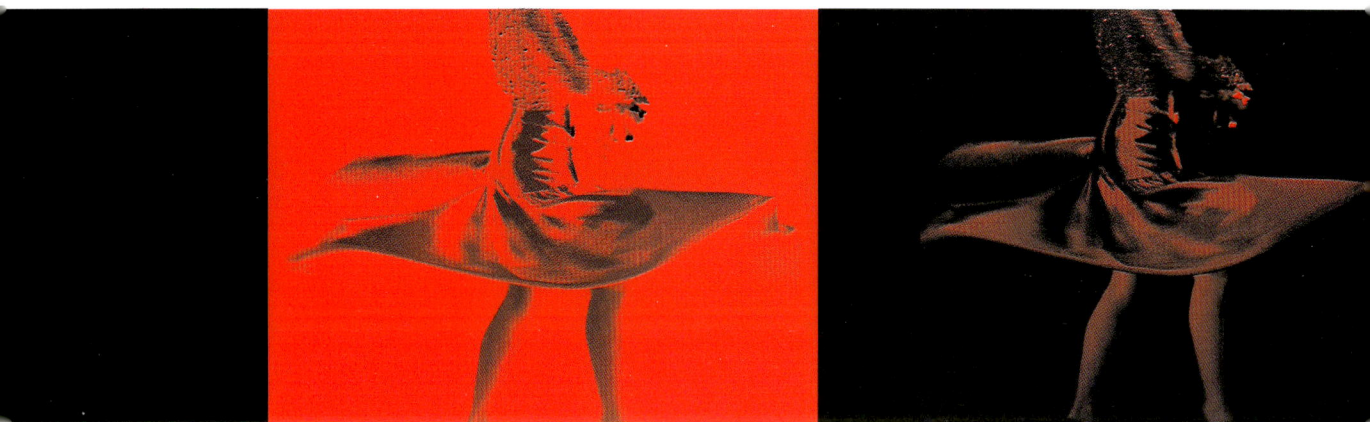

de las tablas, juguetona de mantones y de pañuelos, se presenta pronto, en el Teatro Villamarta de Jerez, formando parte del espectáculo *Luces de España*, en la compañía de Rafael Ortega y Custodia Marchena, con el guitarrista *Melchor de Marchena*. Corría el año de 1939, y cantó *Bautiza con manzanilla*. Interviene en la película *Martingala*, con Pepe Marchena y vuelve a Jerez y encabeza una porción de espectáculos con un plantel en el que figuraba el guitarrista Javier de Molina, con los que recorre una buena parte de Andalucía. La contratan en Madrid para realizar una gira por el norte de España, actuando seis meses seguidos en el Café Arrieta, de Gijón, en el que se inició la popularidad de *El Lerele*, nombre que, años después, llevó a la fachada de su casa de La Moraleja, en Madrid. Forma pareja con *Manolo Caracol*, en 1945, y con su espectáculo *Zambra*, con tal éxito que se prolongó hasta 1952, espectáculo del que salieron números tan imperecederos como *La Salvaora* o *La niña de fuego*. En el año de 1953 forma su propia compañía, que incluye al tocaor Antonio González, *El Pescaílla*, con el que contrae matrimonio en la Basílica del Valle de los Caídos, el 27 de octubre de 1957, con *Paquita Rico* amadrinando. De tales padres surgieron tres hijos, los tres dedicados a la música, cada uno en su vertiente: Antonio desapareció muy joven, en circunstancias un tanto dramáticas, dejando escrito mucho de su música; las hijas, *Lolita* y *Rosario* triunfan hoy en el mundo de la canción, cada una con su estilo. La fama de Lola, *Lola de España* o *La Faraona*, cruzó fronteras y se instaló en todo el mundo, y su arte, totalmente heterodoxo desde un punto de vista flamencólogo, llenó el corazón y el alma de quienes la escucharon o tuvimos la fortuna de contemplarla. José María Pemán la definió muy acertadamente como *Torbellino de colores*. Además de sus miles de apariciones públicas, protagonizó multitud de películas y de entre ellas hacemos mención de *La niña de la venta, María de la O, La hermana Alegría, La Faraona* o *La danza de los deseos*. Sin haber superado la pena por el fallecimiento de su hijo Antonio, Lola muere en Madrid en 1995. En la actualidad, el Ayuntamiento de Jerez y su familia estudian la posibilidad de establecer un Museo en la casa en la que nació, en la calle del Sol, número 45, de Jerez de la Frontera.

COPLA.
Verso o composición poética breve que hace de letra en las canciones más populares y, entre ellas, en las que componen el cante flamenco.

◀ «LOLE Y MANUEL», MARÍA DOLORES MONTOYA
RODRÍGUEZ (Sevilla, 1954) y MANUEL MOLINA
JIMÉNEZ (Ceuta, 1948)

Pareja artística que se formó en 1972. Dolores Montoya empezó como bailaora en los tablaos de Sevilla. Manuel Molina empezó desde muy joven en el musical, formando el trío *Los gitanillos del Tardón*, con *Chiquetete* y *El Rubio*. Debutó en solitario con el single *La mora*, y en compañía de Lole en 1975 con *Nuevo día*. Graban varios títulos en pareja hasta 1980, cuando deciden separarse y continuar sus carreras de forma individual, aunque con algún trabajo esporádico de forma conjunta.

LUCERO TENA

Siendo una gran bailarina y bailaora, con una impecable formación y una apasionante carrera profesional, el concepto primigenio por el que la historia siempre la recordará son las castañuelas, a las que ha convertido en instrumento de gran orquesta; los palillos, cuyo latir convierte en música celestial, han sido sin duda su pasaporte para el mundo, desde el Teatro Real de Madrid al Vaticano, pasando por el Kremlin, por el Palacio Presidencial de Yakarta o por el Palacio Real de Palmira, en Jordania. Vino al mundo en 1939 en México y allí completó sus estudios, de letras y de música y danza, con grandes profesores, y con Carmen Amaya, quien le enseña Arte Flamenco incorporándola a su elenco en 1954, recorriendo México y los Estados Unidos. Viene a España en 1958 y permanece un año en el Corral de la Morería, vuelve a México y retorna al tablao madrileño, del que ha sido primerísima figura hasta 1984, alternando con sus muchas otras actuaciones y viajes. En 1964 se presenta en el Teatro de la Zarzuela con un memorable concierto de castañuelas y danza, concierto que se repite poco después, con el cante de Gabriel Moreno y el toque de *Serranito*, sus compañeros habituales a lo largo de muchos años. Ese mismo año, ya recibe la Medalla del Círculo de Bellas Artes de Madrid. Recorre mil veces el mundo, siempre en triunfo; algunos momentos culminantes pueden ser el concierto emitido por la televisión alemana, programa titulado *El mundo de Lucero Tena*, inaugurando la programación en color, en 1969; en el mismo año participa en la Gala de la Uniced, celebrada en Lausanne, Suiza, en la que Charles Chaplin le dio personalmente su parabién; en 1974 en el Kennedy Center de Washington; en el Palacio Presidencial de Yakarta actúa en 1983; participa en un concierto benéfico en el Teatro Real de Madrid en 1985 y en 1986 actúa en Roma y es recibida por el Papa. Son incontables los premios y los trofeos recibidos, como lo son los discos grabados. Tiene un gran interés, sobre todo desde el punto de vista didáctico, su magnífico *Método de castañuelas*.

«LUISILLO», LUIS PÉREZ DÁVILA

Nace en Ciudad de México en 1927 y parece que su gran afición al baile le surge al contemplar la danza de Carmen Amaya. Cultivó su tendencia estudiando baile en su país, pasando después a Nueva York donde le contrató su ídolo infantil para sustituir a *Antonio de Triana*, y además le enseñó los bailes flamencos. De los Estados Unidos pasaron a Sudamérica y luego a España donde, en 1948, debutó en el Teatro Madrid, de Madrid. Hacia 1950 formó su propia compañía, con un espectáculo en el que mezcló la danza clásica con la flamenca y con el que dio varias vueltas al mundo, y así hasta reaparecer en Madrid en marzo de 1956; viaja por Europa reiteradas veces y otras tantas reaparece en Madrid, siempre con éxitos notables, hasta que, en 1964, estrena un ballet basado en *Don Quijote de la Mancha*, con música de Moreno Torroba. Nueva gira y recibe en Verona el trofeo *La Rosa de Oro*, por bailar en presencia del Papa Pablo VI, con motivo de una magna concentración de gitanos de todo el mundo. En 1966 inaugura en la Plaza Mayor de Madrid el V Festival de Música, Danza y Teatro y, en el seno de los Festivales de España, realiza una larga gira por toda la geografía española. En 1968 comienza otra gira mundial, actuando especialmente en Japón, baila por primera vez en la Unión Soviética y reaparece una vez más en Madrid, en el Teatro María Guerrero. En 1976 deja las actuaciones y se dedica a montar y dirigir coreografías para diversos ballets, entre ellos el Ballet Nacional.

▶ MANUELA CARRASCO SALAZAR

Nació en Sevilla en 1958. Es hija del bailaor *El Sordo* y está casada con el guitarrista Joaquín Amador. Con apenas diez años, debuta en Torremolinos, en el tablao El Jaleo y poco

MANUELA CARRASCO SALAZAR. *La bailaora en plena actuación durante la Bienal de Flamenco, celebrada en Sevilla en el 2002.*

CUADRO.

Cuando se trata de un cuadro flamenco, nos referimos a todo el elenco de artistas e intérpretes que forman la compañía que actúa en un tablao, que integra un espectáculo o, simplemente, una pequeña juerga.

después en Sevilla en el local La cochera. En 1971 efectúa una gira por Europa encuadrada en el plantel de *Curro Vélez* y a su vuelta a Sevilla la contratan en el Tablao Los Gallos. Se presenta oficialmente en el *Potaje Gitano* de Utrera de 1973, conjuntamente con la también bailaora *Angelita Vargas*, con el ballet de *Mariquilla* y en seguida se traslada a Madrid, en donde pasa a *Los Canasteros* como primera figura de baile. Después de varios éxitos, se convierte en una figura de los festivales andaluces; en 1974 gana el premio de *bulerías* en el Concurso Nacional de Arte Flamenco de Córdoba y la Cátedra de Flamencología y Estudios Folclóricos Andaluces le otorga el Premio Nacional de Baile. En 1976 gana el Premio Internacional de Baile en San Remo, Italia. Ese mismo año actúa en el Teatro Monumental de Madrid en el espectáculo *Gitano*, con una compañía en la que se encuadran, entre otros, *Pansequito, El Lebrijano* y *Camarón de la Isla*. En 1981 se presenta en el Teatro Olímpico de Roma, interviene en el Primer Festival de Arte Flamenco de París, y realiza una gira por Francia. Se estrenó en Madrid y paseó su éxito por toda España el espectáculo *Ayer, hoy y mañana del flamenco*, de Miguel Acal y Rafael Fernández, en el año 1983; participa en la II Cumbre Flamenca de Madrid en 1985, y en 1986 presenta en Nueva York el espectáculo *Flamenco puro*, con la asistencia de la reina Sofía a una de las representaciones. Escritores y críticos han loado el arte y la entrega de Manuela Carrasco.

«MANUELA VARGAS», MANUELA HERMOSO VARGAS

Nace en Sevilla, en 1941, y como muchas de las chiquillas de su ambiente, baila casi desde la cuna. Recibe clases de *Enrique el Cojo*, al tiempo en que se inicia en el tablao El Guajiro, de Sevilla. Representa a España en el Día Mundial del Teatro que se celebra en 1963 en el Teatro de las Naciones, en París, y al año siguiente, en el mismo lugar y en la misma celebración, participando en el espectáculo *Antología dramática del flamenco*, de José Monleón, obtiene el Premio Internacional de Danza, en medio de un fantástico éxito. Debuta en Madrid, en el Teatro Marquina, en 1964, con su espectáculo *Flamenco de Manuela Vargas*, recorre diversas ciudades españolas y vuelve a Francia, emprendiendo ese mismo año viaje a Nueva York, donde baila en el Pabellón Español de la Feria Mundial, obteniendo numerosos contratos para la realización de diversos programas para las televisiones norteamericanas. En 1966 tiene un éxito notable, permaneciendo cuatro semanas en cartel, en el Teatro Prince of Wales de Londres. En la Argentina triunfa en 1969, en el Teatro Avenida, de Buenos Aires, en el año en el que se le concede el Premio Nacional de Baile de la Cátedra de Flamencología y Estudios Folclóricos Andaluces de Jerez de la Frontera. Pasan los años sin que paren los recitales, los tablaos, las ciudades y los países; en 1975 presenta en el Teatro Barceló, de Madrid, su espectáculo *La vuelta de Manuela Vargas*, con el que vuelve a recorrer el mundo, terminando en el Centro Cultural de la Villa de Madrid. Se va acercando cada vez más al teatro y colabora con el Ballet Nacional en *Retrato de mujer*, asume el papel de la gitana *Mairena* en el drama de Francisco Nieva *Coronada y el toro*, en 1982; en 1983 interpreta el

papel de *La sombra de la muerte* en el *Don Juan Tenorio*, de Miguel Narros y en 1984 obtiene un grandioso triunfo con la *Medea*, con música de *Manolo Sanlúcar* y coreografía de José Granero. En 1986 monta el espectáculo *El sur y la petenera*, estrenada en París y paseada por España y por Europa. Obtiene los Premios Nacionales de Teatro de los años 1970 y 1971. José María Pemán dijo de ella: «Es la belleza morena hecha música, agilidad y ritmo».

«MARÍA ALBAICÍN», MARÍA GARCÍA ESCUDERO

Nace en Chindallón, Cuenca, en 1898, hija de Agustina Escudero Heredia, a quien llamaban *la reina de los gitanos*, mujer de una gran belleza, modelo de pintores, entre ellos de Ignacio Zuloaga, y de un recio gitano, tratante de caballos, llamado Benigno García Gabarre; hermana del matador de toros *Rafael Albaicín* y del bailaor *Miguel Albaicín* y tía de la bailaora *María Albaicín*. En 1915 interviene en el ballet *El amor brujo*, con *Pastora Imperio* y, unos años después alcanza la fama trabajando con los ballets rusos de Diaghilev. Recibió la maldición gitana al casarse con un famoso actor de cine judío al que conoció y del que se enamoró en Francia, llamado Aimé Simón Gerard, despreciando el compromiso gitano que había efectuado su padre cuando ella nació. De una manera o de otra, la maldición se cumplió, pues pronto enfermó de sus pulmones y, pese a los cuidados que recibió, falleció en Francia en 1931.

«MARÍA ROSA», MARÍA ROSA ORAD ARAGÓN

Nace en Andújar, Jaén, en 1937, pero residió en Sevilla toda su época infantil y juvenil ya que sus padres se trasladaron allí nada más nacer ella. Bailarina clásica y bailaora flamenca, fue discípula de Eloísa Albéniz, de *Enrique el Cojo* y de Regla

DESPLANTE.
En el baile flamenco son remates que se dan golpeando con los pies, en general coincidiendo con el final de una pieza.

Ortega y se inició en las *Galas juveniles* que tenían lugar en el Teatro San Fernando de Sevilla. Debuta en Madrid con la Compañía *Los chavalillos sevillanos* en el Teatro Fontalba, en 1948. Luego, tras un paso por Roma, en 1956, actúa en Madrid en el Teatro de la Comedia, pasa a pertenecer a la compañía de Concha Piquer y después, formando pareja con *Caracolillo* realiza giras por casi todo el mundo y, a su regreso, constituye su propio grupo y recorre la geografía española y da una serie de recitales en Estados Unidos.

Como primera bailarina del ballet de *Antonio* viaja por Europa y actúa en los Festivales de España, en 1962. En 1963 vuelve a reaparecer en Madrid, en el Teatro Valle Inclán con Paco Alba de pareja y Manuel Mairena al cante, después va al Teatro Álvarez Quintero, de Sevilla, luego a la temporada oficial del Teatro de la Zarzuela, de Madrid. En 1967 tiene un gran éxito en Colombia, varios países americanos más y finalmente la URSS. Las giras son incesantes por todo el mundo, está presente casi siempre en los Festivales de España, baila en el Kennedy Center de Washington, por citar un escenario menos frecuente. En 1986 actúa una temporada en Coliseo Carlos III de El Escorial. No hay prácticamente premios que no se le hayan concedido. Dijo Joaquín Calvo Sotelo: «Alegrémonos de verla bailar, alegrémonos de tener al alcance de nuestros ojos algo tan lleno de gracia y de autenticidad».

◀ MARÍA DEL MAR BERLANGA
(Véase banda)

«MARIEMMA», GUILLERMINA MARTÍNEZ CABREJAS

Nace en Íscar, Valladolid, en 1917. Esta bailarina de español y bailaora flamenca pasó los años de su niñez en París, donde se inició en el Teatro Chatelet, en cuya escuela permaneció tres años. El flamenco se lo enseñaron entre el guitarrista Amalio Cuenca y el bailaor *El Estampío*; luego actuó formando pareja con su hermana María Asunción, con la que realizó incesantemente prolongadas giras por Europa. Estalla la segunda guerra mundial y regresan a España, para ofrecer su primer recital en el Teatro Calderón de Valladolid donde, además, abre una academia de baile. En 1943 comienza el ascenso de su fama, presentándose en el Teatro Español de Madrid, con gran éxito de

MARÍA DEL MAR BERLANGA
María del Mar Berlanga es una consumada bailaora, ganadora del Premio Nacional de Baile, que destaca por su gracia y presencia en el escenario.

público y de crítica, e iniciando una serie de giras por España, por Portugal y por el norte de Marruecos. Valladolid le rinde un homenaje y le dedica una calle. Interpreta *El amor brujo* en la Ópera Cómica de París, recorre América dos veces y otra vez Europa para volver España pasando por muchas ciudades y obteniendo el Premio Nacional de Danza en 1951. Obtiene también la Medalla de Oro del Círculo de Bellas Artes de Madrid. Vuelve a los principales teatros europeos, con éxitos constantes; el Teatro Scala de Milán le encarga la realización de diversas coreografías, epígrafe por el que recibe el Premio Nacional, tras su participación en los Festivales de España, en el año 1955. En 1960 inaugura su escuela de danza. Es nombrada Miembro de Honor del Consejo Superior de Teatro en 1963 y en 1964 recibe el Primer Premio del I Certamen de la Danza Española, en Sevilla, en competencia nada menos que con Pilar López y con *Antonio*; además, en ese mismo año actúa en la Feria Mundial de Nueva York, obteniendo el Premio Vicente Escudero al mejor ballet y colaborando para la Medalla de Oro al Pabellón de España. Se le nombra Directora de Danza Española de la Real Escuela Superior de Arte Dramático y Danza. Alterna todas sus actividades docentes con los recitales y las giras. En 1981 el rey de España le entrega la Medalla de Oro de las Bellas Artes. En 1985 creó un centro coreográfico con su nombre.

MARIO MAYA FAJARDO

Nace en Córdoba en 1937, pero reside en Granada desde muy niño, iniciándose en las Cuevas del Sacromonte jugueteando con los turistas. A los doce o trece años, una pintora inglesa, Josette Jones, que le había pintado un cuadro, con el que ganó un premio, le envió las mil libras esterlinas recibidas, para que se fuera a Madrid a estudiar danza, pues había intuido las grandes posibilidades que el crío demostraba. Efectivamente viajó a Madrid y comenzó a acudir a la academia de *El Estampío* pero, como se aburría, sólo aguantó dos semanas; revoloteó por el Villa Rosa hasta que, en 1955, consiguió realizar unas actuaciones con *Manolo Caracol*; en seguida ingresó en el cuadro flamenco del tablao Zambra. En 1956 ingresa en la compañía de Pilar López y realiza con ella varias giras, hasta 1958, pasando al tablao madrileño Corral de la Morería y luego forma pareja con *La Chunga*, debutando con ella en el Biombo Chino,

María Serrano y su Compañía durante una actuación en la Bienal del Arte Flamenco, Sevilla 2000.

sala de fiestas de Madrid, emprendiendo después una gira por América. Actúa en los festivales de Granada de 1961 y luego forma pareja con María Baena, actuando en Torres Bermejas y realizando una nueva gira americana, para volver y formar pareja con Carmen Mora, con la que más adelante contraería matrimonio. Marcha a Nueva York en 1965 y allí no tarda en ofrecer su primer concierto, después del cual le contrata la Columbia Artist Management, de la que obtiene un gran número de recitales. Vuelve a España «con la cabeza llena de ideas»; junto con Carmen Mora y Eduardo Serrano, *El Güito*, crean el *Trío Flamenco de Madrid*, con el que realizan actuaciones y giras y obtienen varios premios muy importantes, como el Vicente Escudero de Danza y Coreografía, de Valladolid, en 1976. Coquetea con el Teatro Flamenco y en 1974 realiza *Ceremonial*, en 1976 estrena en Granada *Camelamos naquerar*, que obtiene un gran éxito en España y en el extranjero, en 1977, el espectáculo *¡Ay, jondo!*, con coplas de Juan de Loxa, y en 1980 el drama flamenco *Amargo*, sobre poemas de García Lorca. En 1986 se le concede la Medalla de Andalucía. Discos y películas, junto con la creación, en 1983, del Centro de Actividades Mario Maya para la enseñanza de la danza, completan uno de los historiales más brillantes del bello mundo flamenco.

◀ «MARÍA SERRANO»

María del Mar Serrano Rebollo, *María Serrano* nació en Sevilla. Desde muy pequeña comienza sus estudios de baile, y hace varias giras con algunos artistas consagrados, como Javier Barón, Carmelita Montoya, Antonio *El Pipa*, etc. Después de una exitosa gira por varios países europeos, ha creado su propia compañía de baile, con la que aparece en estas dos fotos en una actuación en la Bienal Flamenca Sevilla 2000.

«MARIQUILLA», MARÍA GUARDIA GÓMEZ

Es hija del tocaor *Pataperro* y de la cantaora *Carajarapa*, antecedentes con los que debuta en la zambra *Pitirili*, en las Cuevas de su Sacromonte natal, donde nació en 1949. A los pocos años pasó a

actuar en el Hotel Alhambra Palace granadino y luego en diversos escenarios españoles, de los que se va a los franceses, antes de presentarse en el tablao madrileño El Duende. Forma su propio grupo y realiza giras por el extranjero, interviniendo además en los Festivales de España. Abre el tablao El Jaleo, en Torremolinos, en 1967, desde el que intercala sus actuaciones con viajes a diversas ciudades europeas y al Japón. Dirige una escuela flamenca en Madrid, y con miembros de la misma realiza una serie de actuaciones en Alemania. Actualmente imparte enseñanza de Arte Flamenco en la Universidad de Granada.

«MATILDE CORAL», MATILDE CORRALES GONZÁLEZ

Nacida en Sevilla en 1935, en el seno de una familia cabal, recibió enseñanzas de Adelita Domingo. Comenzó en el Hotel Madrid, de Sevilla, y después formó parte del conjunto *Ases juveniles*. Luego intervino en los espectáculos de *Pepe Pinto* y de *Pastora Imperio*, actuó en tablaos de Madrid y de Sevilla, después formó el conjunto *Los Bolecos*, junto con su marido, *Rafael el Negro*, y a *El Farruco*, con el que obtiene en 1970 el Premio Nacional de Baile de la Cátedra de Flamencología y Estudios Folclóricos Andaluces de Jerez de la Frontera, y a partir de ahí se convierte en una de las principales figuras de los festivales andaluces, como la III Bienal de Arte Flamenco Ciudad de Sevilla. En 1976 monta el espectáculo *Arte flamenco de Matilde Coral*, con el que realiza una gira andaluza y lo presenta al XXI Festival Internacional de Sevilla.

Ha recibido gran cantidad de premios y distinciones, entre ellos, quizá el más apreciado, la Llave de Oro del Baile y el Premio Juana la Macarrona, de Mairena de Alcor. Muy elogiada por la crítica y por los flamencólogos. Desde 1981 dirige su propia escuela de baile en Sevilla, para la que aporta su título obtenido en el Conservatorio de Arte Dramático y Danza, de Córdoba. Y sigue recibiendo premios y homenajes, el último del que se tiene noticia es de Andújar, donde en junio de 2004 recibe el galardón *Rafael Romero*, otorgado por la Peña Flamenca de Andújar a las figuras que hayan aportado algo imperecedero al Arte Flamenco.

AFLAMENCAR.
Cantar y bailar canciones de origen popular, no flamenco, dándoles el tono y el ritmo flamencos.

▲ MERCEDES RUIZ

Jerez de la Frontera (Cádiz), 1980. Debuta como bailaora profesional en 1986 en el espectáculo *Semilla flamenca*, dirigido por Ana María López. Con *Manuel Morao* y los *Gitanos de Jerez* actúa en Nueva York y la Expo en 1992. Va alternando los espectáculos con su participación en peñas y festivales andaluces. En 1998 entra en la compañía de *Antonio El Pipa* en el espectáculo *Vivencias*. En 2000 entra a formar parte de la Compañía de Eva Yerbabuena para el espectáculo *5 mujeres 5*. Con posterioridad participa en las compañías de Adrián Galia y Andrés Marín. En 2002 consigue el premio de la Bienal de Sevilla y monta su propio espectáculo, que ha presentado en muchas ciudades dentro y fuera de España.

«MERCHE ESMERALDA», MERCEDES RODRÍGUEZ GAMERO

Nacida en Sevilla, en 1950, gozó de un importante elenco de maestros, entre los que destacan Adelita Domingo, *Matilde Coral, Paco Fernández* y *Enrique el Cojo* y se presentó a los trece años en el sevillano Teatro de San Fernando, integrada en el espectáculo *Galas juveniles*, pasando tres años después a ingresar en el Ballet Festivales de España. Años iniciales en los que actúa en los principales tablaos de Sevilla y, sobre todo, de Madrid, además de actuaciones en las ciudades europeas más importantes, constituyen una fase de su vida artística que considera imprescindible y de la que se siente especialmente orgullosa, pero de la que después se desvió un poco, centrando más sus objetivos artísticos en los recitales y en el teatro.

En 1972 obtuvo el Premio Nacional de Baile concedido por la Cátedra de Flamencología y Estudios Folclóricos Andaluces; otros muchos premios jalonan el devenir de su carrera, en España y en el extranjero, habiendo sido nombrada, por ejemplo, la mejor artista extranjera. Ha interpretado las obras *Los Tarantos, Medea, Bodas de sangre* y *La soleá*, obteniendo siempre éxitos memorables. Dice de ella Juan de la Plata, como resumen de uno de los muchos artículos que le dedica: «Una auténtica filigrana de primores, con elegancia y encanto sin límites».

«MIGUEL REYES», MIGUEL QUESADA FALCÓN

Nació en Málaga en 1926. Gran cantaor de la copla, actuó en los teatros de España e Hispanoamérica. Murió en 1999.

JONDO.
Aplicado al cante, es cante hondo, o jondo, siempre según el Diccionario de la Real Academia, «el más genuino andaluz, de profundo sentimiento». En pura nomenclatura flamenca se reserva esta denominación para referirse a determinados estilos de sabor primitivo y solemne.

«MIGUEL REYES», MIGUEL QUESADA FALCÓN en una actuación en el Teatro Lope de Vega en la Bienal celebrada en el año 2002.

PASTORA GALVÁN

Nació en Sevilla, en 1980. Lleva en su sangre la tradición flamenca y comenzó bailando desde muy pequeña. En 2001 obtuvo el premio «Matilde Coral» del XVI del Concurso Nacional de Arte Flamenco de Córdoba. Cursó estudios de Danza Española en el Conservatorio de Sevilla entre 1990 y 1998, y comienza su carrera profesional, tanto dentro como fuera de España, en Nueva York, algunos países europeos y América, en muchos de los casos con la compañía de su hermano Israel Galván.

«PACITA TOMÁS», MARÍA DE LA PAZ TOMÁS LLORY

Nació en Madrid, en 1928, discípula de *El Estampío* y Ángel y Luisa Pericet, fue «niña prodigio», lo cual en este sector no es nada raro, y debutó en el Teatro Monumental de Madrid, ejecutando un bello zapateado en el seno de un festival, para bailar después en el Teatro Fuencarral, también de Madrid. Actuó en el ballet de Carmen Amaya y realizó algunos recitales por el norte de Europa hasta que, en 1951, crea su propia compañía, organizando diversas giras y un año después actúa con *Manolo Caracol*; luego en Madrid, en la parrilla del Alcázar y en Pasapoga, presentándose en París en 1955, participando después en una gira por Europa que termina en Londres; actúa en África, en varios países y en el *Moulin Rouge* de París. Entre 1959 y 1960 actúa en diversos escenarios madrileños, que alterna con profusión de salidas al extranjero, trabajando un repertorio mezcla del más puro flamenco con danza clásica española, como Albéniz y Turina. Graba discos, recibe la Medalla de Oro del Círculo de Bellas Artes de Madrid y participa en diversas películas, entre ellas las tituladas *Padre Pitillo* y *Duende y misterio del flamenco*.

«PACO LABERINTO», FRANCISCO RUIZ GÓMEZ

Nace y muere en Jerez de la Frontera, en 1910 y en 1972 respectivamente. Se inició y ya destacó en las fiestas y reuniones de su tierra para, en 1940 y durante muchos años, formar parte de las compañías punteras de cada momento, así, en 1940 le contrata Concha Piquer, luego *Manolo Caracol* y *Lola Flores*, Juanita Reina con el espectáculo *Solera de España*, más tarde, en 1950, realiza una gira por América con Miguel de Molina y Carmen Amaya. Hacia 1956 perteneció al tablao Zambra, de Madrid. Actúa en el Festival de Córdoba de 1964 y en el Concurso Nacional de Arte Flamenco, también de Cordoba, de 1965, obtiene el Premio de Soleares y Bulerías. Luego se retiró a su tierra, actuando esporádicamente en reuniones y festivales. Fue un gran bailaor, comparable a *El Estampío*, y creó su propio estilo en el baile por *bulerías*.

◀ PASTORA GALVÁN
(Véase banda)

«PASTORA IMPERIO», PASTORA ROJAS MONJE

Nació en Sevilla en 1889 y murió en Madrid, en 1979 a los noventa años de edad. Hija de *La Mejorana*, hermana de Víctor Rojas y abuela de Pastora Vega. Como su madre se negó a enseñarla, acudió a la academia de Isabel Santos. A los diez años ya figura en una compañía infantil, a los doce se hace llamar Pastora Monje, luego Pastora Rojas y a los trece, contratada para actuar en el Salón Japonés de Madrid haciendo pareja con Mariquita la Roteña, el empresario las llamó *Las Hermanas Imperio* y de ahí surgió el definitivo *Pastora Imperio*. Actuó incansablemente durante años, principalmente en Madrid y en Sevilla; en 1914 viaja a París y después a América. El 15 de abril de 1915 estrena en el Teatro Lara de Madrid *El amor brujo*, que Manuel de Falla había compuesto para ella, luego, en 1934 participó como *Lucía* en una segunda versión de la obra, con *La Argentina*, Vicente Escudero y Miguel de Molina. Desde 1928 hasta 1934 estuvo retirada, reapareciendo en Madrid en el Palacio de la Música y luego en el Coliseum. Pastora logró introducir la costumbre de bailar con bata de cola, pero lo que realmente cautivaba de su cuerpo bailando eran sus brazos, que dejaron establecido el modelo del braceo femenino. Entre los años 1942 y 1954 trabajó en la venta La Capitana al tiempo que la regentaba, pues era propiedad de su yerno, el torero *Gitanillo de Triana*, aunque en algún lapso trabajó en la compañía de Pilar López. Se despide del público de Madrid en 1958, con el espectáculo *Te espero en Eslava* y un año más tarde lo hace del de Barcelona. Una vez retirada monta en Madrid, otra vez con su yerno, el tablao El Duende y otro en Marbella, Los Monteros. La vejez la hace transcurrir apaciblemente en el seno de su familia, hasta que muere a causa de un fallo cardiaco. Es empeño inútil referir en una breve reseña los premios que recibió y los homenajes que se le dedicaron. Protagonizó muchas películas intercaladas en sus muchos años activos, desde *La danza fatal*, en 1914, hasta *El amor brujo*, en 1949 y *Duelo en la cañada*, de 1959. Literatos, escritores y poetas han glosado su estampa y sus bailes, sus ojos verdes y su belleza serena, entre muchos, Jacinto Benavente, Tomás Borrás, Ramón Pérez de Ayala, describiendo en una poética crítica una de sus actuaciones, o los hermanos Álvarez Quintero, que describen su belleza y su baile. Y uno guarda amorosamente en su memoria un garrotín que, siendo poco más que un niño, le vio interpretar en una noche madrileña.

«PEPA MONTES», JOSEFA BASTOS OTERO

Las Cabezas de San Juan (Sevilla), 1954. Debuta como bailaora con tan sólo siete años. Su primera gira la realiza con Juan Valderrama y Pepe Marchena, y después pasa a los tablaos de Madrid. En 1974 obtiene en Córdoba el Premio Nacional Juana la Macarrona de baile flamenco, al que seguirían el Premio Nacional La Malena (Córdoba, 1983), el Premio Nacional de la Cátedra de Jerez (1983) y el Cabal del Baile de RNE (1988). Escribe, junto a su marido, *Ricardo Niño*, la coreografía de sus espectáculos. Su domino completo de la expresión corporal la hacen una excelente y completa bailaora, continuadora de la escuela sevillana clásica.

▶ «PEPITO VARGAS», JOSÉ LAVAT CAMPOS
  (Véase banda)

«PILAR LÓPEZ», PILAR LÓPEZ JÚLVEZ

Nació en San Sebastián en 1912, de una familia residente en Madrid, siendo hermana de *La Argentinita*. Nacida en familia introducida, además de acomodada, desde muy niña estudia música y danza, acude a la academia de Julia Castelao, ve las actuaciones de su hermana, conoce a otros grandes artistas y a los quince años, considerando cerrada su primera etapa de formación, comienza su vida profesional independiente de su hermana, deseando, y consiguiendo, entrar en el mundo del espectáculo por sus propios méritos y relaciones. Monta su propio espectáculo en el que toca, canta y baila, espectáculo que dura varios años de continuas actuaciones. Decide instrumentar otro espectáculo y con el bailaor *Rafael Ortega* se presenta en el Teatro de la Comedia con gran éxito de crítica y de público. En 1933, en el Teatro Falla de Cádiz, *La Argentinita* estrena su versión de *El amor brujo* y Pilar baila junto a ella y ya no se separará de ella hasta su muerte. Tiene papel importante en *El Café de Chinitas* que se estrena en Nueva York, en el *Metropolitan, en el 1943*.

Recorren Norteamérica actuando en todas partes y con las principales orquestas sinfónicas, hasta el 28 de mayo de 1945. Muerta *La Argentinita*, la compañía se deshace y Pilar decide retirarse y pasa un año alejada del baile. Pasado ese año decide formar la compañía que se va a llamar Ballet Español de Pilar López y reúne un grupo de viejos conocidos, entre ellos *José el Greco*, Rafael Ortega y *Manolo Vargas*, con los que se presenta en el Teatro Fontalba, de Madrid, en 1946, con obras propias y de su hermana, y el éxito es grandioso, con ovaciones extendidas al recuerdo de la hermana. A partir de 1947 recorre el mundo de éxito en éxito, por todos los teatros nacionales y extranjeros, presentando novedades discográficas y dando apoyo a noveles que, muchos de ellos, llegarán a grandes figuras, como *Antonio Gades* o Mario Maya. Figuran como novedad la gira por Japón o la representación ante la reina de Inglaterra. En 1974 se retira y deja de bailar; en sus manos los principales premios y distinciones que una gran artista puede recibir.

«PEPITO VARGAS», JOSÉ LAVAT CAMPOS
Nacido en el malagueño barrio de El Perchel, se dio a conocer siendo niño en las bodegas El Pimpi de Málaga. Después se traslada a Madrid y empieza a ser conocido en los tablaos de Los Canasteros, Las Brujas y El Corral de la Morería. Trabajó con *Lola Flores* y bailó para Pablo Picasso. Recorrió Estados Unidos, Canadá, Francia, Suecia, Japón y otros países, haciendo su fama internacional, y consolidando su carrera como bailaor. Es profesor de la Escuela de Danza del Ayuntamiento de Málaga.

▲ «RAFAEL AMARGO», JESÚS RAFAEL GARCÍA HERNÁNDEZ

Nace en la provincia de Granada, en la localidad de Pinos Puente, en el año de 1975, iniciándose muy niño junto a *Mariquilla* y a Maite Galán, desplazándose a Madrid a los dieciséis años, completando su formación con Alejandro Granados. Actúa ya como solista en diversas compañías como las de Antonio Canales, *María Rosa* o *La Chunga*, e inicia un circuito internacional dentro del que destaca su larga estancia en Japón, donde entre otras actividades asume la dirección y la coreografía de obras para las compañías de Yuriko Yoda, de Etsuko Saito o de Chizuko Otsuka. De nuevo en sus lares se concentra en su perfeccionamiento, al lado de *El Güito*, de *Antonio Canales* o de Adrián Galia. Interviene como artista invitado en una buena porción de montajes como el celebrado en el Teatro Real, de Madrid, bajo el patrocinio del Ayuntamiento y con el nombre de *Gala del Baile Español y del Flamenco* o en el papel de *Zeus* en el *Prometeo* que *Antonio Canales* produjo para el Festival de Mérida. Ha asimilado las enseñanzas de grandes y diversos maestros, como las de Martha Graham en Nueva York, moviéndose su baile entre la danza clásica y grandes reminiscencias de la danza contemporánea, alcanzando unos niveles de perfección que han sido ensalzados y premiados, alcanzando distinciones como el Primer Premio de Baile, del Concurso Nacional de La Unión en 1996 o la Copa Pavón para jóvenes intérpretes, obtenida en 1998. En 1997 crea su propia compañía y con ella estrena *La garra y el ángel*, con *Eva la Yerbabuena*; su producción *Amargo* es elegida como el Mejor Espectáculo de Danza por los lectores del suplemento *El País de las Tentaciones* en 2000, así como la nominación a los IV Premios Max de las Artes Escénicas; en 2002 presenta *Poeta en Nueva York*, basada en la obra de García Lorca, con el coreógrafo Manuel Segovia y un montaje audiovisual del director cinematográfico Juan Estelrich. En 2004 se presenta de nuevo en Madrid, en el Teatro Alcázar, con las obras *Enramblao*, *Poeta en Nueva York* y *El amor brujo*, para continuar después por Japón y por América. Grandes artistas como Eduardo Chillida o Luis Gordillo avalan y apadrinan su carrera que, teniendo en cuenta que no ha cumplido treinta años, se adivina grandiosa a poco que mantenga su exigencia demostrada.

REDOBLE.
En el baile flamenco es un zapateado breve, cuyo sonido se parece al redoble del tambor, o al que se consigue con la guitarra.

«Rafael del Carmen», Rafael Blanco Segura. El bailaor en plena actuación durante la Bienal de Flamenco, celebrada en Sevilla en 2002.

◀ «RAFAEL DEL CARMEN», RAFAEL BLANCO SEGURA

Rafael Blanco Segura inicia sus estudios de baile con tan sólo seis años en la academia de José Galván y después con Manolo Marín. Coreógrafo del Ballet Clásico de Juana Ximériz, debuta en Japón y hace una gira por ese país. Con una carrera profesional jalonada de éxitos, ve cumplido su sueño de presentar su propia compañía con el montaje *Colores* en la Bienal de Flamenco 2000.

«REGLA ORTEGA», REGLA MÁRQUEZ ORTEGA

De cuna gitana, flamenca y torera, nace en Chiclana de la Frontera, provincia de Cádiz, en 1909, pero vivió en Sevilla desde muy chiquita y ya a los ocho años debutó en un festival a beneficio de Rosario Ortega, tía suya. Tras años circulando entre espectáculos de variedades y de formar pareja con una hermana, actúa primero en Portugal y más adelante en Buenos Aires, donde permaneció hasta tres años consecutivos en el Teatro Argentino con el espectáculo *Romería*, de Ángel Pericet. En 1948 gana el Premio Pilar López, en el Concurso Nacional de Arte Jondo, celebrado en el Teatro Monumental de Madrid. Realiza giras por América y acompaña a Carmen Amaya en su último recorrido por América. Después, durante bastantes años, inaugura varios tablaos madrileños, alternando con diversas giras americanas y con diversos recitales en España, como el que realizó en Cadaqués con José de la Vega en 1966. En 1964 se publica en el madrileño diario *Pueblo* una encuesta realizada en el mundillo flamenco en la que resulta proclamada como «la más pura bailaora del momento». Dice de ella Manuel Ríos: «Baila según los cánones, pero además según su improvisación gitana. Regla es la que más recuerda a las bailaoras de antaño». En sus últimos años dedicó gran atención a la enseñanza. Murió en Madrid en 1986.

«ROSARIO», FLORENCIA PÉREZ PADILLA

Nace en Sevilla, en 1918, y a la edad de cuatro años ya taconea por las calles, dejando a la gente boquiabierta. Comenzó sus estudios de baile con el maestro *Realito*, donde coincide con *Antonio*, con el que también comparte clases con el maestro *Pericet*; ella por su parte busca asimismo las enseñanzas de *La Macarrona. Realito* los forma como pareja y los lleva a actuar con ocasión de la Feria Internacional de Lieja en 1928. Como *Chavalillos Sevillanos* vienen a Madrid en 1931 y ya, durante veintidós años ininterrumpidamente formarán la pareja de baile que, probablemente, es la que más fama y más memorables triunfos ha cosechado tanto en España como fuera de ella. La guerra española de 1936 les encuentra en Barcelona y se desplazan a Francia, donde les contratan para ir a América. Y en América, del sur y del norte permanecen varios años viajando de Buenos Aires a México, Cuba, Nueva York y Hollywood, donde ruedan varias películas. Actúan en Broadway y en el Carnegie Hall, vuelven a Sudamérica y *Rosario* se casa con el pianista del grupo Silverio Masciarelli. En 1949 vuelven a España y actúan con éxito grandioso en el Teatro Fontalba de Madrid para luego recorrer Europa. Con frecuencia, *Rosario* acompaña el baile con el cante, con coplas de García Lorca, añadiendo un atractivo adicional a su forma de bailar, en obras como *Zorongo* o *En el Café de Chinitas* o en solos de baile como los *Tanguillos de Cádiz* o, dentro del baile clásico, *Asturias*, de Albéniz. Dan su última representación juntos en el teatro Calderón, de Madrid, el 21 de diciembre de 1952. No tarda más que un año en reorganizarse y debuta en Barcelona, en el teatro Calderón, y después en el Fontalba, de Madrid, y poco después realiza una larga gira por Europa con una compañía organizada con Roberto Iglesias de primer bailarín. En 1955 representa a España en el Festival Internacional de Granada, en los jardines del Generalife estrenando un ballet compuesto específicamente para ella, el *Sortilegio de la Luna*, de Matilde Salvador; luego viaja incansablemente por Europa y por América y, después de actuar de nuevo en el Carnegie Hall regresa a España. Ya es 1962, y se reencuentra con Antonio, y vuelven a ensayar juntos, y se presentan de nuevo en el Teatro de la Zarzuela de Madrid, con *Rosario* de artista invitada. De nuevo separados, actúa en el Liceo de Barcelona con *La vida breve*, de Manuel de Falla. Se vuelven a reunir, pero en el transcurso de una gira por Sudamérica vuelve a romper los compromisos y, en Chile, abandona. Continúa con su febril actividad pero ya bailando en solitario o en pequeños grupos, en apariciones cinematográficas, en festivales y en el teatro; gran parte de su tiempo en esta fase lo dedica a la enseñanza. El número de premios y condecoraciones es absolutamente innumerable. En 1994 se le concede la Medalla de Oro a las Bellas Artes. El 21 de diciembre de 2000 muere en Madrid, a la edad de 82 años.

SALUD RODRÍGUEZ

No hay demasiados datos fiables de esta bailaora sevillana, que murió en Madrid a principios del siglo XX. Se sabe que fue hija de *El Ciego* y discípula de *La Cuenca* y que debutó, cuando todavía era una niña, como profesional en el famoso Café de Silverio de Sevilla. Fernando de Triana sí la registra y dice de ella «era muy notable en la ejecución con los pies, haciendo muchos detalles de su propia cosecha, muy difíciles de ejecutar. Una vez compuesta la figura, recorrió España y triunfó, y al caer en Madrid se la apropiaron los madrileños». Actuó con su hermana Lola en el Café Filarmónico, de Sevilla, donde eran anunciadas como *Las hijas de el Ciego*. En Madrid parece que debutó en 1893, en el Teatro Martín, alternando con *La Coquinera*. *Antonio el de Bilbao* también dejó su opinión: «Vestida a la jerezana y metida en zapateado era un monumento a la raza».

SEVILLANA. Probablemente es el máximo exponente popular flamenco, imagen pública de las ferias andaluzas, con la de Sevilla a la cabeza. Es un baile alegre y vivaz que interpretan las parejas en cualquier lugar pero especialmente en las casetas de la feria. Se ejecuta en series de cuatro, coreográficamente distintas, pero en cada una de ellas el baile y la música cesan de golpe, debiendo los bailarines terminar en una postura galana y provocadora.

Zapateado

Baile de recia raigambre flamenca, en el que el taconeo del bailarín colabora con la guitarra a la creación del acompañamiento sonoro, mientras las sobrias contorsiones dibujan los sones en el aire.

◀ «SARA BARAS», SARA PEREYRA BARAS

Cañailla, natural de San Fernando, Cádiz, viene al mundo en 1971, hija de la maestra de baile Concha Baras, que la conduce en los primeros pasos y le da las primeras lecciones. Forma parte del grupo *Los Niños de la Tertulia Flamenca*; con dieciocho años obtiene el Premio Gente Joven, de TVE, y entra a formar parte de la compañía de Manuel Morao, actuando en el Festival de Teatro Flamenco Alhambra 89; en 1991 actúa durante un periodo de dos meses con *Manuel Morao* y *Gitanos de Jerez* en el Teatro Edouard VII de París. Baila con Manuel Morao en la Expo-92, en el Auditorio de la Cartuja y en el Teatro Town Hall de Nueva York; en 1993 recibe el Premio Madroño Flamenco y participa en el Festival de Sevilla con *Flamenco Íntimo* y el mismo año se presenta en Génova, en el Teatro Verdi, con el espectáculo *Mira qué flamenco.* En 1994 baila en la Bienal de Sevilla, hace una gira asiática y participa en la XXIII Fiesta de la Bulería en Jerez. En 1996 participa en el espectáculo *Mujeres*, de Merche Esmeralda, y en *Gitano,* producción de Antonio Canales; en 1997 va como artista invitada en la compañía de *El Güito* con la que actúa en el Teatro Chatelet, de París y presenta su propia compañía, con la que participa en la clausura del XXXVIII Festival Nacional del Cante de las Minas. En 1998 presenta el espectáculo *Sensaciones* que toca varios palos del flamenco y está muy centrado en el baile de la mujer; en abril de 1999 presenta en el Teatro Villamarta de Jerez su segundo espectáculo, *Sueños.* Dentro de la Bienal de Flamenco de Sevilla 2000, el Ballet Flamenco Sara Baras estrena en el Teatro de la Maestranza su obra *Juana la loca (Vivir por amor)*, dirigida por Luis Olmos, con coreografía de *Sara Baras*; con esta obra se realiza una magna gira en la que, en dos años, se dieron 450 representaciones. El 16 de septiembre de 2002 se estrena en la Real Maestranza de Sevilla la nueva producción del Ballet Flamenco *Sara Baras* que tiene por título *Mariana Pineda*, basada en la idea de Federico García Lorca, con coreografía de *Sara Baras*, música y orquestación de *Manolo Sanlúcar* y dirección de Lluis Pascual. No alargamos esta breve reseña con la interminable relación de otras actividades realizadas, de teatros y de lugares en los que ha actuado y de premios recibidos. Al día de hoy, ha cumplido treinta y pocos años. Tiempo tiene de completar una abultada biografía.

«TÍA JUANA LA DEL PIPA», JUANA DE LOS REYES VALENCIA

Nace en Jerez de la Frontera en 1905, hija del cantaor *Luis el de la Maora* y debe el sobrenombre a su marido, que regentaba un puesto en el que vendía pipas de girasol. No fue un joven talento y no se presentó en público hasta los cuarenta años y lo hizo en un homenaje que se le dio en la Plaza de Toros de Jerez al *Tío Parrilla,* acto en el que la conoció *Antonio Mairena*, quien la invitó a acudir a Córdoba y allí participar en el Concurso Nacional de Arte Flamenco, en el que obtuvo un gran éxito. Actúa después, en 1964, en Madrid, en el tablao Cuevas de Nerja, con un conjunto denominado *Los Viejos*, formado por artistas gaditanos veteranos; actuó después en Torres Bermejas, 1969, y en Los Cabales, 1972. Desde 1960 participa en diversos festivales andaluces y recibe multitud de homenajes, como el del Teatro Lope de Vega de Sevilla en 1982 o el de Jerez de la Frontera, en la Fiesta de la Bulería de 1985, que se les dedicó a ella y a *Tía Anica la Piriñaca*. Ha destacado como gran bailaora y como sublime intérprete del baile por *bulerías*. Su figura ha sido glosada poéticamente por Manuel Ríos Ruiz. *Tía Juana* falleció en 1987.

VICENTE ESCUDERO

Nació en Valladolid en el año de 1885 y murió en 1980, en Barcelona. Bailarín de baile español y bailaor de baile flamenco, ha sido uno de los más grandes de la historia, en ambos aspectos de su actividad. De niño comenzó taconeando sobre las bocas de riego porque le satisfacía más su sonido sordo; esta costumbre le acarreó más de un problema, pues taconeaba tan fuerte que rompía alguna de ellas, lo cual no agradaba a los municipales. Debutó en su ciudad a los trece años y se trasladó a Granada, viviendo largo tiempo en el Sacromonte en estrecha hermandad con los gitanos, por lo que él mismo decía: «No soy gitano, pero como si lo fuera». Totalmente intuitivo, aprende solo y es casi autodidacta, aunque tiene sus lagunas; se presenta en Madrid en el Café La Marina donde dura tres días, siendo despedido por no saber tocar las palmas a compás... Zascandilea por el norte de España y cae en Bilbao donde coincide con *Antonio de Bilbao*, quien le enseña y le transmite aspectos de su estilo. Con algunos números ensayados circula por los cafés cantantes españoles hasta que, en 1908, es llamado a filas y huye a Portugal para escapar del servicio militar; luego a París y a recorrer Europa hasta que le sorprende la primera guerra mundial en Alemania. Continúa por Europa y en 1920 gana en París el Concurso Internacional de Danza, lo que estimula su moral, y dos años después presenta un recital de danzas españolas en la sala Gaveau, considerada a la sazón la más importante de París, y después compone varios ballets basados en obras de Falla, de Turina, de Albéniz, hasta que, en 1926, Falla le encarga que monte *El amor brujo*, que se representa en el Teatro Trianon de París. En 1931 participa en Londres en el homenaje a la bailarina rusa Ana Paulova y en 1932 conquista el mercado americano triunfando en Nueva York. Desde entonces sus triunfos se repiten sistemáticamente por todo el mundo. Las guerras pasan sobre él sin alterar ni su arte ni su actividad intelectual, en la que alterna sus ciclos de conferencias con sus recitales y sus exposiciones pictóricas con su danza, y con su cante, que también lo exhibió en público, compitiendo con *martinetes* y *deblas* con el cantaor *Jarrito*, en festival a beneficio del Hospital Provincial de Madrid, en el Teatro de la Comedia en 1960. Ningún bailarín de su época se le puede comparar en ningún sentido, máximo conocedor de la técnica y fiel y respetuoso de la más pura ortodoxia. En la actualidad, probablemente, ninguno raya a su altura. Con 81 años tuvo lugar su última actuación en Madrid. Murió en Barcelona en 1980 y fue enterrado en el Panteón de Hombres Ilustres de Valladolid.

ZORONGO.
Baile que gozó de gran popularidad en el siglo XVIII, con gran número de piruetas y desplantes, ejecutado por las zambras granadinas del Sacromonte y del que se encuentran testimonios literarios en el siglo XIX, como el de Alejandro Dumas. A su popularización colaboró Federico García Lorca incluyéndolo en su recopilación de cantares del pueblo. Es muy conocida la copla que dice: «La luna es un pozo chico/ las flores no valen nada/ lo que valen son tus brazos/ cuando de noche me abrazan».

«AGUJETAS», MANUEL DE LOS SANTOS

El fandango jerezano, en los límites de la memoria de Manuel Torre, escapa de su garganta como un tornado. Así, más o menos, glosa su cante y su personalidad el escritor Manuel Ríos. De su padre, *Agujeta el Viejo*, heredó el nombre artístico y el trabajo en la fragua, labor que abandonó en 1970 para grabar su primer disco y actuar a continuación en el Café de Chinitas; a partir de aquí actúa constantemente, dando recitales en diversos escenarios, obteniendo en 1977 el Premio Nacional de Cante. Después conquista América, sobre todo México y Nueva York. La voz de *Agujetas* es pura y limpia, sin emplear ningún tipo de recursos, de gorgoritos o de afectaciones y amaneramientos; aporta los ecos de la muy antigua escuela jerezana, la de Manuel Molina, la que tuvo su máxima expresión con Manuel Torre. Padeció en 1987 una grave enfermedad, tras la cual se le ofreció en Jerez un sentido homenaje organizado por el escritor y poeta Manuel Ríos. En 1998 graba en vivo el disco *Agujetas en la soleá*, en el tablao madrileño La Soleá. En 2000 se realiza el corto cinematográfico *Agujetas Cantaor*, dirigido por el francés Dominique Abel, en el que relata su vida, su sufrimiento y su filosofía.

CANTE

◀ «AGUJETAS», MANUEL DE LOS SANTOS

ALFREDO ARREBOLA SÁNCHEZ

Nace en 1935, en Villanueva Mesía, provincia de Granada. Antes que su biografía flamenca, o mezclada con las demás, merece la pena por su excepcionalidad, comenzar por su biografía académica. El Doctor Arrebola cursó la licenciatura en Filosofía Pura y en Filología Clásica en las Universidades Complutense de Madrid y en la de Granada, y leyó su tesis doctoral en 1979 en Granada, sobre el tema «El cante flamenco: vehículo de comunicación y expresión artística», obteniendo la calificación de sobresaliente. En toda la historia de la Universidad Española, es la primera tesis práctica y teórica realizada sobre el tema flamenco. Sus actividades primero discente y luego docente, oratoria y bibliográfica, las ha intercalado con la práctica profesional del cante flamenco. Es miembro de número de la Cátedra de Flamencología y Estudios Folclóricos Andaluces de Jerez de la Frontera y Director del Aula Universitaria de Flamencología de Málaga y ha recibido una enorme cantidad de premios, desde el Premio de Cantes de Levante, en el Festival Nacional del Cante de las Minas, al Premio Tomás Pavón, por *seguiriyas* y *tonás*, en Cordoba, y otros muchos premiando su labor investigadora y difundidora del Arte Flamenco. Por su formación y por gusto es la persona más indicada para *decirnos* los poemas dramáticos de un Federico, o los más festivos y jacarandosos de Rafael Alberti. Dice de él Juan Bustos: «El camino artístico de Alfredo Arrebola no es brillante de cara a la galería, pero sí es un camino recio y serio, que cuadra a las mil maravillas al aire propio del cantaor. Que no se le busque la actuación efectista pagada con el aplauso fácil. Se la encontrará siempre, en cambio, allí donde el compromiso convoca a los mejores».

▶ ANGELITA VARGAS
(Véase página siguiente)

ANTONIO CHACÓN, DON

El respetuoso tratamiento de «Don», que tan habitualmente se utiliza en el lenguaje normal castellano en casi todos los ámbitos de la vida, cuando se trata de artistas flamencos apenas se

utiliza, tan poco se emplea que estamos ante la única excepción: D. Antonio Chacón es el único que siempre lo lleva puesto y así fue también en vida, desde que, siendo muy joven, alguien se lo adjudicó como muestra de respeto hacia su enorme arte. Curiosamente, en tauromaquia ocurre exactamente lo mismo, a nadie se le ocurre llamar D. Manuel Rodríguez, *Manolete* o D. Enrique Ponce, a las figuras actuales o pretéritas, pero también hubo una excepción, D. Luis Mazzantini siempre llevó el «don» antepuesto a su nombre, aunque en su caso las razones fueran otras. D. Antonio Chacón nació en Jerez de la Frontera el 16 de mayo de 1869, de padres desconocidos y fue adoptado por Antonio Chacón Rodríguez y su esposa María García Sánchez. En seguida se aficionó al cante, lo cual no era difícil en el Jerez de su tiempo, y muy pronto destacó, aunque sus primeros éxitos no llegaron hasta el año 1886 cuando participó en una fiesta dada por el torero Manuel Hermosilla para celebrar un gran triunfo, fiesta que duró toda la noche con lo más granado del arte local y en la que obtuvo un gran triunfo. Luego le contrató Silverio Franconetti para cantar en su café cantante de Sevilla y allí estuvo ocho meses compartiendo escenario con los mejores artistas de la época; después estuvo en Málaga, volvió a Sevilla para actuar en el Café El Burrero y después paseó su arte por toda España, obteniendo el triunfo en todas partes adonde fue. En 1912 traslada su domicilio a Madrid donde actúa asiduamente en el Café de Fornos y se desplaza continuamente para actuar en provincias y en todas partes a donde le llaman. En 1914 viaja a América con la compañía teatral del María Guerrero actuando en Buenos Aires y en Montevideo, siempre con éxitos rotundos. En 1922 preside el Concurso de Cante Jondo, de Granada, concurso que ha pasado a los anales de la historia del flamenco. Actúa para los reyes de Italia, huéspedes de los de España; inaugura en 1925 el Patio Flamenco del Hotel Alfonso XIII de Sevilla. En 1928 encabeza el cartel de un fantástico espectáculo, con las primeras figuras de cada especialidad, que recorre toda España actuando en teatros y plazas de toros. En seguida enferma y fallece en Madrid el 21 de enero de 1929. Su figura ha sido recientemente reivindicada por José Blas Vega en su libro *Vida y cante de D. Antonio Chacón*, que obtuvo el I Premio Demófilo, convocado por el Ayuntamiento de Córdoba.

A GUSTO.
Es la grata situación en que se encuentra el cantaor, bien acompañado por el toque y rodeado de buenos aficionados que le escuchan con delicia y le jalean sabiendo lo que hacen.

«ANTONIO MAIRENA», ANTONIO CRUZ GARCÍA

Otro de los monstruos del cante flamenco y, además, cabecera de una larga relación genelógica, con los que instituyó «la casa de los Mairenas», formada por su padre, por él y por sus hermanos, *Curro Mairena* y *Manuel Mairena*, que no alcanzaron las alturas siderales de su hermano, pero que también recorrieron con dignidad el camino. Antonio nace en Mairena del Alcor, Sevilla, en 1909. De familia gitana asentada en Mairena en los tiempos de Carlos III y trabajando tradicionalmente en la fragua, fue ésta su primera escuela y el ambiente flamenco su primera atmósfera, y su primera aparición pública se produce aprovechado la visita a Mairena del gran bailaor *Faíco* y cantando un tango de *Pastora Imperio*, la cantaora más en boga en aquellos días. En 1924 se le concede el premio de ganador de un concurso celebrado en Alcalá de Guadaira, Sevilla, por un jurado en el que se encontraba *Joaquín el de la Paula*, el principal de sus primeros maestros, aunque su maestro fundamental, del que él se consideraba heredero, fue Manuel Torre. Su verdadero debut se produce en 1930 en el Kursaal Internacional, de Sevilla, acompañado por la guitarra de Javier Molina. Desde un balcón de la Tertulia Sevillana, que disponía de un local en la calle de las Sierpes, cantó unas saetas en la Semana Santa de 1933, y tanto gustó que fue paseado a hombros por los aficionados, entusiasmados. Aquel mismo año le conoce Carmen Amaya, quien le invita a cantar la canción de su película *María de la O*. En 1936 acude a un festival benéfico en su pueblo, con *Melchor de Marchena* a la guitarra; al día siguiente estalla la guerra civil española, durante la cual permanece en Sevilla, cantando siempre que tiene ocasión. En 1941, junto al guitarrista *Esteban de Sanlúcar* realiza grabaciones, figura en las compañías de *Juanita Reina* y de Pilar López, le contrata *Pastora Imperio* y actúa en Madrid con *Juanito Mojama*, José Cepero y otros muchos, en la venta La Capitana. En los años finales de la década de 1940 actuó en el espectáculo de Carmen Amaya, en el Teatro Fuencarral de Madrid, para luego participar en varias giras, recorriendo prácticamente el mundo entero. En el Concurso Nacional de Arte Flamenco, Córdoba, 1962, recibe la Llave de Oro del Cante, de manos de un jurado que le votó unánimemente, formado por Ricardo Molina, Aurelio Sellés y Juan Talega, entre otros, en el Alcázar de los Reyes Cristianos, y con este motivo, la Cátedra de Flamencología y Estudios Folclóricos Andaluces, de Jerez de la Frontera, de la que ya era Presidente Honorario

«ARCÁNGEL», FRANCISCO JOSÉ ARCÁNGEL RAMOS

Nació en Huelva en 1977. Debutó a muy temprana edad de la mano de *Niño Pura* y su hermano, el bailaor José Joaquín, y después con otras figuras del flamenco. Es uno de los jóvenes talentos del flamenco, y obtuvo un enorme éxito en la X Bienal de Sevilla; a partir de aquí su carrera ha sido imparable.

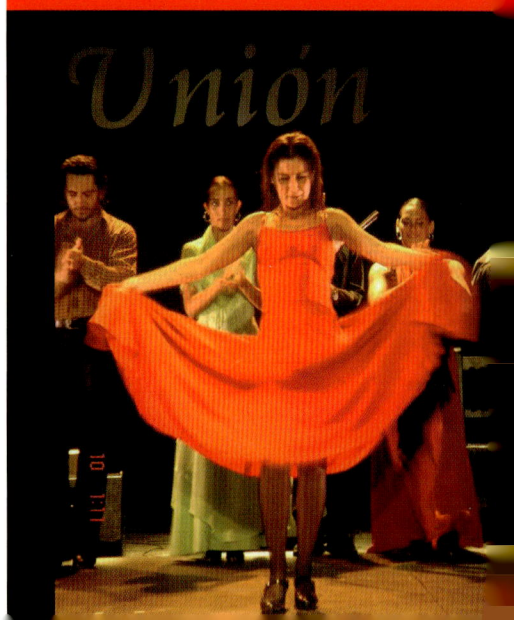

ANTONIO ORTEGA

Antonio Ortega nació en Mairena del Alcor en 1976. La tradición familiar le llevó a aficionarse por el cante, y con tan sólo doce años ganó el primer premio de saetas por *martinete* de la Peña Torres Macarena de Sevilla. Después de una etapa, en la que se retiró de los escenarios, volvió a participar con éxito en diferentes certámenes, y a realizar diversas actuaciones en solitario en los tablaos de Sevilla y Cádiz.

desde 1959, le organiza un magno homenaje, el primero de los que recibió en vida, en un festival al que acudieron las primeras figuras del Arte Flamenco y de la poesía. Siempre, pero más que nunca a partir de entonces, emprende acciones específicas encaminadas a la revalorización del cante flamenco, realizando una serie de grabaciones antológicas, y recibe gran cantidad de homenajes y de distinciones, que tienen su broche de oro con la Medalla del Trabajo y la Medalla de Oro de las Bellas Artes. En colaboración con Ricardo Molina publicó la obra *Mundo y formas del cante flamenco* y, en 1976, la Universidad de Sevilla publica el libro *Las confesiones de Antonio Mairena*, en edición a cargo de Alberto García Ulecia. Murió en Sevilla, ciudad de la que era hijo adoptivo, el día 5 de septiembre de 1983 y fue enterrado en su Mairena del Alcor, en presencia de una gran multitud y de las autoridades más importantes del momento, siéndole impuesta, a título póstumo la Medalla de Hijo Predilecto de Andalucía.

A PALO SECO. Cante sin acompañamiento de guitarra, sólo con la voz (en canción lírica se llama a capella).

▲ ANTONIO ORTEGA
(Véase arriba)

◄ «ARCÁNGEL», FRANCISCO JOSÉ ARCÁNGEL RAMOS
(Véase banda)

«AURELIO DE CÁDIZ», AURELIO SELLÉS NOMDEDEU

Nacido en Cádiz, el 4 de noviembre de 1887, en una familia en la que hubo veintidós hermanos, con un padre marinero que falleció cuando Aurelio apenas contaba con once años. De niño compartió la escuela con el aprendizaje de diversos oficios, pero lo que más tiraba de él entonces eran los toros y también el cante, con el que hacía algunas incursiones, aprovechando las fiestas que se organizaban tras los festejos taurinos. También intentó algún escarceo taurino participando en algunas novilladas, pero sin éxito alguno. Quiso ir a América pero el pasaje tenía un precio para él inalcanzable; se embarcó como polizón con dos coleguillas en vapor rumbo a México y al llegar a la altura de Cuba, llegó la noticia de la revolución mexicana, año de 1910, y se tuvieron que quedar en La Habana, en donde tras muchas penurias se toparon con un simpatizante de la causa española que les organizó diversas fiestas en las que obtuvo beneficios suficientes para regresar a casa incluso con ahorros, y con la decisión de dedicarse al cante y olvidarse de los toros. Vivió una vida plácida, tanto en su faceta privada como en la profesional, no era nada partidario de grandes reuniones y sí muy hogareño y muy afincado en su Cádiz, de donde sólo salía si le llamaban para algo muy importante. En los años 1925 y 1926 participó en una gira con *Pastora Imperio* pero no lo hizo nunca más; sí participó en la travesía inaugural del vapor español Covadonga y en los festejos que se organizaron con ocasión de la coronación de la reina Isabel II de Inglaterra. Además de su carácter eminentemente reservado tuvo una colección de manías, como por ejemplo la de negarse a entonar una saeta. A pesar de todo viajó bastante, pues era requerido para cantar pues su fama tiraba de él y le llamaban gentes con gran capacidad económica. Se le consideró portador de las malagueñas de *Enrique el Mellizo*, y no sólo en ellas sino en todos los estilos fue un insuperable maestro, especialmente en los más representativos del cante gaditano. Anselmo González Climent dejo dicho de él: «Es el cantaor más equilibrado del siglo». Formó parte del jurado en las cuatro primeras convocatorias del Concurso Nacional de Arte Flamenco de Córdoba y la Cátedra de Flamencología y Estudios Folclóricos Andaluces le concedió en 1965 el Premio Nacional de Cante. En 1955 se le tributó un homenaje en Cádiz y en 1964, también en Cádiz, se le dio su nombre a una calle. Falleció en Cádiz en 1974.

◀ AURORA VARGAS

Nacida en el barrio de la Macarena, debuta cantando tangos y *bulerías* en los tablaos Los Canasteros (Madrid) y Los Gallos (Sevilla). Fue nominada artista revelación en la IV Quincena de Arte Flamenco, celebrada en Sevilla, en 1996. Actúa en la IV edición de la Bienal de Arte Flamenco, junto a artistas como Bernarda de Utrera o *José Mercé*, entre otros. A partir de aquí, participa en numerosos espectáculos nacionales e internacionales, obteniendo un enorme éxito. Su voz, desgarrada y profunda, la convierte en una auténtica reina del cante gitano.

«BENI DE CÁDIZ», BENITO RODRÍGUEZ REY

Nacido en Cádiz, en 1929, fallece en Marbella en 1998. Comienza como bailaor integrado en distintas compañías y sobre todo en la de *Manolo Caracol* y *Lola Flores*. Como cantaor forma parte de los espectáculos de *Lola Flores* y del tablao madrileño Corral de la Morería en 1957, para ingresar en la compañía del Ballet de Pilar López, en la que permanece hasta 1959, fecha en la que enferma gravemente. Por iniciativa de la *Niña de los Peines* se le tributa en Jerez de la Frontera un grandioso homenaje en el que participan ella misma con su marido *Pepe Pinto*, Antonio Mairena, *Terremoto*, *El Güito* y otros muchos. Al año siguiente reaparece en el tablao El Duende, de Madrid, y luego actúa en el madrileño salón Villa Romana con Juanita Reina; recorre tablaos, especialmente los madrileños, e interviene en diversos festivales y en 1971 obtiene varios premios y el premio de honor en el Concurso de Arte Flamenco de Córdoba. Cambia de ciudad y en Sevilla recorre distintos tablaos y alcanza en 1976 el Premio Nacional de Cante, máximo galardón que otorga la Cátedra de Flamencología de Jerez de la Frontera, y destaca mucho su presencia, en 1984, en la III Bienal de Arte Flamenco Ciudad de Sevilla. Cantaor de amplísimo repertorio, ha realizado una muy extensa discografía. Artista excepcional, si bien, quizá, la profunda influencia de *Manolo Caracol* coartó un poco su personalidad.

«BERNARDA DE UTRERA», BERNARDA JIMÉNEZ PEÑA, en plena actuación durante la Bienal Flamenca Sevillana 2002.

▲ «BERNARDA DE UTRERA», BERNARDA JIMÉNEZ PEÑA

Nace en Utrera, Sevilla, como su nombre artístico denota, en 1927, nieta de *El Pinini* y hermana de *Fernanda de Utrera* y sostiene una larga etapa de cante en reuniones y en fiestas íntimas, lo cual en Utrera es algo más de un par de veces al año. Debuta como profesional en el Festival Sevillano de 1955, al lado de su hermana, con la que siempre ha seguido. En Madrid, forma parte del elenco del tablao Zambra y luego del Corral de la Morería, para ganar el premio a las *bulerías* en el Concurso Nacional de Arte Flamenco de 1957, en Córdoba. En la década de 1960 actúa en el tablao Las Brujas, en el cuadro del pabellón español de la Feria Mundial de Nueva York y es contratada por la compañía de Manuela Vargas, con la que recorre varios países europeos y africanos. Vuelve de nuevo a Madrid y actúa en Zambra y en Villa Rosa y destaca su intervención en la Cumbre Flamenca. Alcanza gran altura en los cantes festeros y en los más profundos destaca su *jondura* y sentimiento y su buen gusto compensa la menor fuerza de su voz. Compartiéndolo con su hermana obtuvo el Premio Nacional de Cante de la Cátedra de Flamencología y Estudios Folclóricos de Jerez de la Frontera. Últimamente actúa poco, siempre en su lugar de origen, pero siempre que lo hace, lo hace bien.

«BERNARDO EL DE LOS LOBITOS», BERNARDO ÁLVAREZ PÉREZ

Nacido en Alcalá de Guadaira en 1887, murió en Madrid en 1969. No fue nunca una figura de relumbrón pero sí una enciclopedia viva del cante y una voz llena de sentimiento, que hizo decir al crítico cordobés Agustín Gómez respecto de su arte: «Era la ternura del cante, el Azorín de la copla flamenca...». En 1954 intervino en la grabación de la *Antología del cante flamenco*, editada por Hispavox, que marcó un hito en el renacimiento del cante flamenco. En los primeros tiempos actuó en su pueblo bajo el nombre de el *Niño de Alcalá*, pero cuando empezó cantando por *bulerías* en Madrid adoptó el, en principio, extraño apodo con el que ha pasado a la historia, extraído de unas *bulerías* que en alguna parte oyó. Era un grandioso archivo, y a él se debe la conservación de cantes como *La Mariana* y otros que figuran en la citada Antología.

CALIXTO SÁNCHEZ

Mairena del Alcor (Sevilla), 1947. Nacido en un pueblo de gran tradición cantaora, desde niño practica en el bar que regentaba su padre. Participa en diversos concursos, y en 1972 gana el primer premio del concurso del Festival de Granada. En 1974 graba su primer disco y en la década de los 80 disputa el primer Giraldillo del Cante, junto a *Fosforito, Curro Malena* y *José de la Tomasa*, resultando vencedor. Desarrolla una importante labor didáctica, impartiendo cursos sobre cante en la Escuela de Magisterio de Sevilla y en otras escuelas. Tiene varios trabajos discográficos, y es una figura imprescindible en todos los espectáculos y certámenes importantes de flamenco a nivel nacional.

▲ «CAMARÓN DE LA ISLA», JOSÉ MONGE CRUZ

AGACHONAR.
Vocablo con el que juegan
los gitanos para referirse
al cante que no suena a
gitano o a gentes que no
pertenecen a su etnia.

A la gran figura del cante flamenco del siglo XX no le hizo falta vivir más tiempo: en el lapso transcurrido entre los mortales le sobró para dejar plasmada su impronta en las esencias. Vino al mundo en la Isla de San Fernando, en la provincia de Cádiz, el día cinco de diciembre de 1950, y pronto, al advertir los tintes rubios de su pelo, coronando los rasgos puramente gitanos de sus facciones y al intuir la magia que se escapa de su garganta, se le adjudica el apodo de *Camarón de la Isla*, apodo que hace de menos al rico marisco gaditano, al que hoy día nadie recuerda cuando escucha la palabra *Camarón*, pues la imagen que surge es la de José Monge entonando. Desde muy chiquito frecuenta las ventas próximas, especialmente la Venta de Vargas, acogedor lugar que le recibe con amor. Se hace profesional a los dieciséis años y acompaña a Miguel de los Reyes y a Dolores Vargas, para recalar en seguida en el madrileño tablao Torres Bermejas, tras lo cual graba su primer disco con *Paco de Lucía*, con el que alcanza la máxima popularidad y prestigio, y que le abre de par en par todas las puertas, le llaman de todos los lugares y, por supuesto, su cotización rebasa los máximos normales en el ámbito flamenco. Una vez alcanzada una cierta madurez y consciente de la importancia que ya ha alcanzado, comienza a introducir algunas modificaciones en su interpretación, que provocaron alguna tímida crítica de algún ultraortodoxo, pero no tuvieron mayor trascendencia porque nunca se apartó de los compases genuinos que tan bien conocía. No sólo se formó tras él una legión de imitadores y se empezó a hablar del *cante camaronero*, sino que los verdaderos aficionados también aumentaron en gran medida y se creó una nueva ola de seguidores contentos y convencidos. Su fusión con la guitarra alcanzó un grado sublime con *Paco de Lucía* y más adelante no fue menor la alcanzada con *Tomatito*, ni la perfecta conjunción alcanzada con *Paco Cepero*. Dolores Vargas, *la Chispa*, su mujer, habla de sus noches en blanco, escuchándose a sí mismo para pulir matices, o a sus cantante preferidos, entre los que se encontraban estilos tan diversos como *Raphael* y *Pink Floyd*. Ganó premios importantes, como el Premio Nacional de Cante de la Cátedra de Flamencología y Estudios Folclóricos Andaluces, de Jerez de la Frontera o el de Mairena del Alcor. Pero el verdadero aluvión de premios no cesó con su muerte y en el año 2000 la Junta de Andalucía le otorgó, a título póstumo, la Llave de Oro del Cante. No quiso ser del todo consciente de su estado; murió en Badalona, Barcelona, en 1992.

«CANALEJAS DE PUERTO REAL», JUAN PÉREZ SÁNCHEZ

Nacido en Puerto Real, de donde toma su sonoro nombre artístico, en 1905, fallece en Jaén, en 1966. En sus primeras actuaciones busca localidades en los alrededores de su domicilio, en Cádiz, en San Fernando, pero nada satisfecho de sus resultados, se embarca de polizón en un barco y aparece en Barcelona, en donde sigue peleando con la vida, hasta que empieza a ganar algo de popularidad, hacia 1932, y poco después pasa a Valencia y pronto a Madrid, donde se presenta en el Circo Price, logrando sus primeros éxitos sonoros. Era el año 1934, y después del Price inicia una gira importante, con la *Niña de los Peines* y con *Pepe Marchena*, gira en la que se le anuncia con *Rocío*, obra de su creación. Luego se dedicó con preferencia a la *ópera flamenca*, disminuyendo notablemente su entrega y sus logros. Muchos años después se presentó a diversos concursos ganando premios como el obtenido en el Concurso Nacional de Córdoba, premio a los cantes de Levante, o los obtenidos en el Festival Nacional del Cante de las Minas. Fue un gran intérprete del fandango y de los aires de Levante.

«CARMEN LINARES», CARMEN PACHECO RODRÍGUEZ

Nacida en Linares en 1951, hija del guitarrista Antonio Pacheco, que le facilita la introducción en el mundillo del cante y del baile, primero en su ciudad y desde 1965 en Madrid. Actúa por vez primera a las órdenes de *Manolo el Sevillano,* en la ciudad francesa de Biarritz. Formando parte de la compañía de *Fosforito* realiza una gira por el sur de Francia y poco después graba su primer disco, con *Juan Habichuela* a la guitarra, siendo luego contratada para diversas actuaciones por Italia, Francia y Estados Unidos. En 1972, junto al *Camarón, José Mercé* y otros ingresa en el elenco del madrileño Torres Bermejas para, en 1974, emprender una gira por Japón junto con Merche Esmeralda y Luis Habichuela. Finalizada esa gira ingresa en el Café de Chinitas donde, durante dos años, alterna con Enrique Morente, entre otros. En el Festival Nacional del Cante de las Minas de 1978 obtiene el primer Premio de Cantes Andaluces. Con el papel estelar de *Mariana Pineda,* estrena en el teatro de la Comedia de Madrid la obra de Martín Recuerda, con música de Enrique Morente, *Las arrecogías del beaterio de Santa María Egipcíaca,* en 1981; interpreta asimismo *Los Tarantos,* de Alfredo Mañas, en el Reina Victoria de Madrid. Tiene Carmen, que no es gitana, una voz rota y profunda típica de los cantaores y cantaoras gitanos. Obtiene éxitos allá por donde va y, al día de hoy, disfruta de una espléndida madurez.

CARMEN PACHECO
Nació en Linares (Jaén) en 1951. Desde niña estuvo en contacto con la tradición flamenca, y se formó en los tablaos de Madrid. Gran cantaora, domina todos los estilos.

► «CHANO LOBATO», JUAN RAMÍREZ SARABIA

Lugar de nacimiento, el barrio de Santa María de Cádiz, en el poético año de 1927, iniciando sus primeros escarceos por los locales y reuniones de su ciudad natal. Luego se trasladó a Madrid participando en los cuadros del local Villa Rosa, para a continuación y durante largo tiempo formar parte del ballet de Alejandro Vega; siempre cantando para bailaores pasó después a Sevilla y, en 1953, ganó un concurso de alegrías celebrado en Cádiz. Volvió a Madrid y luego acompañó a Manuela Vargas en giras por Europa. Después, y durante veinte años, recorrió el mundo arriba y abajo, formando parte de la compañía del bailarín *Antonio*. Después, una vez más en Sevilla forma parte del espectáculo de la bailaora Matilde Coral, y en 1974 obtiene el reconocimiento de todo el mundo flamenco al serle concedido el Premio Enrique el Mellizo en el Concurso Nacional de Córdoba. Un homenaje, y la imposición de su medalla de oro, le tributa la tertulia flamenca El Gallo de Morón de la Frontera. También se le otorga el muy importante Premio Compás del Cante en 1986. Ha sido, y todavía lo es en gran medida, una de las principales figuras en los festivales flamencos andaluces y cantaor reclamado por los públicos, por su voz que lleva toda la gracia y el salero gaditanos y por su personalidad que hace vibrar de emoción. Guarda profunda admiración por el cante y por la figura de Antonio Mairena, pero quien realmente le influyó en muchos de los palos fue *Manolo Caracol* que le marcó con su forma de interpretar.

Apuntar.
Cantar por lo bajito, llamando al cantaor, o entonar un cante sin lanzarse, pero sabiendo lo que se canta.

▼ CURRO FERNÁNDEZ

Sevilla, 1941. Destaca desde muy joven como cantaor en los tablaos sevillanos. En 1968 entró a formar parte del cuadro artístico de *La Contrahecha* y, poste-

Actuación de la familia de «CURRO FERNÁNDEZ» durante la Bienal de 2002.

ARABESCO.

En el cante, son adornos

que introduce el cantaor

en la melodía; en el baile

es la posición de los

dedos separados de la

bailaora antes de dibujar

el compás en el aire.

riormente, al de Manuela Vargas. Está casado con una hija de Quintín Vargas, descendiente de los *Balcanes* de Lebrija, así pues en sus hijos, que ya han alcanzado una gran fama, se mezclan las sangres de Triana y Lebrija, formando todos ellos la denominada «familia Fernández».

«DIEGO EL CIGALA», DIEGO JIMÉNEZ SALAZAR

Nace en Madrid, en 1968, en el barrio de El Rastro, donde se cría y comienza sus primeros escarceos de cantaor, estimulado por el parentesco con su tío *Rafael Farina*. El nombre artístico se lo puso nada menos que el *Camarón de la Isla*. No tenía más que doce añitos cuando gana el Primer Premio del Certamen del Flamenco Joven, de Getafe, y otro en el Concurso Gente Joven, de Televisión Española. Empieza a cantar como acompañamiento del baile, que le piden bailaores de la máxima talla, como Cristóbal Reyes, Manuel Camacho o *El Güito*. También le reclaman tocaores de la categoría de *Tomatito* o Vicente Amigo como cantaor para diversas grabaciones. En 1994 inicia su carrera en solitario, para lo que cuenta con guitarristas como el *Paquete* y *Tomatito* y, tras la publicación de su disco *Entre vareta y canasta* le acompaña habitualmente a la guitarra el *Niño Josele*. En unas declaraciones realizadas en 2000, Juanito Valderrama lE pronostica un brillante futuro.

Después del disco titulado *Corren tiempos de alegría*, publicado en 2001, el 25 de julio de 2002, dentro del Festival de Verano del Teatro Real de Madrid, se presentó un programa llamado *Noche Gitana*, dentro del que, además de la actuación de la bailaora sevillana Manuela Carrasco, Diego, acompañado del toque del *Niño Josele*, realizó un espléndido recital de voz y guitarra, sin otro acompañamiento. Actualmente prepara una *Antología del Cante* con su guitarrista ya habitual y con el compositor Javier Limón. Todo hace suponer que los éxitos se sucederán.

«DIEGO EL MARRURRO»

Aunque se le considera uno de los grandes, casi no hay referencias escritas, poquísimas documentales y por supuesto ninguna grabación, pues aún faltaba un tiempo para que apareciera el fonógrafo. Así pues, todo queda en que nació y vivió en el siglo XIX, y en que fue un gran intérprete de *seguirillas*; sin datos fidedignos, algunos suponen que fue el precursor artístico de Manuel Torre y parece que una de sus características cantaoras eran dos gemidos, dos lamentos reprimidos que no acaban por brotar, musicalmente no serían dos notas que gimen, sino dos *gemíos que cantan*. La bailaora Rosa Durán aseguraba ser nieta suya.

▲ «EL CHOCOLATE», ANTONIO NÚÑEZ MONTOYA

«EL CIEGO DE LA PLAYA», FRANCISCO SEGURA

y guitarrista almeriense, precursor de los que pasado el tiempo se habrían de llamar «cantes de Almería», se apartó de la línea de *Juan Breva* quedando más cerca de los actuales cantes levantinos. Sus fechas de nacimiento y defunción no están del todo claras, como la mayoría de las circunstancias de su vida, pero es probable que naciera en 1840 y murió el 7 de agosto de 1925, en Almería, donde había nacido. También fue conocido como *Frasquito el Ciego*, y conoció a D. Antonio Chacón, a quien transmitió alguno de sus *verdiales* con aires mineros y con tonos levantinos. Fue poeta y mendigo y se arrastró por las tabernas mendigando y vendiendo su cante por unas monedas. Una letra que se le atribuye, que cantaron Juan Breva primero y la *Niña de los Peines* después, es la que dice:

Un céntimo le di a un ciego,
y me bendijo mi madre...
qué limosna tan chiquita
p'a recompensa tan grande.

«EL CHOCOLATE», ANTONIO NÚÑEZ MONTOYA

Nace en Jerez de la Frontera, Cádiz, en 1931, y desde muy niño deambula por las ventas de las afueras sevillanas y por los locales de la Alameda de Hércules, también sevillana, y también cantaba en los trenes que iban a Huelva o a Alcalá de Guadaira, pasando mil sufrimientos y sinsabores, hasta que un buen día logró ganar sus primeros cinco duros en un local de la Alameda de Hércules. Después de bastantes actuaciones marcadas por el éxito, debutó en el Casino de la Exposición en Sevilla, con un fijo diario digno de mención, sesenta pesetas.

Su trayectoria profesional la ha desarrollado participando en todos los festivales andaluces de importancia y en numerosos recitales en peñas flamencas y en centros culturales, junto a una aportación discográfica muy interesante y muy valiosa. Ha recibido gran cantidad de premios y galardones, entre ellos, el Premio Nacional de Cante, otorgado en 1969 por la Cátedra de Flamencología y Estudios Folclóricos Andaluces, o el II Premio Giraldillo del Cante, ganado en 1986, en la IV Bienal de Sevilla. A raíz de la concesión del Giraldillo, el poeta y flamencólogo Manuel Ríos Ruiz dijo de él: «Es una voz *torrera, manueltorrera*; pero con un deje personalísimo que la distingue en el ámbito cada vez más enriquecido del panorama del cante flamenco».

CAMBIO.
*Copla que se canta como
final de una serie del
mismo estilo pero con el
tono cambiado para
señalar el final, antes de
comenzar con otro cante.*

«EL FILLO», FRANCISCO ORTEGA VARGAS

Casi legendario , natural de Puerto Real, Cádiz, y fallecido en Sevilla, en 1878. Fue hermano de Curro Pabla y de Juan Encueros y tío y maestro de *El Nitri*, así como también ejerció su magisterio con Silverio Franconetti. Discípulo de *El Planeta*, ambos son mencionados por el escritor Serafín Estébanez Calderón en su obra *Escenas andaluzas*, en un pasaje referido al año 1838, en el que describe las figuras de ambos es de forma refrendada por el pintor Francisco Lameyer que en una ilustración realizada para tal obra en la que *El Fillo* aparece con una especie de gorrilla militar, unos zapatillos sin calcetines y una estrecha camisilla y, junto a él, *El Planeta* porta una guitarra. *Demófilo* se refiere en muchas ocasiones a *El Fillo* del que dice, entre otras muchas cosas, que «ha sido, quizá, el que ha alcanzado entre todos mayor fama». Parece que siendo aún muy joven se trasladó a Triana, la capital del flamenco de entonces, donde le fue más fácil cultivar su cante; en Triana conoció a *El Planeta*, del que fue discípulo. Fue el primer que cobró dinero por cantar, él y su maestro debieron ser los precursores del profesionalismo; sus seguidillas quedaron citadas en *La Feria de Sevilla*, de Gustavo Adolfo Bécquer y su voz peculiar, al parecer ronca y cortada, pasa a la historia, llamándose voz afillá a la de semejantes características.

«EL GALLINA», RAFAEL ROMERO

Una muy popular canción, que Rafael cantaba continuamente, *La gallina papanata*, es el origen de su nombre artístico. Nace Rafael en Andújar, provincia de Jaén, en 1910, para morir en el mismo lugar en 1990. Hacia la década de 1940, se afincó en Madrid frecuentando los tablaos madrileños, hasta ingresar en el Zambra, en el que permaneció hasta su cierre. Se le considera sucesor de un mítico, José Yllanda, rescatando todos los cantes antiguos de la tierra, poniendo en primera fila a la taranta. En 1973 le concedió el Premio Nacional de Cante, la Cátedra de Flamencología y Estudios Folclóricos Andaluces. Pasa a la historia del cante como el más dulce, el que cantaba construyendo la copla como un delicado monumento, como un rito gregoriano. Acompañado a la guitarra por *Perico el del Lunar*, dejó unas peteneras inmortales. Participó en las películas *Brindis a Manolete* y *El llanto de un bandido*, entre otras.

«EL GLORIA», RAFAEL RAMOS ANTÚNEZ

También conocido por *Niño Gloria*, su sobrenombre procede del estribillo de un conocido villancico en el que se reitera la palabra *gloria*, nace en Jerez de la Frontera, Cádiz, en 1893, viniendo a morir en Sevilla, en 1954. De niño y de muy jovencito alternó el laboreo diario del campo con las reuniones de aficionados y poco después se trasladó a Sevilla para empezar a actuar, alternando con las figu-

«EL LEBRIJANO», JUAN PEÑA FERNÁNDEZ

Natural de Lebrija, Sevilla, y nacido en 1941, hijo de *La Perrata*, de la dinastía del *Perrate de Utrera*. Sus inicios fueron sencillos, pero fueron como guitarrista, en unión de *Paco Cepero*, acompañando en sus actuaciones a la *Paquera de Jerez*; contaba entonces con dieciséis años. Como cantaor comenzó en el local El Guajiro, de Sevilla, y de aquí pasó a Madrid, contratado por la misma empresa y permaneció muchos años. Permanece en el ballet de *Antonio Gades*, con cuya compañía recorre Europa y América, y luego, a partir de 1970, actúa en los principales festivales andaluces, en selectas peñas flamencas y en diversos centros culturales, ganando premios importantes, como el del Concurso de Mairena del Alcor, o el Premio *El Gloria*, en el Festival de la Bulería en Jerez de la Frontera. En 1979 comienza el estreno de diversos espectáculos, consecuencia de la mentalidad innovadora de su autor, que se resiste a ceñirse a las normas encorsetadas de los puristas rigurosos; *Persecución* es un drama flamenco basado en la historia negra de los gitanos; *Ven y sígueme, ópera flamenca* con música de Manolo Sanlúcar; *Encuentros,* búsqueda prospectiva del punto de encuentro del flamenco con la música árabe-andaluza; *¡Tierra!,* compuesta con motivo de las Fiestas del V Centenario del Descubrimiento, del que da una oportuna ojeada flamenca. Es una de la voces con más proyección de las actuales, que junto a sus profundos conocimientos de todos los estilos interpretativos y a sus muy apreciables cualidades didácticas hacen de él un gran maestro. La última ocasión, por el momento, en que hizo las delicias del auditorio ha sido en el III Festival Mundial de Flamenco, celebrado en Marbella, en diciembre de 2003.

ras más significativas de su época, en los principales cafés cantantes de entonces. Luego se enroló en diferentes compañías, recorriendo España junto a figuras de la talla de D. Antonio Chacón, Manuel Torre o Pastora Pavón. Actuó en Madrid en los años de la década de 1920, en el Kursaal Imperial y en el Cine Monumental. Forma parte del espectáculo *Las calles de Cádiz,* junto a figuras de la importancia de *La Macarrona* o Pilar López. En Sevilla le da un buen impulso a la saeta, en los desfiles procesionales de Semana Santa, siendo un elemento fijo en los balcones; fue también asiduo de las reuniones de los buenos aficionados de las peñas sevillanas. Hombre de muy amplio repertorio que dejó plasmado en una discografía también muy amplia que por fortuna podemos hoy disfrutar. No tuvo demasiado buen reflejo en los cronistas y flamencólogos, que le prestaron muy poca atención o simplemente le ignoraron. De él nos han quedado las *bulerías* y las saetas, entre otras muchas cosas.

◀ **«EL LEBRIJANO», JUAN PEÑA FERNÁNDEZ**
   (Véase banda)

«EL NITRI», TOMÁS DE VARGAS SUÁREZ

De este son legendarios hasta su nacimiento y su muerte, pues tanto de uno como de otra los datos son confusos y contradictorios. Probablemente nació en 1850 en el Puerto de Santa María, quizá en Jerez o en Cádiz, siendo sobrino de *El Fillo* y dentro de una familia de fuertes implicaciones flamencas. Más polémica aún es la fecha de su muerte, absolutamente indeterminada, que va desde su muerte prematura debida a su mala salud inherente a su adicción a la bebida y acaecida a los treinta años, que es la versión más fiable, a quienes le llevan hasta la ancianidad. También es objeto de controversias la fecha en la que le fue entregado el primer trofeo La Llave de Oro del Cante aunque todo apunta a que tal entrega se produce en el año 1868 en el Café Sin Techo de Málaga. Pasa a la historia como persona bohemia e introvertida, origen de mil anécdotas sobre situaciones estrafalarias de entre las que una ciertamente conocida es su negativa vitalicia a cantar en presencia de Silverio Franconetti «para que no aprendiera los cantes de *El Fillo*», cantes que conocía por muchos caminos diferentes y que, de hecho, tenía incorporados a su repertorio. Vivió su infancia en Cádiz y también residió en Alcalá de Guadaira. Su arte se cimentó en las enseñanzas de su tío *El Fillo*, por tanto con una profunda raigambre *trianera*, y pasa a la historia como un especializado y su evidente especialidad las *seguiriyas* que junto con las *tonás*, constituyen la totalidad de su legado histórico.

◀ «EL PELE», MANUEL MORENO MAYA
(Véase banda).

«EL PESCAÍLLA», ANTONIO GONZÁLEZ BATISTA

Nació en Barcelona en 1926. De su trayectoria vital cabe registrar que en 1955 contrajo matrimonio por el rito gitano con Dolores Amaya, con la que tuvo una hija, Toñi, dejando abandonadas a ambas para casarse con *Lola Flores,* en octubre de 1957, punto de partida de una nueva vida en la que su eje central y prácticamente único fue la devota dedicación a su mujer y a sus tres hijos. La fuerte personalidad y el carisma artístico de *Lola,* la turbulencia de su devenir y los múltiples conflictos en los que se vio envuelta, envolvieron la personalidad del marido que, con un amor profundo, desinteresado y duradero, se quitó de en medio y se dedicó a seguir y a apoyar los avatares de *La Faraona,* abandonando prácticamente su vida artística, limitándola a revisar algunos arreglos, siempre lejos del escenario. Pero en su vida artística activa sí dejó notables huellas; muchos le consideran el inventor de la rumba española y probablemente tienen razón y en cualquier caso sí fue uno de los compositores e intérpretes más significativos que le dio un absoluto aire flamenco y una cadencia única. Gitano catalán, tocaor y , fue un genuino intérprete de la rumba catalana, aunque su enorme popularidad se debió a *Peret*, quien la paseó y la

«EL PELE», MANUEL MORENO MAYA

Gitano de pura raza, nace en Córdoba en 1954 y se inicia, como tantos otros, en las reuniones de las peñas de su ciudad y se revela al máximo nivel ganando, en 1969, el premio Cayetano Muriel en el Concurso de Arte Flamenco celebrado en Cabra y, en 1970, el denominado Melón de Oro, obtenido en el Festival de Montalbán. Con ambos triunfos en el bolsillo, comienza su carrera triunfal por las peñas y los festivales andaluces, consiguiendo los premios La Serneta y Pastora Pavón, por soleares y *bulerías*, en el Concurso Nacional de Arte Flamenco, de 1983, en Córdoba. El crítico Agustín Gómez dice que «tiene una voz caliente de cobre viejo y un fino instinto para el compás». Es sin duda uno de los valores flamencos consagrados y en plena sazón.

interpretó con profusión. Murió en Madrid, el 12 de noviembre de 1999, acompañado por su hija *Rosario*.

«EL PIYAYO», RAFAEL FLORES NIETO

Inmortalizado por su trayectoria artística, pero también por el famoso poema de José Carlos de Luna a él dedicado, aunque no está nada clara la dedicatoria, *El Piyayo*, nació en Málaga, en 1864, y murió en 1940. Se dedicó al flamenco simultaneándolo con la venta de artículos variados, de forma ambulante. Lo poco que se sabe de él se debe a su supuesto biógrafo, Eusebio Rioja, que cuenta que su importante aportación al cante se debe fundamentalmente a unos tanguillos que se conocen con su nombre, cantes de *El Piyayo*; su aportación incluye referencias a Cuba y a situaciones carcelarias o de extremada pobreza, de las que se deduce que pudo estar en la guerra de Cuba y, probablemente en prisión. En cualquier caso, su vida no fue fácil ni cómoda y mueve a meditar en los versos del poema: «… a mí me da pena, y me causa un respeto imponente…».

«EL PLANETA»

Pocas referencias se tienen de él, aunque son muy concretas y salieron de plumas muy ilustres. Estébanez Calderón lo cita en sus *Escenas andaluzas*, obra que se editó en 1847, describiendo una de sus actuaciones. Luego *Demófilo* en su *Colección de cantes flamencos* le cita reiteradamente, da por supuesta su naturaleza gaditana y transcribe una *seguiriya*, que desenterró Manuel Torre llamándola «*seguiriya* primitiva» en una grabación y, más recientemente, Antonio Mairena la cantó, denominándola «de *El Planeta*». De *El Planeta* existe un retrato, realizado por Francisco Lameyer. En el plano biográfico, Fernando Quiñónez,

CAMPANILLEROS.
Cante muy popular que
se interpreta durante el
rosario de la Aurora y
que son canciones de
origen religioso andaluz,
aflamencadas en su
ejecución.

quien le menciona, le asocia con *El Fillo* y supone se desplazó a Sevilla desde su tierra gaditana. Dice García Matos que son los únicos casos de es antiguos cuya fama ha trascendido y el único, *El Fillo*, cuyo estilo de *seguiriyas* ha podido ser, más o menos, rescatado. En el diario madrileño *La Nación* se dice, en el número de 25 de febrero de 1853, «se habla de la próxima venida de *El Planeta* y de *María la Borrica*, celebridades bien conocidas en el barrio de Triana». En todo caso, es evidente que fue un famoso en su tiempo y que probablemente vivió a caballo de los siglos XVIII y XIX.

«EL SORDERA», MANUEL SOTO MONJE

Manuel Soto nació en 1927 en Jerez de la Frontera, y le debe el sobrenombre a la sordera de su abuelo. Nacido cerca de la cuna del flamenco, emparentado por todas partes con puntos señeros y siguiendo por el mismo camino con su descendencia, sus inicios, naturalmente jerezanos, aparte de familiares, tuvieron como escenario el Café Plata y Oro, junto a otros coetáneos, para ganar en 1945 el premio de saetas, siguiendo dedicado a fiestas y reuniones y a los locales de Jerez y alrededores, pasando en 1953 al sevillano Café El Guajiro y ganando en 1958 el concurso organizado por el tablao La Cueva del Pájaro Azul, de Cádiz. A continuación se integra en las compañías de *María Rosa*, primero, y después en la de Manuela Vargas, con las que recorre España y países del resto del mundo, para después realizar sus primeras grabaciones y trabajar en los tablaos madrileños El Duende, Los Canasteros y Las Brujas. Se inicia una nueva etapa de su vida artística al ganar la Copa Jerez, concedida por la Cátedra de Flamencología y Estudios Folclóricos Andaluces y graba un disco en solitario, emprendiendo su participación en los principales festivales andaluces. Gana en 1983 el Premio Nacional de Cante de la Cátedra de Flamencología y en 1984 obtiene un grandísimo éxito en el Teatro Alcalá Palace, de Madrid, en el seno de los Festivales de la Cumbre Flamenca. Glosa Juan de la Plata el cante del *Sordera:* «Los fandangos de su paisano *El Gloria* los borda Manuel Soto, igual que las *bulerías* de la calle Nueva y de la calle Cantarería, del barrio de Santiago de Jerez». Murió en 2001.

«EL SORDERA», VICENTE SOTO

Nace en el barrio de Santiago, de Jerez de la Frontera, Cádiz, en el seno de familia de muy recia raigambre flamenca, con gran cantidad de antepasados históricos, terminando con su padre Manuel, y continuando con sus hermanos, entre los que destaca José Soto, *Sorderita*, uno de los creadores de *Ketama*. De niño alterna la guitarra con el cante, decidiendo después ser . Comienza sus actuaciones en Madrid por los distintos tablaos y, acompañando a muy primeros bailarines y bailaores, como *Antonio Gades* o Manuela Vargas, en escenarios tan importantes como el Teatro Scala de Milán, el Comunalle de Roma, el Teatro de las Naciones de París o el Avenida de Buenos Aires. Hace giras por Estados Unidos, Canadá y Japón, en donde reside todo el año 1984. Ha grabado discos importantes, obtenido premios muy significativos y cantado a poetas grandes de la literatura española.

«ENRIQUE EL MELLIZO», ENRIQUE JIMÉNEZ FERNÁNDEZ

Padre de una larga dinastía flamenca, aunque ninguno haya llegado a alcanzar su altura, Enrique nace en Cádiz, en 1848 y, prácticamente sin salir de la ciudad, muere en 1906, sin que la aún no inventada discografía nos pueda dar el testimonio de la historia. Además de su dedicación al cante, su vida transcurrió cerca del mundillo de los toros, por su oficio de matarife y por sus apariciones como puntillero en las plazas de toros, sobre todo actuando en la cuadrilla de su buen amigo, el matador Manuel Hermosilla, o como banderillero, con los toreros *El Lavi* y *El Marinero*. Su vida a transcurrió sobre todo en reuniones de aficionados y en fiestas particulares, aunque también frecuentó los cafés cantantes de la localidad, como La Jardinera, La Filipina o El Perejil. Parece que fue el descubridor de D. Antonio Chacón, al escucharle cantar en una fiesta en Jerez de la Frontera, dada con ocasión de un triunfo taurino de Hermosilla, el que le recomendó para que cantara con él en una velada en Cádiz. Fue uno de los es de mayor creatividad de entre los de su tiempo, su fama se extendió por toda Andalucía, pese a que él apenas salió de Cádiz en su vida y pese a que no existía el disco grabado; lo cantó prácticamente todo, aunque sobresalió su personal malagueña y su interpretación de los *tientos*, basada en los cantes de *El Marrurro*. Fue un hombre extraño e introvertido, se le podía ver introducirse en una iglesia solitaria a escuchar la música del órgano, sones que quizá, de alguna forma, introducía después en su cante.

▶ ENRIQUE MORENTE COTELO

Uno de los flamencólogos más eruditos y que más y mejor conocen el quehacer y el devenir del Arte Famenco, Manuel Ríos Ruiz, de Enrique Morente ha dicho: «Ha inventado el cante del siglo XXI». Como somera reseña de quien ya se han publicado varios libros y otros muchos se publicarán, se debe

ENRIQUE MORENTE, uno de los grandes cantaores de todos los tiempos, y auténtica revolución del flamenco.

decir que nació en Granada, en 1942. Desde muy joven comenzó a destacar como en Madrid, en donde cultivó las relaciones y el magisterio de *Pepe el de la Matrona*, de *Bernardo el de los Lobitos* y de otras primerísimas figuras. Desde 1964, año en que le contrata el Bballet de Mariemma para actuar en el pabellón español de la Feria Mundial de Nueva York y en la Embajada de España en Washington, la historia de su vida es una sucesión ininterrumpida de grandes actuaciones, de notables discos grabados, de premios recibidos y de alegrías y sinsabores experimentados. Su objetivo fundamental de renovación del cante, de búsqueda de raíces y de conexiones, de introducción de los grandes poetas en las letras de las coplas, de creación de música para la escena, de promoción y lanzamiento de los jóvenes valores, todo esto ha producido cierto rechazo por parte de los supuestamente guardianes de la ortodoxia y ha tenido que soportar las amarguras de la crítica injusta y malencarada; pero pese a todo su arte ha prevalecido de largo y de ancho, y al día de hoy es la personalidad más influyente en la perspectiva del flamenco profesional. En la conmemoración del centenario del nacimiento de D. Antonio Chacón, 1969, actúa en el Teatro Villamarta de Jerez y recibe una Medalla de Honor, luego grabó un disco de homenaje, en el que se ciñó a la más rigurosa ortodoxia, que le valió un premio más. En 1970 es el primer flamenco en actuar en el Ateneo de Madrid, ilustrando una conferencia de Manuel Ríos Ruiz. En 1972 recibe el Premio Nacional de Cante y en 1983 participa en Orihuela en el homenaje popular a Miguel Hernández; en 1986 interpreta en el Teatro Real de Madrid, con la Orquesta Sinfónica de Madrid y la guitarra de *Juan Habichuela* el concierto *Fantasía de cante jondo para voz y orquesta*, obra original de Antonio Robledo; este concierto lo interpreta al año siguiente en la Mezquita de Córdoba. Recibe en 1998 el Premio Nacional de Música y en 2001, su hija Estrella publica su disco *Mi cante y un poema*.

◀ ESTRELLA MORENTE CARBONELL

De payo, Enrique, y gitana, Aurora, nace en Granada Estrella, en 1980. Como quien dice, acaba de nacer, pero ya tiene una biografía como la de un profesional en el vértice de su carrera. Ahora bien, para ser una gran estrella del Arte Flamenco no basta con nacer en donde hierve el caldero, no basta el beneplácito de todo el que te rodea, no basta el que te conduzcan

CANTE AD LIBITUM.
Cante ejecutado al aire del cantaor, sin ajustarse a ningún compás. Según el Diccionario de la Academia es «A gusto, a voluntad».

hacia una madurez deslumbrante, no basta con un padre y una madre y unos tíos y unos abuelos ansiosos, no basta, no, hacen falta otras cosas que se pueden también aportar sin tantas facilidades, hace falta una vocación decidida, hace falta un trabajo incansable, hacen falta horas y horas de ensayo y preparación, hace falta escuchar a todos pero decidir en solitario y, en el Arte Flamenco, hace falta lo que no se aprende, ni se compra, lo que tuvo Mozart y de lo que careció Salieri, hace falta ¿no lo crees, Federico? Hace falta el *duende*. Estrella lo tiene, pero probablemente le falta tiempo de maduración, le faltan años. A los siete años canta acompañada a la guitarra por el maestro *Sabicas*, y a los dieciséis se presenta ante el mundo entero en la gala de presentación de los Campeonatos de Esquí Alpino, en Sierra Nevada. Canta con *Chano Lobato* y *Juan Habichuela*, ha cantado sevillanas para la película *Sobreviviré* y participado con Carlos Saura en *Buñuel y la mesa del Rey Salomón* cantando *Los cuatro muleros*. Debutó como solista en la Peña de la Platería, de Granada, e intervino en el Festival de Fuentevaqueros en homenaje a García Lorca, y en el acto de hermanamiento de Granada con Friburgo. En 2001 publicó su disco *Mi cante y un poema*, lanzado bajo el sello de Peter Gabriel. Quizá su matrimonio con el torero Javier Conde y el nacimiento de su primer hijo, Curro, la han mantenido algo apartada de los círculos públicos, pero se espera su reaparición. Ella admira a la *Niña de los Peines*, a quien todo el mundo considera la mejor. Pero Picasso nunca imitó a Goya. El 2 de junio de 2004, en el Patio de los Aljibes de Granada, donde en 1922 se celebró el legendario I Concurso de Cante Jondo, bajo la dirección de Enrique Morente y dedicado a la herencia musical de la *Niña de los Peines*, presentó el gran espectáculo titulado *Pastora 1922*.

ESPERANZA FERNÁNDEZ

Nació en Sevilla en 1966. Procedente de una familia gitana de fuerte tradición flamenca, posee unas grandes cualidades para el cante. Su gran versatilidad le ha permitido participar en espectáculos de diferentes estilos y características.

◄ EZEQUIEL BENÍTEZ

Ezequiel Benítez nació en el barrio de Santiago de Jerez de la Frontera en 1979. Desde muy niño estuvo en contacto con el flamenco, y empezó a debutar en solitario siendo muy joven. En 1997 ganó el Primer Premio de Jóvenes Valores de Jerez, y en 1999 consiguió el Yunque flamenco de Cataluña. De pura raigambre jerezana, está abierto a otras variantes dentro del cante flamenco.

Cante campero.
Se denominan así todos
los cantes de origen
campero, como los
fandangos regionales y
todos los que llevan un
nombre relacionado con
las faenas agrícolas.

«FERNANDA DE UTRERA», FERNANDA JIMÉNEZ PEÑA

Nacida poco antes que su hermana, también en Utrera, Sevilla, en 1923, nieta de *El Pinini* y hermana de *Bernarda de Utrera*. Actúa en el no pequeño círculo utrerense en fiestas y reuniones y rara vez cara al público, presentándose realmente en 1955 en los festivales de Sevilla, y en 1957 la contratan primero Zambra y luego el Corral de la Morería, ambos de Madrid, y este mismo año obtuvo el premio de soleares y *bulerías* en el Concurso Nacional de Arte Flamenco de Córdoba. En 1962 inaugura el madrileño tablao Las Brujas y permanece allí dos años. Canta en el pabellón español de la Feria Mundial de Nueva York y después se integra en la compañía de Manuela Vargas para recorrer Europa y parte de África. Después recala en los tablaos madrileños durante muchos años, alternándolos con los diversos festivales andaluces. Ha obtenido premios en muy variados lugares, destacando el Concurso de Mairena de Alcor y el Premio Nacional de Cante de la Cátedra de Flamencología de Jerez de la Frontera, premio compartido con su hermana, como compartió el homenaje dedicado por el festival del *Potaje Gitano* en su Utrera natal, con la intervención de las primeras figuras. En 1986 obtuvo un gran éxito en Nueva York con el espectáculo *Flamenco Puro* con un elenco de primerísimas figuras; entre el público de esta función se encontraba un día la reina de España. Casi retirada, a su avanzada edad, actúa de vez en cuando en Utrera, siempre ante un público jubiloso. En el cante de Fernanda se escapan los *soníos negros*, que decía Manuel Torre.

► «FERNANDO TERREMOTO», FERNANDO FERNÁNDEZ PANTOJA
(Véase página siguiente).

Nace en Jerez de la Frontera en 1970, hijo de su legendario padre, de quien hereda el nombre artístico. Como su padre, comenzó con el toque, pero pronto se decantó por el cante y con él debutó en la Peña de D. Antonio Chacón, de Jerez, acompañado a la guitarra por su primo *Moraíto chico*; desde aquí recorre Andalucía por peñas y festivales y luego va a Madrid, contratado por Zambra, en don-

de alterna con muchas de las primeras figuras del momento. En 1992, año importante por la Expo de Sevilla, en la que actúa con el espectáculo *Arco de Santiago*, para dos años después integrarse en la compañía de Manuel de Paula con el espectáculo *Chachipén*, recorriendo Andalucía y participando en la Bienal del Flamenco. Se consagra como una verdadera figura del cante flamenco en 1996, al ganar el primer Premio del Cante en el Concurso de Jóvenes Flamencos de la IX Bienal del Flamenco. En 1998, en el XV Concurso Nacional de Córdoba, su cante recibe tres premios importantes, participa en los más importantes festivales españoles, extranjeros y europeos y en la Expo 2000 celebrada en la ciudad alemana de Hannover. En 2001, la Cátedra de Flamencología de Jerez le concede la Copa de Jerez, como años atrás hizo con su padre, que le fue entregada en una gala celebrada en el Teatro Villamarta de Jerez. A sus treinta y dos años, no se puede decir que sea todavía una gran figura consagrada, pero va camino de ello.

«FOSFORITO», ANTONIO FERNÁNDEZ DÍAZ

Nacido en Puente Genil, Córdoba, en 1932. Fue conocido en sus comienzos como *Antonio de Puente Genil* y desde muy joven comenzó como profesional recorriendo las ferias y las fiestas de las localidades cercanas. Durante el servicio militar, realizado en Cádiz, sufre una intervención quirúrgica que le mantiene inmovilizado, circunstancia que aprovecha para dedicarse al aprendizaje del toque de guitarra. Se presenta al I Concurso de Arte Flamenco de Córdoba, en 1956, y sorprende a todos por su profundo conocimiento de los palos flamencos, ganando todos los premios en liza. En seguida recorre España a la cabeza del espectáculo *Festival de cante grande*, trabaja en tablaos de Sevilla y de Madrid, graba sus primeros discos, forma parte del espectáculo de *Mariemma*, recorriendo Europa, África y Asia, y después Estados Unidos y otros países americanos integrado en la compañía de Manuela Vargas. Desde 1961 interviene en los principales festivales, da recitales con conferencias sobre los estilos de cante y su evolución, logra premios de la Cátedra de Flamencología, en la que ingresa como miembro de número, de Málaga, de Mairena de Alcor, del Festival del Cante de las Minas y muchos otros, y en 1985 obtiene el Premio Compás del Cante. En 2001 se publica el disco *Selección Antológica del Cante Flamenco*, con *Paco de Lucía* a la guitarra y *Fosforito* al cante; el disco, publicado por Iris Music es, además del título de su contenido, verdaderamente una intensa y extensa antología del cante *jondo*, en la que dos de las más grandes estrellas del firmamento flamenco exprimen al máximo su pasión y su fuerza. El cante de *Fosforito* responde exactamente a lo que debe ser el cante *jondo* esencial, con el más genuino estilo gitano, pese a que él, realmente, no sea calé sino payo.

«GASPAR DE UTRERA», GASPAR FERNÁNDEZ FERNÁNDEZ

Nace en Utrera, Sevilla, en 1932, primo de *El Lebrijano* y de Pedro Peña y sobrino de *El Perrate* y de *La Perrata*; después de destacar desde muy niño en los círculos locales, muy conspicuos en los ambientes flamencos, debuta a los catorce años para formar parte en el plantel de la Compañía Juvenil de Ases y con ella recorre la geografía española. Se integra en los cuadros flamencos de diversos tablaos nacionales y de entre ellos Zambra y Los Canasteros, ambos madrileños. Es un gran especialista en todo tipo de cantes festeros y canta los principales cantes fundamentales; en su ambiente utrerense, en el que hay un importante caldo de cultivo, alimentado por todo tipo de festivales y de peñas, figurando a la cabeza el anual *Potaje Gitano de Utrera*, de gran importancia en el mundo flamenco, *Gaspar* ha participado con notables éxitos y reconocimientos.

▶ «GITANILLO DE VÉLEZ», LUIS SANTIAGO AMADOR (Véase banda arriba)

▶ «JESÚS HEREDIA», RAFAEL JESÚS HEREDIA FLORES

Nació en Écija (Sevilla), en 1933. Ha participado como acompañante de baile en numerosos espectáculos, colaborando con un gran número de músicos flamencos: Carmen Linares, José Parrondo, *Perico el del Lunar* y Aurora Vargas, entre otros. Obtuvo el premio nacional de la Lámpara Minera en el Festival del Cante de las Minas de la Unión (Murcia), 1992.

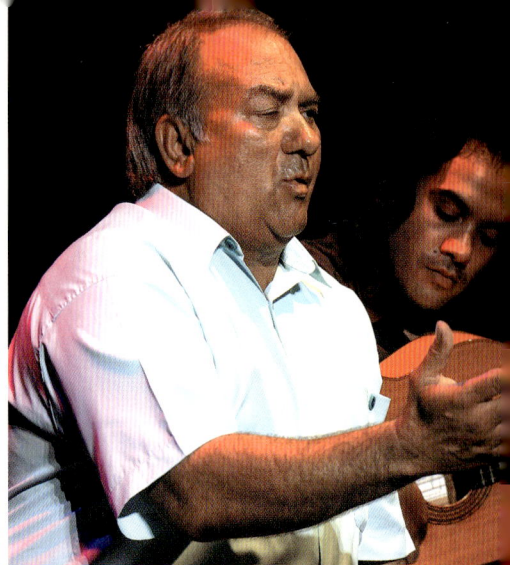

«GITANILLO DE VÉLEZ», LUIS SANTIAGO AMADOR
Periana, 1951. Ha participado en los más grandes festivales flamencos de Andalucía como cantaor, guitarrista y letrista, al lado de las más prestigiosas figuras. Bajo la influencia de la escuela de *Juan Breva*, empezó a desarrollar su cante acompañado de la guitarra, instrumento sobre el que tenía un enorme dominio.

«JOSÉ CEPERO», JOSÉ LÓPEZ-CEPERO

Nace en Jerez de la Frontera, Cádiz, en 1888, y muere en Madrid en 1960. Empezó a cantar muy niño, razón por la que presumía y se jactaba diciendo: «Fui el más joven del siglo, comencé a cantar a los ocho años»; en definitiva, pasó muy joven a cantar en los cafés cantantes sevillanos, donde transcurrió una buena parte de su juventud artística. En 1918 le contrataron para la cabecera de un espectáculo flamenco y a partir de ahí su trayectoria se amplía y se codea con las figuras del momento; en 1924, después de actuar en el Teatro Barbieri, participa en un concurso celebrado en el Teatro Novedades junto a *Bernardo el de los Lobitos* y a *El Mochuelo* y continúa sus actuaciones en Madrid, y en 1928 realiza una gira por España con D. Antonio Chacón. Interviene en las obras *Amapola* y *La copla andaluza*, actúa constantemente en Madrid, participa en los distintos espectáculos flamencos y realiza varios recorridos por las diferentes provincias, junto a diferentes intérpretes del primer nivel como la *Niña de los Peines*. Después de la guerra civil española, frecuenta los distintos tablaos madrileños, interviene en espectáculos como *Pasan las coplas*, con *Pepe Marchena, Fantasía andaluza* o *El sentir de la copla*, en el que se enrola en 1950, en unión de Manuel Vallejo. En 1955 realiza su última gira incorporado a una compañía. Su gran repertorio se tradujo en una amplia discografía. En una época de cierta transición, el paso del café cantante a la ópera flamenca, supo mantenerse fiel a la tradición heredada, sin apenas concesiones.

▼ «JOSÉ DE LA TOMASA», JOSÉ GEORGIO SOTO

Nació en Sevilla en 19. Es sobrino-nieto de Manuel Torre, nieto de Pepe Torre, e hijo de Tomasa y *Pies de Plomo*. Empezó desde muy joven cantando en las reuniones y fiestas familiares. Entró a formar parte del grupo *Triana* y ganó el concurso de Mairena del Alcor. Su consagración se produjo al ganar el Concurso Nacional de Arte Flamenco de Córdoba, en 1976, el premio Manuel Torre por *seguiriyas* y *tonás*. A continuación actúa en diversas peñas y espectáculos flamencos de Andalucía y Madrid.

▲ «JOSÉ MERCÉ», JOSÉ SOTO SOTO

«JOSÉ MERCÉ», JOSÉ SOTO SOTO

De familia de rancia solera flamenca, descendiente de *Paco la Luz* y sobrino de *El Sernita* y de *El Sordera*, viene al mundo en 1955 en Jerez de la Frontera. Su nombre artístico viene de la Basílica de la Merced, en la que, de niño, fue cantor de su escolanía. A los doce años debutó en Jerez, actuando en los festivales los Jueves flamencos, organizados por el guitarrista Manuel Morao. A los quince le contratan del tablao *La cueva del pájaro azul*, de Cádiz, junto a *Rancapino* y *Pepa de Utrera*. Un año después se traslada a Madrid, en donde realiza las primeras grabaciones, en el Ateneo ilustra una conferencia de Domingo Manfredi, autor entre otras muchas obras, traducciones y conferencias, del libro fundamental *Geografía del flamenco*. Entra a formar parte del tablao Torres Bermejas. En la compañía de *Antonio Gades* permanece diez años en los que recorre España y el mundo e interviene en la película *Bodas de sangre*. Luego actúa con el Ballet Nacional y da recitales en peñas y festivales, participa en los Cursos Internacionales de Arte Flamenco de la Cátedra de Flamencología y Estudios Folclóricos Andaluces, organismo que le otorga la Copa Jerez. En 1986 obtiene en el Concurso Nacional de Arte Flamenco de Córdoba los Premios *La Serneta* y *Niña de los Peines,* lo cual le consagra definitivamente en la cumbre del arte flamenco. Es la figura del tablao madrileño Café de Chinitas desde 1986, desde donde alegra a los buenos aficionados con su gran dominio de los estilos. No ha regateado esfuerzos para engrandecer el capital de sus conocimientos, muchos heredados, y buena prueba de ello son los dos triunfos logrados en el Concurso Nacional de Córdoba.

«JUAN BREVA», ANTONIO ORTEGA ESCALONA

Nieto del vendedor de brevas del que hereda el sobrenombre, nace en Vélez-Málaga en 1844, y desde muy niño destaca cantando tangos y *verdiales* por las calles de su pueblo, para iniciar su camino profesional en el Café del Sevillano, de la calle de las Siete Revueltas, de Málaga, en donde llega a cobrar la cantidad de veinte pesetas diarias, lo cual era un sueldazo en su época. En 1883 realza una gira por el sur, Extremadura y Levante y después llegó a Madrid, en donde actuó en los principales cafés cantantes y llegó al Palacio Real, donde le escuchó Alfonso XII y parece que fue el primer artista flamenco en pisar semejante escenario. Recorrió todo el país varias veces, fue escuchado y aclamado por todo tipo de públicos; volvió al sur y vivió un tiempo en Almería, volviendo ya definitivamente a Málaga, con su salud en declive y la vista casi perdida, residió hasta su muerte en la calle de Canasteros, donde falleció el 8 de junio de 1918. Fue autor de muchas de las obras que interpretó y creador de un estilo y de una escuela propios y ha sido glosado por críticos, escritores, flamencólogos y poetas; sin embargo, el reconocimiento a su labor y a su personalidad tardó en ser público y notorio. García Lorca le dedicó un sentido poema muy encomiástico con su arte y su persona, pero pasaron muchos años también antes de que la obra de Federico se difundiera por nuestro país. El monumento a su vida y a su obra, que le representa sentado en una silla de enea, obra del escultor Jaime Pimentel, que figura en una plazuela de Vélez-Málaga no fue inaugurado hasta el 30 de mayo de 1970, año en el que también se crea una peña flamenca con su nombre y se denomina con él al Festival Flamenco de Vélez-Málaga.

«JUAN TALEGA», JUAN AGUSTÍN FERNÁNDEZ VARGAS

Nace en Dos Hermanas, Sevilla, en 1891, y fue durante toda su vida tratante de ganado, cantando en reuniones familiares y en fiestas privadas, hasta que, siendo ya muy mayor, Antonio Mairena le convenció para que saliera a la luz pública. En 1959 gana el primer premio del Concurso Nacional de Arte Flamenco, de Córdoba, por sus *tonás*, soleares y *seguiriyas*. A partir de entonces interviene en diversos festivales, participa como primera figura, junto a Antonio Mairena, en diversas manifestaciones, realiza bastantes grabaciones discográficas y recibe el homenaje que se le tributó en 1970, en el Teatro de la Zarzuela, de Madrid. Antonio Gala le dedicó un encendido elogio, con precioso y metafórico estilo: «Juan Talega, con su «facies leonina» de leproso milenario, estaba allí, en escena, acorralado, falseado, limpiándose la esfinge reseca que tenía por cara con un pañuelo grande. Estaba allí y no estaba. ¿Cómo iba a estar, de verdad, un león en un teatro? Hay animales que no se reproducen en cautividad. Un león nacido en la jaula de un zoo tiene melenas, zarpas, cola batiente y ojos enojados. Pero, ¿es todo eso sólo lo que le hace león?».

JUAN VAREA

Nacido en Burriana, Castellón, en el año 1908, y muerto en Madrid en 1985, vivió desde muy chico en Barcelona, en el barrio de Somorrostro donde convivió y se educó con los niños gitanos y se inició como artista en el local de Miguel Borrull. Le escuchó cantar *Angelillo*, por cuya influencia le contrataron para la compañía de Manuel Vallejo, con la que actúa en Barcelona y debuta en Madrid; en Madrid conoce a D. Antonio Chacón, quien la introduce en Villa Rosa. En 1928, de nuevo en el plantel de Manuel Vallejo, debuta en el Teatro Pavón de Madrid, luego estuvo con *Pepe Marchena* y en 1930 grabó su primer disco, con un fandango a tres voces junto al *Niño de Marchena* y *Juan el Pescaero* acompañados a la guitarra por Ramón Montoya. Actúa, viaja, gana algún concurso y estalla la guerra, en la que queda del lado republicano por lo que al finalizar va a parar a un campo de concentración en Zamora. Algún buen amigo, el novillero *Pepe Chalmeta*, influyó para que le dejaran en libertad y malamente subsistió asistiendo para cantar en alguna fiesta, hasta que entró en la compañía de Concha Piquer. En 1954 entró en la plantilla del famoso Tablao Zambra, de Madrid, en el cuadro llamado *Antología*, con el que acudió a la Feria Mundial de Nueva York y al Teatro Olimpia de París, siguiendo en el Zambra hasta su cierre en 1975, pero alternando con otras múltiples actuaciones y grabaciones, además de actuaciones televisivas. En 1983 recibe el premio a la Maestría que le otorga la Cátedra de Flamencología de Jerez de la Frontera. Fue un de los grandes apoyado en el equilibrio, la mesura y la templanza, sin estridencias fáciles, ni *quejíos* gratuitos.

▶ «JUANA LA DEL REVUELO», JUANA SILVA ESTEBAN

Juana Silva Esteban, *Juana la del Revuelo*, nació en Sevilla en 1952. Desde niña vive el ambiente festero de Triana. Participa en el concurso Mairena de Arco y

CANTE DE IDA Y VUELTA. Ritmos y canciones que un día emigraron a América, allí se aclimataron y se hicieron milongas, tangos o guajiras que luego, como los indianos, volvieron y se aflamencaron.

gana el primer premio por *bulerías*. Después de su actuación junto a Manuel Carrasco en el espectáculo *Ayer, hoy y mañana del flamenco*, alcanza una gran fama, actuando en los escenarios más importantes; siempre aparece vestida según la tradición gitana, con el canasto y los pololos.

«JUANITO MOJAMA», JUAN VALENCIA CARPIO

Nace en Jerez de la Frontera, Cádiz, en 1892, para morir en Madrid, en 1957. Debe su mote a la delgadez y al tono muy oscuro de su piel, atributos que impulsaron al tocaor Miguel Borrull a llamarle así. Destacó ya de niño en su Jerez natal, pero su carrera se fraguó en Madrid, en sus locales y tablaos, especialmente en el Café de Fornos, en primer lugar, y luego en Los Gabrieles y en Villa Rosa, donde pudo alternar con las primeras figuras de la época. Fue un de muy amplio repertorio que supo darle a todos los palos un estilo propio; también bailaba extraordinariamente bien, bailaba de una forma tal que nadie se atrevía a hacerlo tras él. Fuera de los ambientes no iniciados se le conoció muy poco, su carácer sumamente introvertido, su vida alejada de Andalucía y su presencia casi exclusiva en los grupos de cabales no propiciaron la difusión de su nombre. Grabó pocos pero muy interesantes discos, discos que no deben faltar en una discoteca que se precie de completitud. En 1949 se le tributó un merecido homenaje en el madrileño Teatro Alcalá. Ríos Ruiz, también poeta, le dedicó un bello epitafio: «Murió al pie de su cante. El cante fue su mortaja».

JUANITO VALDERRAMA BLANCA

Pese a no ser lo que se dice un as del flamenco, tiene aquí un bien ganado hueco como gran figura de la canción española, con muy buenas maneras en sus incursiones flamencas que no fueron más amplias por sus éxitos populares como *canzonetista* típico español. De familia de agricultores, nace en Torre del Campo, en la provincia de Jaén, en 1916, y comienza desde muy niño, mientras alterna con las faenas agrícolas, a hacer sus primeras incursiones en el cante flamenco y, en 1934, llega a su tierra la *Niña de la Puebla*, momento en el

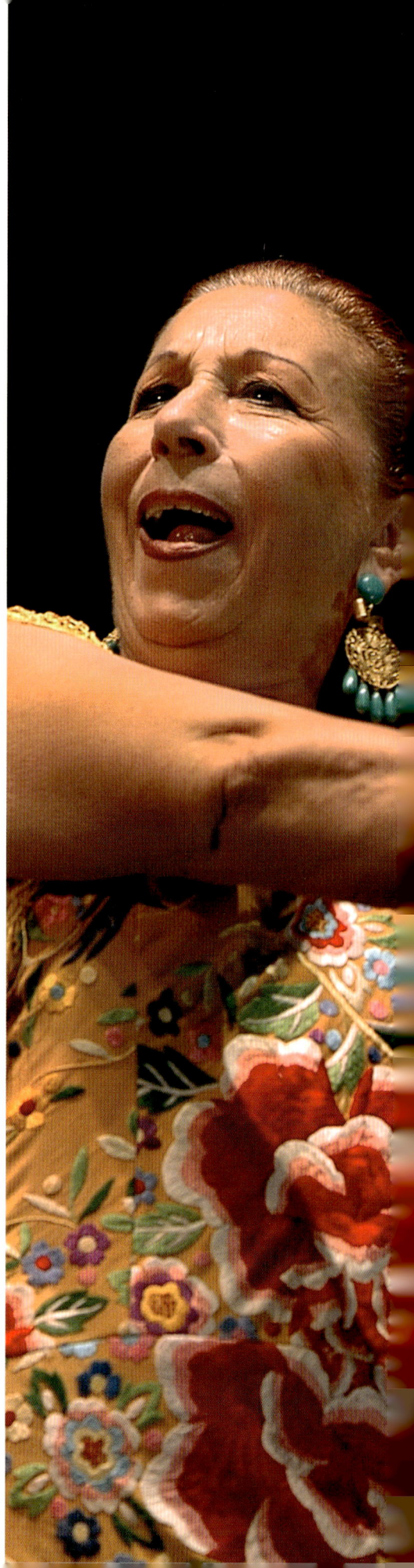

que sus padres le autorizan a emprender ese camino, debutando profesionalmente en el Cine Metropolitano, de Madrid. Prácticamente a partir de entonces encabeza espectáculos y realiza giras, fundamentalmente por España, en donde sus canciones aflamencadas adquirieron la máxima popularidad, junto a los estilos flamencos que, como el fandango o la *granaína*, dominó con perfección; títulos como *El emigrante* o *Su primera comunión* alcanzaron las máximas cotas de audiencia y sus discos las mayores cifras de ventas, en tiempos mucho más difíciles que los actuales. Antonio Burgos afirma que «es el primer cantautor de España a la medida de las hambres de la posguerra» en su libro *Mi España Querida*, completa biografía de un hombre popular, muy querido por el pueblo. Al producirse su fallecimiento, el 12 de abril de 2004, España entera se conmueve y le llora.

◀ «LA CAÑETA DE MÁLAGA», TERESA SÁNCHEZ CAMPOS
(Véase banda)

▼ «LA MACANITA», TOMASA GUERRERO CARRASCO
(Véase página siguiente)

Pertenece a la última generación de artistas flamencos consolidados, naciendo en Jerez de la Frontera, Cádiz, en el barrio de Santiago, en la calle Nueva, nació, decimos, en 1968 y hereda el nombre artístico de su padre *El Macano*. Según sus propias manifestaciones, aprendió a cantar en el vientre de su madre, aunque públicamente tardó un poquito más, para ser considerada una revelación a sus tiernos diez años. Empezó a actuar en el grupo infantil *España-Jerez*, grupo dirigido por el guitarrista Manuel Morao, actuando habitualmente en la programación de los *Jueves flamencos*. Forma parte en los coros de villancicos que organiza la Cátedra de Flamencología y Estudios Folclóricos Andaluces, de Jerez, realizando un número de grabaciones, actuando en alguna de ellas como solista. Debuta en el Hotel Jerez en el año 1983, y poco después actúa en Madrid, en el tablao Los Canasteros, junto con el guitarrista *Moraíto* y otras figuras jerezanas. Participa activamente en la grabación de la *Tauromagia*, de *Manolo Sanlúcar* y, en 1988, se une al grupo *Gitanos de Jerez* para comenzar debutando con el espectáculo *Flamenco: esa forma de vivir*. Su primer disco publicado se titula *A la luna nueva* y se pro-

«LA CAÑETA DE MÁLAGA», TERESA SÁNCHEZ CAMPOS
Hija de la famosa cantaora *La Pirula*. De niña trabajaba en la sala de fiestas *El Pimpi*. Vinculada desde muy joven a los tablaos de Madrid, debutó en el tablao El Duende, en los años setenta. Participó en diversos espectáculos junto a *Pastora Imperio* y *Gitanillo de Triana*. Después comenzaron sus giras por el extranjero, a México, Japón, América y Europa. Está casada con el cantaor José Salazar Salazar, con quien forma pareja artística. *La Cañeta* ha grabado cuatro discos, acompañada a la guitarra por Paco Aguilera, *Pepe Habichuela*, Duque, Manuel Santiago y Pedro Escalona. Ha compartido escenario, entre otros, con *Manolo Caracol* y *Lola Flores*, con *Beni de Cádiz*, Carmen Amaya, *Antonio Gades*, *La Paquera de Jérez*, y muchas otras primeras figuras. En el año 2000 fue nombrada Cantaora del Año por el mesón El Chinitas de Málaga, y en 2005 le fue concedida la Medalla de Honor del Ateneo de Málaga.

La Macanita *durante una actuación en la Bienal de Flamenco, Sevilla 2000.*

duce en 1989, dándola a conocer aunque las ventas no fueron significativas. En la Expo de Sevilla, en el Pabellón de Andalucía, en 1992, enrolada en la compañía que produce el espectáculo *Arco de Santiago*, que permanece más de dos meses en cartel y es el montaje que gana el Premio Demófilo de Arte Flamenco. El mismo año de 1992 graba su disco *Con el alma*, con *Moraíto chico* y *Parrilla de Jerez* a la guitarra, grabación incluida en la serie *Flamenco vivo.* Graba en 1998 una preciosa *bulería por soleá, Adiós tristeza*, con la que abre un nuevo disco, quizá el más trabajado y en todo caso el que realmente le abre las puertas del mercado mundial, con *Moraíto* y *Parrilla* a la guitarra; el título que lleva es *Jerez-Xèrez-Sherry* y, a la espera de escuchar el anunciado *La luna de Tomasa*, no es el más comercial en algunas opiniones autorizadas, que se quedan con *Mi cantar* y *A la luna nueva*, piezas maestras de la grabación inicial.

«LA NIÑA DE LOS PEINES», PASTORA PAVÓN CRUZ

Para una mujer que fue comparada con el Bach del flamenco, con muy buenas razones, por Ricardo Molina, una reseña que no puede sino ser muy breve, se debe limitar a invitar al lector a documentarse con mayor profundidad. Nació en 1890, en Sevilla, donde murió en 1969; hermana de Tomás y de Arturo Pavón, estuvo casada con el cantante y *Pepe Pinto*, que la precedió pocos días en el fallecimiento. Tomó el nombre artístico de la letra de un tanguillo que comenzaba diciendo «Péinate tú con mis peines…», y empezó su andadura en la llamada Taberna de Ceferino, de Sevilla, de donde pasó a Madrid, al Café de El Brillante. Durante muchos años recorrió varias ciudades españolas, actuando preferentemente en los cafés cantantes más en boga en cada momento. En distintas épocas de su vida artística le acompañan primerísimas figuras masculinas del cante como D. Antonio Chacón, Manuel Torre o *Manolo Caracol*, y le dan tono las guitarras más preclaras, como la de Ramón Montoya o la del Niño Ricardo. Fue amiga de Manuel de Falla, de Federico García Lorca, cuyas *lorqueñas* cantó por *bulerías*, del pintor Julio Romero de Torres, que la inmortalizó en uno de sus cuadros. En la sevillana Alameda de Hércules figura un monumento en su honor, obra del escultor José Illanes y promovido por la *Tertulia flamenca*, de Radio Sevilla, inaugurado en 1968. Por fortuna, su actividad discográfica fue también muy importante y nos dejó cerca de doscientas grabaciones con su voz.

▼ «LA PAQUERA DE JEREZ», FRANCISCA MÉNDEZ GARRIDO

Nace *La Paquera*, sobrenombre familiar heredado, en Jerez de la Frontera, en 1934, y ya de niña participa en fiestas infantiles en las que destacan su voz y su estilo y obtiene una primera interesante popularidad al grabar su primer disco. Debuta en Madrid en 1957 en el tablao El Corral de la Morería y su primera gira la realiza con el espectáculo *España por bulerías* al tiempo que actúa en los más importantes tablaos; en 1960 encabeza *Arte Español*, y este mismo año alcanza un gran éxito en la sala de fiestas York Club de Madrid; otro año más y forma parte del cuadro *Alegrías de Andalucía* que se presenta en el Teatro Cómico de Madrid y después *Así se canta en Jerez* con el que realiza otra amplia gira. En 1963 la contrata el tablao Las Brujas, de Madrid, y el periódico diario *Pueblo* la selecciona en el Panel de Populares el año 1964. Comparte cabecera de cartel con *Rafael Farina* en los espectáculos *Bronce y solera* y *Embrujo y tronío*, debuta en el tablao Los Gallos de Sevilla, luego en Los Canasteros, de Madrid y más tarde en el sevillano tablao-escuela denominado La trocha. Realiza otra gira con *Farina* en 1978, pero ya desde finales de los años de 1960, sus actuaciones se van ciñendo a Andalucía y a festivales y recitales. En 1971 ganó el Premio Niña de los peines en el Concurso Nacional de Arte Flamenco celebrado en Córdoba y la Copa de Jerez de la Cátedra de Flamencología y Estudios Folclóricos Andaluces de Jerez. Ha realizado una importante labor discográfica con su fantástico repertorio, del que destacan sus inigualables *bulerías*. Al día de hoy, *La Paquera de Jerez* se mantiene a la cabeza de las preferencias del aficionado. A consecuencia de una trombosis fallece repentinamente en abril de 2004, el día que comienza la feria de abril de Sevilla. El Ayuntamiento de Jerez de la Frontera le otorga, a título póstumo, el título de Hija Predilecta.

CANTE DE LAS MINAS. Dentro de los cantes de Levante tienen especial significación los oriundos de las comarcas mineras de Almería, Jaén y Murcia, son las cartageneras, las mineras, las tarantas y los tarantos; uno de los principales festivales nacionales de cante flamenco, que se celebra anualmente, es el Festival Nacional del Cante de las Minas.

«LA PERRATA», MARÍA FERNÁNDEZ GRANADOS

Nacida en Utrera, provincia de Sevilla, en 1922. Al parecer, la afición por los perros de un abuelo es el origen del sonoro apelativo con el que se hacía llamar. De la vieja dinastía de los *Perrate*, madre de Juan Peña *El Lebrijano*, el Pedro el tocaor y de Tere, que divulga el flamenco por las ondas radiofónicas y abuela de la guitarra de Pedro María y del piano de *Dorantes*, no es fácil que las secuelas se extingan tras ella, o tras su hermano, sus sobrinos o sus primas *Fernanda* y *Bernarda de Utrera*. Ella, que nunca actuó profesionalmente, desde muy chiquita vivió profundamente el cante y siempre mantuvo una gran curiosidad por la música, aunque educada en la más pura ortodoxia nunca se apartó de ella, si bien siguió con cariño la fusión *andalusí* de su hijo Juan. Cantó en publico por primera vez en la segunda *caracolá* de Lebrija, causando verdadera emoción entre el público. En 1976 fue homenajeada por la Peña El Rincón del Cante, de Córdoba, con la memorable asistencia de sus hijos, de Manuela Carrasco, de *Juan Habichuela* y de *El Camarón*. Después de la muerte de su marido, Bernardo Peña, grabó dos discos que hoy son una reliquia. Conocía muy a fondo las *alboreás*, las *bulerías* y otros palos significativos, aunque destacaba especialmente cantando la soleá. Fallece en Lebrija el 4 de febrero de 2005, el día de la terminación de estas líneas.

▶ «LA REPOMPA», ENRIQUETA REYES PORRAS

«LA SERNETA», MERCEDES FERNÁNDEZ VARGAS

Nacida en Jerez de la Frontera, Cádiz, en 1834, murió en Utrera, Sevilla, en 1912, no alcanzó la época del gramófono y no podemos hoy escuchar su cante, que alcanzó un gran prestigio entre los aficionados y los de mayor relumbrón. Parece que, de su cante, el estilo personal que ha llegado a crear escuela fue su personalísima *soleá*, de la que deja testimonio escrito Fernando el de Triana, además de su, al parecer, extremada belleza: «En esta gitana de sin par belleza volcó la naturaleza el tarro de la salsa y el faraónico estilo del cante por soleá». A los veintitrés años cantaba en el Café El Burrero, de Sevilla, donde la conoció Joaquín Álvarez, padre de los hermanos Álvarez Quintero, quien se unió a ella sentimentalmente llevándosela a vivir a Utrera, donde ya permaneció hasta su muerte. Parece ser que en su repertorio también figuraron polos y *martinetes* de gran altura.

«LA REPOMPA», ENRIQUETA REYES PORRAS

Mereció figurar en la más modesta antología, pese a su muy temprana desaparición, por su muy importante aportación a la revitalización y actualización del cante malagueño. Nació en Málaga en 1937 y murió a causa de una peritonitis cuando apenas tenía veinte años, en 1959. De muy niña se inició cantando por las tabernas de los barrios malagueños de El Perchel y de La Trinidad, empezando a tener fama al actuar en el tablao El Refugio, de Málaga, del que pasó al Casino de la Exposición, de Sevilla, luego en Palamós, volvió a Málaga, tablao El Pimpi, antes de que la contratara *Pastora Imperio* para actuar en El Puente de Madrid, y luego en El Corral de la Morería, también de Madrid. Realizó diversas grabaciones y su forma de cantar los tangos dejó creada escuela, recreando los de *La Pirula*, que fue quien los cantó.

«MANOLO CARACOL», MANUEL ORTEGA JUÁREZ

Nace en 1909 en Sevilla, en la Alameda de Hércules, barrio de Las Lumbreras, enclave de toreros y cantaores, aparece Manolo en las ramas de un árbol genealógico constelado de estrellas del cante y de la torería, árbol que no ha deslucido su floración a su paso. Por citar a algunos de la familia, *Manolo Caracol* es tataranieto de *El Planeta*, biznieto de *Enrique el Gordo*, nieto de *El Águila*, sobrino nieto de *Paquiro*, de todos y todas los Ortega y del torero *El Cuco*, hijo de *Caracol* y padre de *Enrique Caracol* y de Lola, Manuela y Luisa Ortega Gómez. Estando su padre chico en casa de su tía Gabriela, la madre de los Gallos, se le cayó la pelota con la que jugaba en la olla en la, hervía el guiso de caracoles..., y se le quedó el nombre, que transmitió a su hijo; fue su padre, gran cantaor y mozo de espadas de *Joselito*. Se celebra en 1922 el legendario Concurso de Cante Jondo de Granada, promovido y organizado por Manuel de Falla, Federico García Lorca, Joaquín Turina, Juan Ramón Jiménez y Oscar Esplá, entre otros, con D. Antonio Chacón de presidente del jurado. Allí gana el primer premio, compartido con *El Tenazas*. A continuación se presenta en Sevilla y en varias ciudades españolas, volviendo a su ciudad natal para actuar con D. Antonio Chacón. Debuta en Madrid, en el Teatro Centro, y empieza sus giras por toda la geografía española. En 1943, junto a *Lola Flores*, estrenan el espectáculo *Zambra*, de Quintero, León y Quiroga, con el que permanecen hasta 1951, ya convertido en el artista flamenco más popular y cotizado.

El 1 de marzo de 1963 inaugura su famoso tablao madrileño Los Canasteros, que fue su cuartel general hasta su muerte. A partir de entonces sigue actuando a su aire, huyendo de las confrontaciones y de las polémicas, recibiendo premios y homenajes por doquier. En 1970 Sevilla le homenajea y se le dedica el Festival de Bornos y en 1972 grabó su último disco, en el que incluyó un fandango de despedida. Fue un genio, y en los anales del flamenco hay que situarle en la primera fila, junto a Silverio, *Antonio Chacón, Manuel Torre, Pepe Marchena, Antonio Mairena* y, por supuesto, *Camarón. Manolo Caracol* falleció en Madrid en 1973.

*Cante festero.
Son los cantes alegres y
bullangueros, los más
festivos como las alegrías
y las rumbas.*

«MANUEL DE PAULA», MANUEL VALENCIA CARRASCO

Nace en Lebrija, provincia de Sevilla, en 1956, adopta el nombre artístico que le induce la tradición familiar y, conocedor del medio y de sus recursos, no le resulta difícil introducirse y comenzar a figurar. Su verdadera revelación se produce al ganar el primer premio en el concurso de Mairena del Alcor en el año de 1970, a partir del cual comienza a participar en los festivales andaluces y también realiza sus primeras grabaciones. Recibe en 1972 varios premios, entre ellos en un concurso en Paterna de la Ribera el premio a las *peteneras* y el de soleares en el Concurso Nacional de Arte Flamenco de Córdoba. Se presenta en Madrid en 1977, con un recital en el Teatro Barceló, con motivo de la presentación de uno de sus numerosos discos, recital en el que está acompañado por la guitarra de *Moraíto Chico*. Colaboró frecuentemente en el espectáculo del bailaor *Mario Maya*. Es un gran cantaor, que sigue las tendencias y los caminos de los cantes jerezanos.

◀ «MANUEL DE PAULA», MANUEL VALENCIA CARRASCO

«MANUEL TORRE», MANUEL SOTO LORETO

Cuna de grandes intérpretes del flamenco, Jerez de la Frontera vio nacer a Manuel en 1878, hijo del cantaor apodado *El Torre* por su gran estatura. Se inició en los cafés cantantes de Jerez y en 1902 obtuvo un gran éxito al aparecer en Sevilla, luego por toda Andalucía y contratado en 1909 por el Café del Gato, de Madrid. De Madrid a Barcelona, a toda España, y a Granada como estrella invitada al Concurso de Cante Jondo y un año después para actuar con *La niña de los peines* en el Palacio de Carlos V con ocasión del Festival de Cante Jondo. Por aquella época se comenzó a ensayar la idea de llevar el flamenco a grandes recintos y Manuel actuó con gran éxito en la Plaza de Toros de Huelva, junto con Antonio Chacón, *Manolo Caracol* y otros intérpretes punteros. Se le llegó a llamar *Rey del Cante Gitano*, exaltado y anunciado como inimitable. Muerto en 1933, costeado su entierro por *Pepe Marchena*. Tras su desaparición no fue recordado tanto como su trayectoria mereció, aunque sí se le tributaron homenajes y se colocó una placa conmemorativa en la casa en la que nació. Fue el gran maestro de *Antonio Mairena*.

«MANUEL VALLEJO», MANUEL JIMÉNEZ MARTÍNEZ DE PINILLO

Nace y muere en Sevilla, en 1891 y en 1960 respectivamente, y llevó ese nombre artístico en homenaje a su abuela paterna, que se apellidaba así. De inicio actúa a salto de mata en reuniones privadas y en los colmaos y cafés cantantes de su Sevilla natal. No fue antes de 1920 cuando su popularidad empezó a extenderse, viajando a Madrid y enrolándose en distintas compañías, participando en giras por España. En 1925 gana la Copa Pavón, que organiza el teatro madrileño de ese nombre, otorgado por un jurado en el que figura D. Antonio Chacón. Al año siguiente se volvió a presentar y no se lo concedieron, pero la misma empresa del teatro le organizó un homenaje en desagravio en el que se le entregó la Llave de Oro del Cante, que recibió de las manos de Manuel Torre y que era la segunda que se concedía (pasarían casi cincuenta años antes de que se concediera la tercera). En los años de la década de 1930 participó en los espectáculos tan en boga de *ópera flamenca* por España, hasta 1936; tras el obligado paréntesis de la guerra civil, continúa con diferentes elencos viajando por la geografía española, y en 1950 encabeza el cuadro del espectáculo *El sentir de la copla*. Fue un cantaor de grandes recursos y de amplio repertorio, con un gran número de grabaciones en su haber. Se le criticaron con fuerza sus concesiones al género más populachero, pero la historia recoge las palabras de Manuel Yerga elogiando su altura y categoría, sobre todo en la primera parte de su vida artística.

CANTE JONDO.
Equivale a cante puro y se aplica a los cantes más solemnes y profundos, a los de más rancia solera y primitivismo.

«MANZANITA», JOSÉ MANUEL ORTEGA HEREDIA

Nace en Madrid en 1956, pero crece en Málaga, en donde transcurre casi toda su vida, es gitano de pura cepa, sobrino de *Manolo Caracol* y muy imbuido de la cultura y de la filosofía gitana, aunque su visión del Arte Flamenco fue acerbamente criticada. Comenzó a los nueve años con el toque, acompañando a su padre que actuaba como cantaor en diversos tablaos, y muy poco después acompañó en giras mundiales nada menos que a Enrique Morente, a quien le debe su afición a la literatura; acompañó a las principales figuras de su tiempo y entre ellas al gran *Camarón* y fundó el grupo *Los Chorbos* en 1974 y con ellos y con su sonido *caño roto*, dando vida a la barriada madrileña de tal nombre, enarboló la bandera de un nuevo flamenco. Colaboró activamente con otros músicos y cantantes como Marina Rossel, el Gato Pérez, Dave Thomas o Raimundo Amador, de muy diversos estilos y extracciones. En 1977 se lanza con su voz en solitario y un año después aparece su primer disco *Poco ruido y mucho duende* al que siguieron varios más con los que popularizó la fusión entre el flamenco y el pop, venciendo la resistencia que el mercado ofrecía, tanto al flamenco como a sus *fusiones*; alguno de sus más grandiosos éxitos fueron la canción *Con un ramito de violetas*, de la desgraciadamente malograda cantante *Cecilia*, en 1981, o el *Verde que te quiero verde*, con letra de Federico García Lorca. Gustavo Adolfo Bécquer y la naturaleza fueron también fuentes de su inspiración que le desviaron de la ortodoxia flamenca, por lo que muchos flamencólogos renegaron de él. Después de muchos años publicó en 2002 el trabajo *Gitano Cubano* que resultó ser su última manifestación artística, falleciendo de un ataque al corazón el 6 de diciembre de 2004, en su casa de Alhaurín de la Torre, en donde vivía con su mujer y sus siete hijos.

«MARÍA LA CANASTERA»

Nació en Granada, en 1913, hija de Juan Cortés *El Cagachí*, que trabajaba fabricando canastos y la niña pronto se reveló como una artista latente y en su Sacromonte abrazó la zambra y de ella hizo su profesión, convirtiendo su Cueva, su arte y su espectáculo en escala imprescindible en una visita a Granada. Bailó ante Alfonso XIII, actuó junto a *Angelillo* y a *Pepe Marchena*, e interpretó con Carmen Amaya la película *María de la O*. La Cueva sigue funcionando al paso de los años y ahora corre a cargo de *Enrique El Canastero*, que mantiene el viejo espíritu.

«MARÍA SOLEÁ», MARÍA DE LA SOLEDAD FERNÁNDEZ MONJE

Nace en Jerez de la Frontera, Cádiz, en 1932. Es hermana de Fernando Terremoto, sobrina de *Tía Juana la del Pipa*, del *Tío Parrilla* y de *El Borrico*, y su trayectoria artística depende en alto grado de su hermano. Es bailaora y cantaora y en sus años infantiles y juveniles actuó por su entorno participando en festivales, en teatros y en tablaos, pero se retiró muy pronto del público, salvo muy raras excepciones. Pero muerto su hermano en 1981, decidió volver ante los públicos; en una entrevista publicada en el Diario de Jerez, el 20 de abril de 1985, decía: «yo no había cantado nunca cante grande en público. Pero ahora, desde que mi hermano se murió, pues yo no quiero que se pierda esta raza tan grande, como es la raza de *los Terremotos*». Ha ofrecido festivales y recitales de cante ante numerosas peñas flamencas y grabado en discos su repertorio con muy notables éxito y aceptación. El escritor y flamencólogo Juan de la Plata, ha dicho: «Rotunda y contundente, esta *María Soleá*, heredera del cante grande, gitano y puro, de su hermano. Una mujer que canta con verdadero embrujo todo el cante grande. Una mujer que puede ser una gran cantaora, de la que hablará algún día la historia. Su eco terremotero tiene todo el *duende* del mundo. Más gitano no se puede cantar».

MARÍA VARGAS

Nacida en Sanlúcar de Barrameda, Cádiz, en 1947, paisana de la estrella de la guitarra, *Manolo Sanlúcar*, empieza siendo muy niña, acompañada en ocasiones por su luego ilustre conciudadano. En 1959, con tan sólo doce años de edad, participa en el homenaje a Manuel Torre y Javier Molina que, organizado por la Cátedra de Flamencología, se celebra en el Teatro Villamarta de Jerez de la Frontera, y allí se ponen en público al descubierto sus calidades y lo que se puede esperar de su futuro. En el Concurso Nacional de Arte Flamenco de Córdoba, de ese mismo año de 1959, vuelve a triunfar, siendo premiada. Se traslada a Madrid y durante varias temporadas forma parte de los cuadros de los principales tablaos de la capital. Es la Reina de los I Juegos Florales del Flamenco en 1969, que se celebran en honor del poeta Ricardo Molina. Ese mismo año, 1969, recibe la Copa Jerez que le otorga la Cátedra de Flamencología y Estudios Folclóricos Andaluces, la misma entidad que en 1999 le concede el Premio Nacional de Cante. Ofrece recitales en las principales peñas flamencas, en los diversos centros culturales del país y especialmente de Andalucía y en otros lugares de concentración cultural como la Universidad Autónoma de Madrid.

«MARTIRIO», MARÍA ISABEL QUIÑONES

Nace genial y variada artista en Huelva en 1954. Inició su trayectoria artística uniéndose al grupo *Jarcha* atraída por su fuerte aproximación a los sones flamencos, pero pronto dio forma plástica a la figura de su personaje, empleando grandes peinetas y ostentosas gafas oscuras, características que ha ido suavizando pero de las que no se ha despojado totalmente. Formó parte del grupo *Veneno* de Kiko Veneno, con Rafael y Raimundo Amador, integrantes de *Pata Negra* y en 1986 graba su primer disco, lanzado con el título *Estoy mala*, en el que ya intenta la fusión de la copla española con el *pop-rock*, camino que prosigue con su segundo disco, *Cristalitos machacaos*, que aparece en 1989 y en el que también intervienen los hermanos Amador y Kiko Veneno, entre otros, y en el que interpreta la copla con aderezos de *blues* y de *jazz*. Su vereda artística discurre por caminos de innovación, de búsqueda e investigación, amparándose e integrándose con otros innovadores universales como Peter Gabriel y finalmente, en colaboración firme y duradera con *Chano Domínguez*, con quien en 1996 produjo *Coplas de madrugá*, realizando una atractiva fusión de la copla española con el más puro *jazz*; esta colaboración ha continuado y en 2004 aparece *Acoplados*, su último trabajo, en el que también interviene la Orquesta Sinfónica de RTV, dándole matices de singularidad y de universalidad en el espacio musical a la humilde y legendaria copla.

▶ MILAGROS MENGÍBAR (Véase lateral arriba)

Nació en Sevilla en 1952. Vivió la tradición del flamenco del barrio de Triana, donde creció y es una de las grandes maestras de la bata de cola. Comenzó en la academia de Adelita Domingo y entró a trabajar en el Patio Andaluz. Asistió a las clases de Matilde Corral y ganó el premio en el Concurso Nacional de Córdoba. Imparte clases de baile y está considerada como una de las clásicas dentro del flamenco.

▶ «MELCHORA ORTEGA», INMACULADA ORTEGA PÉREZ (Véase lateral abajo)

Nacida en Jerez de la Frontera (Cádiz), a dos pasos del flamenco barrio de Santiago y empezó a cantar con diecinueve años de la mano de Periquín. El premio de la Bienal de Sevilla la convierte en artista consagrada. Esta joven voz jerezana aúna la vieja tradición con las modernas tendencias del cante.

Cante p'atrás.
Cante en el que el cantaor se sitúa por detrás de los tocaores, cubriendo una función de acompañamiento del baile.

▲ MONTSE CORTÉS

Nació en Barcelona en 1963. Comienza sus actuaciones en los tablaos barceloneses, y sobre todo es conocida por su trabajo con *Antonio Canales*. Colabora también con otros bailaores, como *Sara Baras* o *Juan de Juan*. En sus actuaciones suele ir acompañada por la guitarra de su sobrino Eduard Cortés.

▶ NAZARET CALA

Nació en el Puerto de Santa María (Cádiz), en 1980. Desde pequeña le interesó el flamenco y debutó en la Peña Flamenca El Chumi con tan sólo diez años, destacando por *seguiriyas*, malagueñas, alegrías y cantes de Levante. Ha actuado en multitud de peñas y en 2005 obtuvo el primer premio del Concurso de Mairena del Alcor.

«NIÑA DE LA PUEBLA», DOLORES JIMÉNEZ ALCÁNTARA

Nació en Puebla de Cazalla, provincia de Sevilla, en 1909 y murió sin pena y con gloria en 1999, víctima de un infarto fulminante que la sorprendió en plena actuación, cantando a un público entusiasta, cuando contaba con 90 años de edad. Quedó ciega a los pocos años de edad y vivió algún tiempo en Madrid y luego en Morón de la Frontera, en donde actuó por primera vez ante el público; después de diversas actuaciones por localidades próximas, con varios

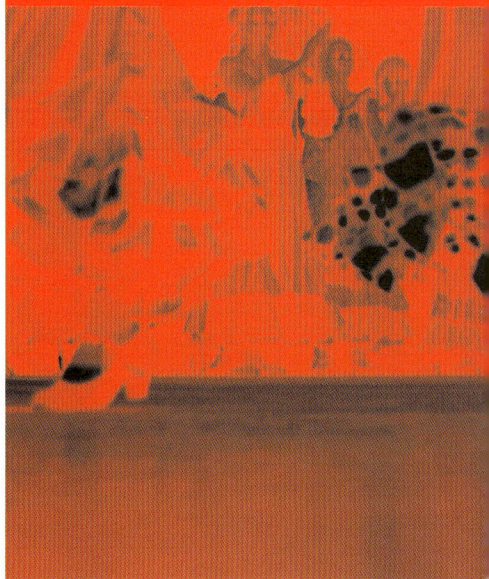

premios obtenidos, en Marchena, en Osuna, debuta en el Salón Olimpia de Sevilla en 1931 y en 1932 en el Cine Variedades de Madrid. Recorre varias veces la geografía española dando recitales o participando en espectáculos; en este periodo realiza varias grabaciones y desde la primera obtiene un éxito grande con su versión de *Los campanilleros* de forma que de ahí en adelante el público los identifica con ella, y ha sido llamada *musa de los campanilleros* durante el resto de su vida. Pasada la guerra continúa formando parte de diversas compañías teatrales, enrolada en la llamada *ópera flamenca* lo que, como en otros muchos casos, sirvió de diatriba para los pretendidamente guardianes de la pureza, pero para una mayoría, aparte del fervor popular, se supo valorar la categoría flamenca cuando, como en este caso la había. Se casó con el cantaor *Luquitas de Marchena* y tuvo varios hijos, alguno de los cuales, como por ejemplo Adelfa Soto, también pisó las tablas. Una de sus últimas actuaciones tuvo lugar en 1987 en el Teatro Alcalá Palace de Madrid, dentro de los festivales de la Cumbre Flamenca. En 1995 no pudo aguantar más «al gusanillo» y volvió al escenario donde, como ya se ha dicho, le alcanzó la muerte en 1999. Recibió en vida diversos homenajes y se le dio su nombre a una calle de su pueblo natal y a otra de Santa Coloma de Gramanet, provincia de Barcelona.

«NIÑA DE LOS PEINES», PASTORA PAVÓN CRUZ

Probablemente la cantaora más importante de todos los tiempos, que lo cantó todo y todo lo cantó bien, nace en Sevilla en 1890 y mamó en la cuna las esencias flamencas, hermana de Tomás y de Arturo Pavón, fue durante mucho tiempo la única cantaora en liza, junto con D. Antonio Chacón y con Manuel Torre el triunvirato de proa del mejor cante. Se inició en la Taberna de Ceferino, de Sevilla, yéndose en seguida a Madrid, donde triunfó en el Café del Brillante, para residir después un tiempo en Bilbao, volviendo a Sevilla y actuando en los cafés de varias capitales andaluzas. Se la consideró la más completa cantaora de toda una época, fue amiga de músicos, poetas y pintores, Julio Romero de Torres le dedicó un cuadro, canto por *bulerías* las coplas *lorqueñas* y Federico escribió de ella: «Una vez, la cantaora andaluza Pastora Pavón, la *Niña de los Peines*, sombrío genio hispánico, equivalente en fantasía a Goya y a *Rafael el Gallo*, cantaba en una tabernilla de Cádiz...». La crónica de su vida es una serie interminable de actuaciones y de triunfos. En 1961 se le tributó en Córdoba un homenaje nacional con un festival en el que intervinieron todos los que algo tenían que decir; en 1968, de la mano del programa radiofónico *La tertulia flamenca*, de Radio Sevilla, se inauguró el monumento erigido en su honor en la sevillana Alameda de Hércules, obra del escultor José Illanes. Gravemente enferma de arterioesclerosis, falleció el 26 de noviembre de 1969, tres semanas después que el cantaor *Pepe Pinto*, con el que estaba casada. En versiones, en general aceptables, existe un amplio fondo discográfico que ella fue grabando.

Cantes de Levante. Se denominan así los cantes de Levante, de Murcia y de Andalucía Oriental, como la granaína y *la media granaína, las malagueñas y los* verdiales, *las tarantas y los tarantos, las cartageneras y las mineras y los fandangos locales de Granada, Murcia, Málaga y Almería.*

«NIÑA PASTORI», MARÍA ROSA GARCÍA GARCÍA

Cañaílla, natural de Cádiz, como tantos otros grandes intérpretes de la magia del flamenco, nace en 1978 y en su momento dejó de ser una niña aunque su nombre artístico refleja que lo fue y probablemente lo seguirá reflejando hasta la muerte. El primero y grande impulso que su nivel artístico mereció, cuando apenas contaba con ocho años de edad, se lo dio bien fuerte su paisano el *Camarón*. Con semejante padrino no se puede decir que todo le resultara fácil pues bien sabemos de las infinitas complicaciones que se le plantean a un artista novel, máxime cuando cuenta con los halagos de su familia y de su peña. Supo resolver cuantos problemas se le presentaron y bien aconsejada publicó su primer gran éxito en 1996, un disco titulado *Entre dos puertos*, preludio del llamado *Eres luz* de 1998 y de su más rotundo triunfo hasta el momento, el disco titulado *Cañaílla* del que se venden más de 200.000 copias y por cuyo tema *Cai* recibe el premio de promoción turística de Cádiz del año 2000, junto con *Alejandro Sanz*, compositor de la canción. Continúa con las actuaciones en directo en las que obtiene resonantes triunfos y con su actividad discográfica, en la que dando un nuevo golpe de tuerca se implica profundamente, en su nuevo disco *María*, en aspectos técnicos y musicales como compositora y arreglista, amén de ser la productora, junto con Julio Jiménez alias *Chaboli*, de la mayoría de los temas que se ofrecen en este último trabajo. Todo parece indicar que *Niña Pastori* alcanzará las más altas cimas que el arte flamenco le ofrece en el horizonte, pero será siempre a cambio del mantenimiento de su entrega y de su dedicación.

▲ «NIÑA PASTORI», MARÍA ROSA GARCÍA GARCÍA

«NIÑO DE CABRA», CAYETANO MURIEL REYES

Nace en Cabra, provincia de Córdoba, en 1870, para morir en Benamejí, también de Córdoba, en 1947. Trabajó en diversas ocupaciones en el campo, al tiempo que cantaba en pequeñas reuniones y con los amigos. A los veinte años y según él mismo le contaba a un periodista, «vine a Sevilla a vender un vagón de ajos y debuté en El Burrero». Efectivamente debutó en el Café de El Burrero en 1890, donde alternó con D. Antonio Chacón quien le dedicó encendidos elogios. Se dedicó ya al cante absolutamente y recorrió toda Andalucía y una buena porción de España actuando en cafés cantantes y en algunos espectáculos flamencos, pero nunca quiso dar el salto a América porque, como él mismo decía «no paso el charco aunque me tiendan un puente»; tampoco le gustaban los teatros, ni las grandes aglomeraciones de espectadores por lo que la mayoría de sus actuaciones fueron en pequeñas reuniones y en cafés. En cambio sí realizó un buen número de grabaciones, gran parte de ellas recogidas en procedimientos modernos y editadas en 1980 por la peña que lleva su nombre. Siguió siempre las enseñanzas de Chacón, y también las de *Juan Breva*, pero supo crear y mantener su propio estilo, que brilló especialmente en los fandangos de Lucena, en las malagueñas, en los *tientos*, las soleares y las *seguirillas*. Desde 1965 se celebra en Cabra un certamen que lleva su nombre, como lo lleva uno de los premios del Concurso Nacional de Arte Flamenco de Córdoba.

▶ «PANSEQUITO», JOSÉ CORTÉS JIMÉNEZ

Nace en La Línea de la Concepción, provincia de Cádiz, en 1946, y vive desde muy chiquito en El Puerto de Santa María, donde se inicia muy pronto en el Arte Flamenco, pasando a actuar en los tablaos de Málaga, hasta que *Manolo Caracol* le escucha y le contrata para actuar en su tablao madrileño Los Canasteros, en el que actúa durante largas temporadas, alternándolo con el también de Madrid Torres Bermejas. Luego actuó con el ballet flamenco de *Antonio Gades* en gira por Europa y realizó otras por España. En 1974, en el Concurso Nacional de Arte Flamenco celebrado en Córdoba se le concedió un premio especial «a la creatividad», en reconocimiento a sus calidades «creadoras», hija de las que es una muy especial su *soleá*, personalísima y barroca que no es del gusto de todos, pero sí de muchos, y que él siempre canta, guste o no. Críticos y flamencólogos se han ocupado mucho de él y le atribuyen un papel muy importante en el panorama flamenco actual.

«PENCHO CROS», FULGENCIO CROS AGUIRRE

Es uno de los más grandes intérpretes, sino el que más, de los estilos mineros y de Levante, posiblemente el baluarte más sólido del Festival del Cante de las Minas, con el que estuvo íntimamente relacionado desde que se inició, en 1961, participando en su creación, en su organización y en su desarrollo. *Pencho Cros*, que nació precisamente en La Unión, provincia de Murcia, en 1927, fue el ganador del máximo trofeo del Festival en los años 1965, 1972 y 1976, siendo el único que hasta el momento ha logrado alzarse con la *Lámpara Minera* por tres ocasiones. Luego, su precaria salud le hizo apartarse del cante y de la actividad consecuente.

▶ PEPA BENITO

Nacida en Utrera (Sevilla), pertence a la familia de los *Pinini* de Utrera, su afición por el cante le viene de una gran tradición familiar. Sus primeros pasos los dio de la mano de su padre, sus tías, sus primos y hermanos. Su sobrino, Pedro Bacan, la animó a cantar en público con el grupo *El clan de los Pinini*. Ha actuado en numerosos festivales, dentro y fuera de España, y ha participado en diferentes grabaciones discográficas y documentos televisivos.

«PEPE EL DE LA MATRONA», JOSÉ NÚÑEZ MELÉNDEZ

Nació en Sevilla en 1890 y murió en Madrid en 1983, llevó el sobrenombre debido a la profesión de su madre y comenzó a actuar muy joven, alcanzando avanzada edad a la hora de su muerte. A tierna edad ya actúa en público en la comarca de Cádiz y en la de Almería, en el grupo de *Juan Breva*. Luego se relaciona con D. Antonio Chacón y canta en locales sevillanos. En 1906 actúa en un café cantante de Córdoba y se traslada a Madrid, donde actúa largo tiempo en diversos locales. Viaja por Cuba y México, vuelve a España y actúa en Barcelona y de nuevo en Madrid, en el local Los Gabrieles; asesora al jurado del Certamen Nacional de Cante Flamenco y participa en la película *La hermana San Sulpicio*. Pasa la guerra entre Madrid y Barcelona y finalizada regresa a Madrid donde se centra en el tablao Villa Rosa, canta en diversas filmaciones y en la *Antología* de Hispavox y a continuación viaja por Europa y luego, en la compañía de Vicente Escudero, por Estados Unidos y Canadá. Después realiza varias giras más, actúa en La Sorbona, en Argel y en Túnez, en diversas televisiones, vuelve a París hasta 1974. En 1975 da un recital en la Casa de Velázquez, de Madrid, y se publican sus memorias. Un nuevo homenaje se le rinde en el Teatro Monumental de Madrid, el 3 de marzo de 1976, y los homenajes y los actos de reconocimiento no cesan. Dice Claude Couffon: «Último superviviente de la Edad de Oro del flamenco, Pepe el de la Matrona interpreta, sentado, a sus setenta y cinco años de edad, la *soleá* y la *seguirilla* con una solemnidad casi religiosa». Consumido por la edad, murió en Madrid, a los noventa y tres años.

▶ «PEPE LUCÍA», FRANCISCO SÁNCHEZ GÓMEZ

«PEPE MARCHENA», JOSÉ TEJADA MARTÍN

De él dijo Leopold Stokowsy: «Tiene el arte del *Niño de Marchena* la emoción del canto llano expresado por un intérprete genial. Si sus prodigiosas florituras se pudieran llevar al pentagrama, deslumbraría al mundo». Estamos en la órbita de uno de los más grandes cantaores con que cuenta la historia del cante flamenco, que nació en Marchena, Sevilla, en 1903, y murió en Sevilla en 1976. Muy al principio se hizo llamar *Niño de Marchena*, cuando por las noches cantaba por bares

PEPE DE LUCÍA
Francisco Sánchez Gómez, *Pepe de Lucía*, nació en Algeciras (Cádiz), en 1947. Figura ejemplar del flamenco, ha marcado una época y un estilo dentro del cante. Se dio a conocer con su hermano en el dúo *Los Chiquitos de Algeciras* y comenzaron a trabajar para la compañía José Greco. Su momento estelar le llegó en 1970 con su participación en el festival internacional en el bicentenario de la muerte de Beethoven, era el momento en el que acababa de formar pareja con *Camarón*, y esto constituyó una auténtica revolución dentro del flamenco.

y tabernas, después de trabajar durante el día en los más diversos oficios. Su primera aparición de cierta importancia tiene lugar en Fuentes de Andalucía, localidad de la provincia de Sevilla, próxima a Écija, donde gana un concurso para noveles. Después de algunas actuaciones por Córdoba y Sevilla, le recomienda para actuar en Madrid el cantaor Rafael Pareja, debutando en Casa Juan, en la castiza Bombilla, ya como firme promesa del cante; corría el año de 1921, y José contaba con diecisiete años de edad. Le contrata el empresario Carcellé para actuar en el Teatro de la Latina, donde su sueldo ya alcanza las doscientas pesetas diarias. Graba su primer disco y actúa acompañado por Ramón Montoya en la obra *Málaga, ciudad bravía*, y en ese mismo año, 1922, lo hace en el Palacio de Liria ante los reyes de Italia, de visita oficial en Madrid, y en esa actuación le acompañan D. Antonio Chacón, *Pastora Imperio* y la *Niña de los Peines*, entre otras primerísimas figuras del Arte Flamenco del momento. De aquí en adelante, la biografía de *Pepe Marchena* es una sucesión raramente interrumpida de éxitos sucesivos, de actuaciones en España, en América, en los rincones más alejados geográfica e intelectualmente del mundo, de premios, de honores y de homenajes. Hacia finales de la década de 1960 va disminuyendo sus actuaciones; en 1970 participa en el I Festival de Cante Flamenco, de Sevilla, con *Fernanda* y *Bernarda de Utrera*, entre una nutrida pléyade de artistas flamencos. En 1974 celebra sus bodas de oro con el cante y con ese motivo se le tributa en Marchena un gran homenaje en el que actúan especialmente invitados *Juanito Valderrama* y *Perlita de Huelva*. En 1976 se le concede la Medalla de Oro de su ciudad natal y se celebra en Madrid un magno homenaje, organizado por *Juanito Valderrama*, que se celebra en el Teatro Alcalá Palace el 28 de noviembre; allí pronunció una emotiva despedida, pues ya se sentía morir. Fue trasladado a Sevilla y allí murió el día 4 de diciembre. De su despedida algunas de sus palabras fueron: «... fue mi norma de conducta llevar el cante andaluz con el máximo de dignidad con la pretensión de alcanzar sus más grandes cotas ...» No es nada fácil, quizá es imposible, encuadrar artísticamente a *Pepe Marchena*, sencillamente fue genial y creó su propio estilo. Probablemente las palabras de Manuel de Falla son las más adecuadas: «En el *Niño de Marchena*, con pureza cristalina de manantial serrano, se encuentra el encanto inagotable del verdadero cante andaluz».

«PEPE PINTO», JOSÉ TORRES GARZÓN

Al margen de sus indudables, aunque en su momento discutidos, méritos artísticos, las primeras líneas de su biografía tienen necesariamente que referirse a que fue el marido de Pastora Pavón y cuñado de Arturo y Tomás Pavón. También es digno de mención previa el barecito que poseía la pareja, el Bar Pinto, que en la Campana de Sevilla fue durante gran parte de su vida lugar de encuentro y tertulia. Nace Pepe en Sevilla en 1903 y muere también en Sevilla, precediendo su fallecimiento al de su esposa en escasamente tres semanas. Aunque la primera vez que cantó ante el público fue en 1917, en el sevillano Café Novedades, no se dedica al cante flamenco de forma profesional hasta diez años después, en 1927, y ya desde ahí rea-

CANTES DE TRIANA. Considerada como vértice del triángulo fundamental del cante flamenco, triángulo que se completa con Jerez y Cádiz, se conocen como tales los que se consideran propios del barrio sevillano, como las tonás, las seguiriyas, las soleares y los tangos.

liza sus primeras grabaciones y sus primeras giras por las ciudades españolas, y su contrato con la *Niña de los Peines*, para un espectáculo que se estrenó en el Teatro del Duque, de Sevilla, espectáculo en el que también participaron los *Chavalillos Sevillanos, Rosario y Antonio*. El matrimonio tuvo lugar en 1931 y el siguiente año recorrieron España, liderando un espectáculo de *ópera flamenca*; una gira similar se produce al año siguiente con la intervención de *Pepe Marchena* y en otro año después con *Canalejas de Puerto Real*. Se produce el paréntesis motivado por la guerra española y después continúan sus giras, con Concha Piquer en el espectáculo *Las calles de Cádiz*, en 1940; luego pasea su espectáculo *Solera de España* durante varios años y en 1949 presenta a la *Niña de los Peines*, en su reaparición, con *España y su cantaora*. Fueron muchos los espectáculos en los que participó, muchos de ellos junto a *Juanito Valderrama* y la *Niña de Antequera*. Dispuso de un repertorio y de excelentes facultades, junto con un estilo muy personal y un personalísimo fandango. Sus canciones aflamencadas y sus largos recitados, que le dieron gran popularidad, no fueron del agrado de la crítica, que le censuró, en ocasiones acerbamente. Canciones que le dieron gran fama y popularidad, como *Trigo limpio, Toíto te lo consiento* o *La piconera*, no pueden realmente considerarse flamenco puro, pero ciertamente tuvo conocimientos, la escuela de los *pavones* y mucho interés y muchas facultades, pero no alcanzó las cotas que sin duda pudo llegar a alcanzar.

«PERET», PEDRO CALAFAT MAYA

Nacido en Barcelona, es la figura indiscutible de la rumba catalana, que popularizó y extendió universalmente, sobre todo una vez retirado de la escena, por su matrimonio con *Lola Flores*, José González *El Pescaílla*, que le dejó el campo prácticamente libre para que, con una guitarra y un par de palmeros dominara la escena y se hiciera con los públicos, con su ritmo acelerado e innovador, obteniendo un éxito tras otro, como por ejemplo su *Borriquito*, con el que arrasó en ventas y en popularidad; luego, en 1973 representa a España en el Festival de Eurovisión y poco después se inicia su declive que culmina con su retirada, que prolonga hasta que decide reaparecer en 1991, participando en la Clausura de los Juegos Olímpicos de Barcelona en 1992, con el espectáculo *Gitana Hechicera*, compuesto por él, junto con *Los Manolos* y *Los Amaya*, y grabado en su empresa discográfica que ostenta la marca *Rumba*. No es, evidentemente, una primera figura del cante *jondo*, pero ocupará un lugar distinguido entre los más populares y entre los más innovadores de los últimos tiempos.

«PERICÓN DE CÁDIZ», JUAN MARTÍNEZ VÍLCHEZ

Nació y murió en Cádiz, en 1901 y en 1980, respectivamente. Dada la costumbre, muy arraigada en algunas ciudades, especialmente en Cádiz, de organizar fiestas flamencas recorriendo las calles en los coches de caballos, el niño Juan comenzó su andadura cantando subido a los pescantes de los coches; también recorría la ciudad vendiendo chucherías que anunciaba con unos pregones de gran estilo, y luego los anunciaba en las puertas de los locales donde se ejecutaba el flamenco, hasta que un buen día *Pepe Marchena* le captó para acompañarle en una de sus giras, gira que terminó en la Plaza de Toros de Cádiz, con una gran actuación. En 1936 se presentó al Concurso de Cante organizado en el Circo Price de Madrid, ganando el Premio de seguirillas y soleares, participando después en una gira por Sevilla y Cádiz, organizada con las figuras de aquel concurso. Firmó un contrato con el madrileño tablao Zambra, contrato que era por un mes, pero que se prolongó durante trece años, en actuaciones que alternó con viajes por Europa con su grupo. En 1948 en el Concurso Nacional de Arte Jondo, celebrado en Madrid, en el Teatro Monumental, se le otorgó el premio de seguirillas; en 1976, la Cátedra de Flamencología y Estudios Folclóricos Andaluces, le otorgó el Premio Nacional a la Maestría. De su voz, ahí están los discos por él impresionados, con su serio gracejo y sus respingos flamenquísimos. De su porte y prestancia dejó dicho el poeta Luis Rosales: «Viste siempre de negro –todos los cantaores vestían igual– como vestía la nobleza española en tiempos de los Austrias. Lleva camisa con chorreras y zapatos de tacón alto. En su atuendo muestra arcaísmo, señorío y un cierto deje sacerdotal. Tiene los ojos claros, impasibles, semientornados y, aunque le llaman *Arsa Pericón*, no mueve la cabeza, no gira el cuerpo; mueve los ojos sólamente».

«PORRINAS DE BADAJOZ», JOSÉ SALAZAR MOLINA

Probablemente ha sido el cantaor más completo y más famoso que ha dado su tierra, Extremadura. Nace en Badajoz en 1924 y desde muy niño se dedica al oficio de limpiabotas, alternándolo con la interpretación de fandangos en reuniones íntimas y en fiestas. Un aficionado de su ciudad, José Porras, que le impulsó y le protegió en sus comienzos, le dio su apellido como nombre artístico. Comenzó muy pronto a actuar públicamente, pero no salió de su tierra extremeña hasta cerca de los treinta años, y lo hizo cuando le llamaron para sustituir a *Rafael Farina* en el espectáculo *La copla andaluza*, representada en el Teatro Pavón, de Madrid, y a partir del éxito alcanzado ganó mucha popularidad con las grabaciones que reali-

IZQUIERDA: Alrededor del flamenco existe toda una gama de mantones, peinetas, abanicos... que forman un variopinto paisaje adornando un arte lleno de sentimiento.

zó. En Madrid, recorrió la mayoría de los tablaos como primera figura y le contrataron para formar parte de muchos espectáculos, recorriendo España en varias giras. Además, se introdujo en los aledaños de la sociedad madrileña, con diversas anécdotas nada flamencas. Murió en 1977, víctima de una inexorable enfermedad, y nos dejó su fandango, todo su completo repertorio y sus genuinas creaciones en los cantes propiamente extremeños, como los *jaleos*.

«RAFAEL FARINA», RAFAEL ANTONIO SALAZAR MOTOS

Prácticamente lleva el nombre artístico desde que nació, en 1923, en el pueblecito de Martín Amor, Salamanca. De niño cantaba por los bares y tabernas de Salamanca y pasaba la gorra después; artísticamente se reveló en Madrid, en el colmao Los Gabrieles y en el Teatro Alcalá, en un homenaje a *Juanito Mojama*, destacando mucho y logrando un éxito que le llevó a la compañía de Concha Piquer, con la que realizó giras por España y por América. Luego, en 1952, protagonizó en el Teatro Pavón de Madrid la reposición de la obra *La copla andaluza* y su popularidad fue aumentando, estrenando espectáculos diversos, alguno con *Lola Flores* o con *Juanito Valderrama,* entre otros artistas punteros. También Europa le acogió y fueron grandes sus triunfos en la Sala Wagram de París y en Alemania. *Farina* ha sido siempre muy jaleado por sus seguidores, llegando en ocasiones a ser sacado a hombros del local; una ocasión muy comentada fue en el Circo Price de Madrid en 1967. Ha protagonizado varias películas, recibido Discos de Oro y, sobre todo, un gran cariño popular. Murió en Madrid, en 1995.

◄ «RANCAPINO», ALONSO NÚÑEZ NÚÑEZ

Nace en Chiclana de la Frontera en el año de 1945. Sus inicios en el cante flamenco los recibió acompañando por caminos y ferrocarriles, además de por los tablaos gaditanos, incluida la Venta de Vargas, en la Isla de San Fernando, al *Camarón*, de quien fue un gran amigo y compañero de una infancia dura. Pero mientras el *Camarón* eligió el camino de la renovación, él se centró en los cánones más ortodoxos, con su voz ronca y afilada, abarcando pocos estilos, pero muy sentidos y trabajados, y obteniendo grandes éxitos en memorables actuaciones. En el Concurso Nacional de Córdoba de 1977 obtuvo el Premio Enrique el Melliz. Es una de las figuras flamencas que más ha actuado en Japón, por donde ha realizado varias giras y logrado grandísimos éxitos. Tiene grabada una muy interesante discografía aunque se ha prodigado poco; en 2000 realizó el disco *Puro y Jondo*.

▲ «REMEDIOS AMAYA», MARIA DOLORES AMAYA VEGA

Nació en Sevilla, en 1962. Musa de *Camarón* y gran cantaora de raza gitana, estuvo en Eurovisión, sin éxito, pero a partir de ahí se dio a conocer. El disco *Me voy contigo*, en compañía de Vicente Amigo, le lanzó a la fama definitivamente.

▶ ROCÍO BAZÁN

«ROJO EL ALPARGATERO», ANTONIO GRAU MORA

Rojo su pelo y alpargatero su oficio, nació en Callosa del Segura en 1847 y murió en La Unión, Murcia, en 1907. Probablemente los primeros pasos flamencos los dio en Málaga, donde también hizo el servicio militar. En La Unión, donde se estableció después y transcurrió el resto de su vida, abrió una posada que fue evolucionando hasta ser un café cantante en el que compartió coplas y gran amistad con D. Antonio Chacón y con los cantaores mineros de la comarca. En las madrugadas, desde la ventana de su casa, veía pasar a los mineros cantando hacia el trabajo de la mina, entonando *la madrugá*; horas y horas de escucha le fueron puliendo un estilo muy personal, que le ha dejado en la historia como un maestro del cante de Levante, poseedor de una entonación propia dentro de la más pura ortodoxia, con tarantas y cartegeneras únicas y muy valoradas en su momento aunque, por desgracia, las grabaciones no llegaron a tiempo de inmortalizarle.

ROCÍO BAZÁN
Nació en Estepona (Málaga), en 1977. Procedente de una familia con gran afición al flamenco, aunque es ella la primera que se dedica profesionalmente al cante, y tímidamente al baile. Ha participado en los grandes certámenes nacionales y ha participado en espectáculos con figuras de la talla de *Fosforito, Chano Lobato, Juana la del Revuelo…*

Cantiñear.
Es entonar en voz bajita,
marcando bien el compás,
con estilo pero sin fuerza.

«SERNITA DE JEREZ», MANUEL FERNÁNDEZ MORENO

Nació en Jerez de la Frontera, Cádiz, en 1921, y vino a morir en Madrid, en 1971. Tras los primeros pasos en su ambiente local, debuta frente al público en una función de *ópera flamenca* en el Teatro Eslava. Durante muchos años deambuló por reuniones de aficionados y festivales locales. Salió de gira con la pareja de baile *Susana y José* en los años 1957 y 1958 y luego formó parte de la compañía de *Antonio*, hasta 1969, y con ella recorrió países y continentes, alternando con sus actuaciones en tablaos madrileños. Obtuvo premios importantes, en 1957 en el Concurso Nacional de Arte Flamenco de Córdoba gana los premios de soleares, alegrías y malagueñas, y en el Concurso Nacional de Ballets Españoles, que tuvo lugar en Sevilla en 1965, obtiene el galardón al mejor cantaor. Su discografía es muy interesante y su entrega y dedicación encomiables. Dice *José Mercé*: «Para mí, de *t'os* los cantaores que ha dado Jerez de la guerra *p'acá* es el más largo y el de más conocimientos, en cambio siempre se hablaba de *Terremoto*; el problema es que la gente decía que tenía la voz de *gachó*».

SILVERIO FRANCONETTI AGUILAR

Es sin ninguna duda la más preclara figura del siglo XIX. Nació en Sevilla en 1829, hijo del romano Nicolás Franconetti y de la alcalaína Concepción Aguilar, pasó su niñez en Morón de la Frontera donde se inició en el oficio de sastre y donde se pasaba las horas muertas escuchando el cante de los gitanos en las fraguas, allí decidió ser cantaor a pesar de la fuerte oposición familiar. Siendo todavía niño, conoció a *El Fillo*, del que recibió el más cálido apoyo, para desesperación de su madre, ya viuda. Su fuerte vocación y sus indudables condiciones le fueron lanzando por la senda del cante, primero en Sevilla y luego en Madrid, en donde comenzó a dar conciertos, instituyendo de paso esta costumbre. Luego, sin que se sepan muy bien las razones ni las motivaciones, aceptó una proposición para ir como sastre a Montevideo y por el Río de la Plata anduvo nada menos que ocho años. De vuelta a España se lanzó ya a una frenética actividad cantaora elevándola a lo más alto que le dieron sus nada escasas fuerzas. Cantó, abrió y mantuvo cafés cantantes, contrató a los mejores artistas y fue un cantaor excepcional que lo cantó todo haciéndolo todo excepcionalmente bien. En su momento, Federico García Lorca lo eligió como máximo exponente artístico del Arte Flamenco. Tuvo críticas injustas y mal intencionadas por el hecho de no ser gitano y por llevar el cante del patio de los hogares gitanos a los cafés cantantes. El Café de Silverio fue sin duda el más famoso y el mejor de los cafés de su época. Murió en Sevilla en 1889.

«TERREMOTO DE JEREZ», FERNANDO FERNÁNDEZ MONJE

Nace, y muere muy prematuramente, en Jerez de la Frontera, Cádiz, en 1934 y en 1981 respectivamente. Fue hermano de *Curro Terremoto*, del que tomó el nombre artístico, y de *María Soleá* y sobrino de *Tía Juana la del Pipa*, del *Tío Parrilla* y de *El Borrico*. Por su familia y por el lugar de nacimiento, la calle Nueva del barrio de Santiago, nada extrañan sus tendencias iniciales aunque comienza su carrera como bailaor del espectáculo *Retablos juveniles*, que obtuvo mucho éxito, en el Teatro Villamarta de Jerez y en otras localidades de la provincia; luego actuó en el sevillano tablao El Guajiro, con un conjunto de jóvenes promesas. En la década de 1950 comienza a realizar actuaciones como cantaor y obtiene gran popularidad con la grabación de su primer disco y va alternando Andalucía con apariciones en Madrid y en Barcelona y con contrataciones en los madrileños Los Canasteros y El Duende. Obtiene Premios en el Concurso Internacional de Arte Flamenco en Jerez, el año 1962; pero su lanzamiento definitivo al Olimpo flamenco se lo debió al Premio Nacional de Cante que le concedió en 1965 la Cátedra de Flamencología y Estudios Folclóricos Andaluces, Cátedra que también le adjudicó la Copa Jerez en 1968 y el Premio El Gloria en 1972. Con la guitarra de su cuñado Manuel Morao, que le acompañaba a la perfección, en el espectáculo *Jueves flamencos*, actuó el día 4 de septiembre de 1981 y fue casi la última vez, pues al día siguiente actuó en Ronda y vuelto a Jerez se encontró mal, falleciendo de un derrame cerebral fulminante el día 6, siendo enterrado en medio de una impresionante manifestación popular. La Cátedra de Flamencología celebró muy poco después la XV Fiesta de la Bulería y los carteles anunciadores, encabezados por Fernando, estaban ya confeccionados. La Fiesta fue un continuado homenaje al cantaor que vivió para cantar y casi murió cantando.

Eco.
Conjunto difícilmente definible de sonidos claramente atribuibles a un cantaor determinado. Solamente se atribuye un eco concreto a los más grandes.

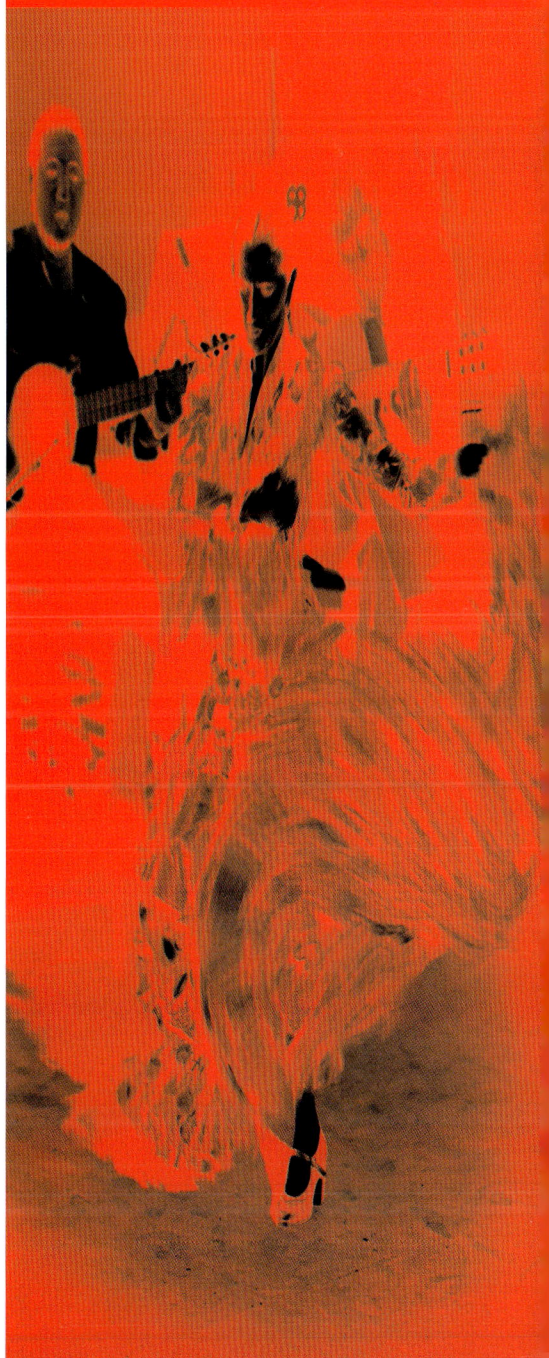

JIPIO.

*Dice el Diccionario de la
Real Academia que, como
voz andaluza de jipido, es
«grito, quejido o lamento
que se introduce en el
cante flamenco». En el
alma flamenca es algo
más, es un grito agudo y
prolongado, es como un
profundo «ay» que se
alarga y se retuerce en los
extremos del cante,
dándole una profunda
autenticidad.*

«TÍA ANICA LA PIRIÑACA», ANA BLANCO SOTO

Nace en Jerez de la Frontera en 1899, transcurriendo su infancia en ambiente campero, cultivó el arte en la intimidad familiar y no se dedicó a él profesionalmente hasta la muerte de su marido en los primeros años cincuenta. Se inició en Jerez, en la venta de San José, grabó un primer disco con el guitarrista Manuel Morao, contratada por Antonio Mairena para la *Antología del cante flamenco y cante gitano.* Además de recitales en peñas y festivales, graba para la antología del *Archivo del cante flamenco* y un par de discos como solista, y actúa en 1985 en el espectáculo *Los últimos de la fiesta,* para el mismo año recibir un gran homenaje de la Cátedra de Flamencología y Estudios Folclóricos Andaluces y la dedicatoria, junto a *Tía Juana la del Pipa,* del Festival de la Bulería. Fue una eficaz conservadora los estilos jerezanos. Falleció en 1987, año en el que se publicaron sus memorias, recopiladas por José Luis Ortiz Nuevo.

«TÍO BORRICO DE JEREZ», GREGORIO FERNÁNDEZ VARGAS

Hijo de *El Tati* y sobrino de *Juanichi el Manijero,* nace en Jerez de la Frontera, Cádiz, en 1910, y muere, también en Jerez, en 1983. En sus comienzos alterna el cante con los trabajos esporádicos en el campo, hasta decidir dedicarse por entero al cante. Empezó con reuniones y fiestas locales, siempre en compañía de otros noveles de Jerez, entre otros *Lola Flores,* que también empezaba. Aunque siempre prefirió dedicarse a las ventas y demás locales de su ciudad, le convencieron para participar, con la guitarra de su sobrino *Parrilla de Jerez,* en los Cursos Internacionales de Arte Flamenco, llamando la atención sus *bulerías,* lo cual le anima a participar en la Fiesta de la Bulería, ganando la copa Jerez. Abrió un poco su horizonte y realizó algunas excelentes grabaciones, actuando en algunos festivales, pero siempre volvía a su rutina y sufrió graves carencias económicas en sus años finales, aquejado además de grave enfermedad. De jovencito, durante una actuación un espectador le gritó: «cantas más fuerte que el rebuzno de un borrico», y con ese nombre se quedó.

«TÍO JOSÉ DE PAULA»

Nació este jerezano en 1870 y fue un cantaor poco conocido, que desarrolló su actividad en círculos muy restringidos y no salió del ámbito de las peñas y reuniones de su entorno de Jerez. Su cante se basó en el de *El Marrurro* y ha sido *Tía Anica la Piriñaca*, que tuvo la ocasión de coincidir con él en el jerezano barrio de Santiago, la que ha dado impulso y vigencia a estos cantes. En 1961, *Juan de la Plata*, en su libro *Flamencos de Jerez*, describe parte de su actividad y da un claro reflejo de su personalidad artística, «¿qué jerezano que llegara a escucharle ha podido olvidar sus soleares? Tío José de Paula fue un maestro, que hizo llorar con la emoción contenida de sus cantes cortitos». También le ha exaltado Manuel Ríos Ruiz, en alguno de sus enciclopédicos trabajos y en el romance «Cante en la esquina». En su recuerdo funciona en Jerez una peña flamenca que lleva su nombre. Murió hacia 1950.

«TÍO LUIS EL DE LA JULIANA»

En el acervo cultural del Arte Flamenco y en lo relativo al cante, no figura nadie con mayor antigüedad; data de la segunda mitad del siglo XVIII y sus únicas referencias escritas se deben a *Demófilo*, que afirma que era un cantaor muy general, que lo mismo se arrancaba por *seguirillas* que por una liviana o por una *toná*. José Blas Vega le atribuye el magisterio de las *tonás* y Rodríguez Marín el haber enseñado a cantar a *El Fillo*.

«TOMÁS PAVÓN», TOMÁS PAVÓN CRUZ

Nació y murió en Sevilla, en 1893 y 1953 respectivamente. Hermano de los ilustres Arturo Pavón y la *Niña de los Peines*, fue un cantaor con un estilo muy personal, genuino e inconfundible; dejó grabaciones que son verdaderos «libros de texto» para los buenos aprendices. Muerto Manuel Torre fue Tomás Pavón, sin ninguna duda, el mejor cantaor del periodo, periodo que terminó prematuramente a causa de un cáncer implacable (en época en la que tan siniestra enfermedad era ya perfectamente diagnosticable). Fue un personaje poco sociable, clasificado en el grupito de los «tipos raros», junto a *El Nitri*, Manuel Torre y otros, artista que no comparecía para cantar en público, ciñéndose a las grabaciones y a actuaciones frente a pequeños grupos muy selectos. Probablemente su mayor tributo al acervo flamenco lo constituyen los viejos cantes trianeros, las *seguirillas* profundas, los *martinetes*, la *toná* grande y la *debla*, y su encendida defensa de la pureza del cante, unida a un magisterio discreto y profundo que buscaba la perfección.

Instrumentos

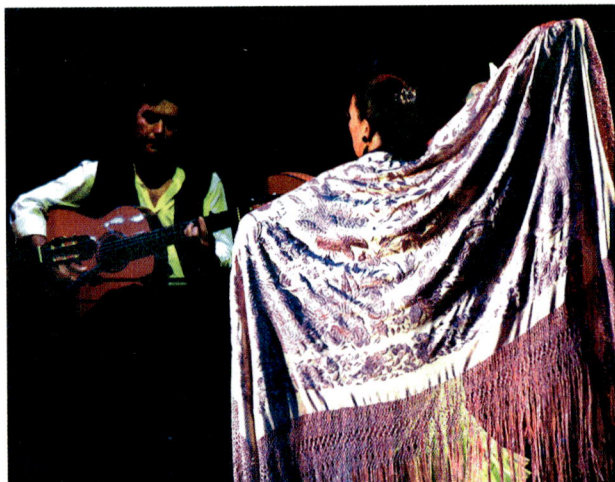

En el desarrollo de cualquier manifestación flamenca, los instrumentos requeridos son muy importantes, pero muy pocos, aun en el caso de las máximas complicaciones, dejando de un lado los acompañamientos sinfónicos que se van produciendo paulatinamente, pero que son de momento escasos. El acompañamiento clásico, muy importante en todo caso, es la guitarra, la guitarra flamenca, que no es idéntica pero sí es una derivación de la clásica, que aparece cuando se encuentran coexistiendo en España las dos versiones, la punteada o morisca y la rasgueada o castellana. Dice Andrés Segovia, inconmensurable guitarrista en cualquiera de las versiones:

La guitarra es una montaña con dos vertientes.
Una es la flamenca; la otra, la clásica.
Ambas igualmente admirables.

GUITARRA

Con la guitarra no ocurre como con el cante o con los intérpretes, puesto que en ambos casos el rastreo de indicios de

Cifra.
Es un procedimiento de
escritura musical,
inventado por Rafael
Marín a comienzos del
siglo XX, en el que se
adjudica un número a
cada traste, en seis líneas
que se corresponden con
las cuerdas de la guitarra.

testimonios fiables escritos o grabados no alcanza a remontarse a grandes periodos de tiempo y lo más remoto que uno puede encontrar son simplemente un par de siglos o poco más. Aquí no es lo mismo, son muchos los instrumentos que se pueden considerar antecedentes de la guitarra y son casi infinitas las referencias literarias, pictóricas y hasta escultóricas. Pero éste no es un documento técnico, ni se pretende dar un referencia histórica, basten pues unas pocas pinceladas.

Una pincelada puede ser recordar al músico y poeta de Bagdad, *Ziryab*, que vivió en el siglo VIII, emigró a Córdoba donde sirvió al Emir Abderramán II tocando la *cítara*, instrumento greco-asirio de cuatro cuerdas al que le agregó una quinta además de crear una escuela de música; en aquella época parece que los grandes centros musicales del mundo árabe eran Damasco, Bagdad y Córdoba. Unos siglos más tarde, otro músico y poeta, éste español y malagueño de Ronda, Vicente Espinel, parece que fue quien le agregó una cuerda más a lo que entonces era el antecedente más próximo de la guitarra, además Espinel, sabio polifacético que nació en Ronda en 1551, como poeta, cambió la estructura de la estrofa llamada *décima*, que se llama *espinela*, en su honor y desde entonces. Hacia el año 1188, en la catedral de Santiago de Compostela aparece una guitarra en el Pórtico de la Gloria, pero los antecedentes son aún bastante anteriores; está bastante extendido el criterio de que la guitarra fue introducida en España por los árabes, pero *Gib-el-Tarik* toma tierra en Tarifa el año 711, al comienzo del siglo VIII y los indicios son todavía anteriores, sobre todo en Francia y en el norte de la actual Italia.

Lo que está bien claro es que a partir del siglo X la guitarra está implantada en toda la península ibérica, en donde coexistían la guitarra «castellana» que se tañía de forma *rasgueada* en arpegios largos y la guitarra «morisca» en la que se utilizaba la técnica del *punteado*, de forma semejante a como se tañía el laud. Y también está muy claro que España es un país de grandes guitarristas, clásicos o flamencos, punteadores o rasgueadores, solistas o acompañantes, moros o cristianos, gitanos o payos, siempre ha habido grandes intérpretes, de la talla de

Andrés Segovia, Narciso Yepes o Regino Sainz de la Maza, entre los más decantados hacia la vertiente clásica, con *Perico el del Lunar*, Ramón Montoya, *Pepe Habichuela*, *Manolo Sanlúcar* o *Paco de Lucía* entre los más inclinados hacia el costado flamenco, todos ellos y muchos más pues ésta es una muy breve relación de los integrantes de la *crème de la crème* del arte extraído de las cuerdas de un instrumento, bautizado con diversos nombres hasta el de guitarra, instrumento cantado también por los poetas, como Federico García Lorca, que no puede evitar el toque andaluz en cada uno de sus poemas:

> Empieza el llanto
> de la guitarra.
> Se rompen las copas
> de la madrugada.
> Empieza el llanto
> de la guitarra.
> Es inútil callarla.
> Es imposible
> callarla.
> Llora monótona
> como llora,
> como llora el viento
> sobre la nevada.
> Es imposible
> callarla.
> Llora por cosas
> lejanas.
> Arena del Sur caliente
> que pide camelias blancas.
> Llora flecha sin blanco,
> la tarde sin mañana,
> y el primer pájaro muerto
> sobre la rama.
> ¡Oh, guitarra!
> Corazón malherido
> por cinco espadas.

No aparece la guitarra como acompañamiento del cante flamenco hasta bien mediado el siglo XIX, pues en los cantes primitivos los gitanos no solían acompañarse de guitarra y no lo hicieron hasta que hacia 1850 el cante fue saliendo de los círculos íntimos y se fue transformando en

MANUEL NIETO

Manuel Nieto Rodríguez nació en Sevilla en 1966. Bajista eléctrico que se inspira en los maestros *Jaco Pastorius* y *Paco de Lucía*. Trabaja de forma habitual con los grandes artistas del momento en el montaje.

espectáculo con el que se amenizaban las fiestas privadas primero, y luego, muy poco a poco, en otros lugares públicos como los cafés cantantes.

La guitarra flamenca es pues una mezcla de la guitarra morisca y de la guitarra castellana y en ella se alterna el *punteado* con el *rasgueado* y se introduce alguna percusión mediante golpes en la caja, añadiendo además *trémolos* y *falsetas*. Es una guitarra más ligera que la clásica, construida con maderas más livianas y con técnicas que evolucionan constantemente. A simple vista no hay diferencias perceptibles entre la guitarra clásica y la flamenca, tienen el mismo tamaño y la misma forma, con igual número de trastes y de cuerdas, pero es en el sonido en donde se aprecian las notables diferencias, sin entrar en las poco frecuentes variantes como la guitarra con siete, ocho, diez o hasta doce cuerdas como la que utilizaba Narciso Yepes entre alguna de sus guitarras, a las que hacía viajar ocupando un asiento de pago en los aviones.

Evocando el toque sublime de alguno de nuestros concertistas de guitarra y quizá con la musa de la Arcadia soplando desde las laderas del monte Cyleno, canta Federico:

> En la redonda
> encrucijada,
> seis doncellas
> bailan.
> Tres de carne
> y tres de plata.
> Los sueños de ayer las buscan,
> pero las tiene abrazadas
> un Polifemo de oro.
> ¡La guitarra!

(del poema dedicado a Regino Sainz de la Maza).

Dentro del apartado flamenco, la guitarra más utilizada es la de acompañamiento al cantaor, llamada simplemente *guitarra flamenca,* con una caja de resonancia algo menor que en la guitarra de concierto, porque no se requiere que el sonido tenga mucha potencia para una audición adecuada. A la vista, la guitarra flamenca puede distinguirse por las tonalidades de las maderas utilizadas, sobre todo en los aros y en el fondo, que suele ser de tonos claros debido a la madera de ciprés utilizada. Para evitar que los rasgueos y las rápidas escalas de los virtuosos deterioren la madera de la tapa se sitúa un *golpeador,* habitualmente blanco, situado debajo de la boca, que atenúa los efectos de la percusión efectuada por el intérprete. Entre los constructores de guitarras, hay un principio admitido y que se cumple casi siempre, según el cual a mayor cantidad de sonido, menor calidad del mismo.

La guitarra
hace llorar a los sueños.
El sollozo de las almas
perdidas
se escapa por su boca
redonda.
Y como la tarántula,
teje una gran estrella
para cazar suspiros,
que flotan en su negro
aljibe de madera.

Le dice también García Lorca en una de sus noches negras, cantando a la desesperanza y al negro desconsuelo por la muerte de un amigo. Pero también voces más optimistas la evocan y la universalizan con cantos viajeros por los campos austeros de Castilla, como Antonio Machado, que le rinde el homenaje de sus versos:

Guitarra del mesón que hoy suenas jota,
mañana petenera,
según quien llega y tañe
las empolvadas cuerdas.
Guitarra del mesón de los caminos,
no fuiste nunca, ni serás, poeta.
Tú eres alma que dice su armonía
solitaria a las almas pasajeras...
Y siempre que te escucha el caminante
sueña escuchar un aire de su tierra.

Ahora, cuando el toque de guitarra ha alcanzado tan grandes alturas, cuando sus virtuosos triunfan en todos los escenarios del mundo, es quizá un buen momento para evocar a los que probablemente fueron los creadores de la música flamenca y que viven en el recuerdo, como *Rodríguez el Murciano,* llamado así aunque era granadino, y se cuenta la

ESTEBAN SANLÚCAR
Esteban Delgado Bernal nació en Sanlúcar de Barrameda (Cádiz), en 1910. Empezó como guitarrista en los cafés cantantes y participó en giras con *Marchena, Angelillo* y otros artistas de la época. Se trasladó a Argentina y después a Venezuela, continuando con las giras y las actuaciones siempre a la guitarra andaluza. Murió en Buenos Aires (Argentina), en 1989.

JAVIER MOLINA

Javier Molina nació en Jerez de la Frontera y desde muy niño empezó a tocar la guitarra en los cafés cantantes de su tierra natal. Es uno de los más consumados guitarristas de todos los tiempos, y el que más veces acompañó a D. Antonio Chacón en sus actuaciones.

desesperación del gran músico ruso Glinka porque le era imposible transcribir la música que salía de sus cuerdas porque era incapaz de repetir los mismos compases ya que su innata creatividad se lo impedía. Otros maestros más o menos coetáneos que crearon escuela y que en cierto modo fueron los primeros concertistas de la historia como los sevillanos Antonio Pérez y *Paco el Barbero* y el gaditano maestro *Patiño*, todos ellos nacidos en la primera mitad del siglo XIX, y después el *Habichuela*, de Cádiz, el jerezano Javier Molina y Ramón Montoya, de Madrid, trío de ases que fueron sistemáticos acompañantes de D. Antonio Chacón y los tres produjeron las primeras rudimentarias grabaciones. Luego hay un largo rosario de figuras nutrido por generaciones posteriores, nacidas desde los finales del siglo XIX hasta la segunda mitad del XX y de entre las muchas figuras se pueden destacar algunas, corriendo el riesgo de ser injustos con muchos de los omitidos; en todo caso no se pueden olvidar nombres como los de Luis Molina, *Currito de la Jeroma*, *Esteban de Sanlúcar*, *Sabicas*, exportador de la música flamenca a toda la geografía mundial, o el gran maestro *Niño Ricardo* que supo reunir sus muchos antecedentes para trasmitirlos a sus sucesores con marchamo de gran maestro.

◀ NIÑO DE LUCENA

Francisco Díaz Fernández nació en Lucena (Córdoba), en 1859. Procedente de una familia muy humilde, empezó trabajando como barbero a la par que aprendía a tocar la guitarra. Se inició en los cafés cantantes y en Málaga actuó a dúo con *Paco el Águila* en el Café Bernardo, con el que entabló una gran rivalidad artística. Estuvo casado con *Trinidad la Parrala*, con la que acompañó a la guitarra en sus espectáculos. Autor de una auténtica revolución dentro del flamenco, entre sus principales aportaciones están su estructuración de la caña y la creación del toque por rosa. Murió en 1898.

En la última etapa del siglo XX campan por sus respetos tres grandes maestros en los que se centra la evolución en esta época, consolidándose como solistas concertistas y marcando las pautas para un futuro bastante esclarecido; evidentemente se trata de Víctor Monje, *Serranito*, de *Manolo Sanlúcar* y, por supuesto del simpar *Paco de Lucía*. Comprometido *Serranito* con la escuela clásico-flamenca de Ramón Montoya avanza notablemente en un exquisito virtuosismo que es al día de hoy característico de la guitarra flamenca, para el que tomó contacto con los grandes maestros clásicos Andrés Segovia y Narciso Yepes explorando y ampliando las relaciones entre la guitarra clásica y la flamenca, logrando que la guitarra flamenca fuera ya admitida sin paliativos por sectores melómanos antes reticentes ante los sones flamencos.

Manolo Sanlúcar hace evolucionar técnicamente hacia un mayor virtuosismo al toque jerezano, herencia que le viene por su cuna, Sanlúcar de Barrameda, y por su sangre, hijo de un discípulo del jerezano Javier Molina; hombre con una gran capacidad de trabajo y con grandes dotes para la enseñanza, busca y alcanza el reconocimiento del mundo musical clásico de la guitarra y la música flamencas. La obra que marca el empleo absoluto de un nuevo sistema musical basado en el conocimiento de la naturaleza de la música flamenca es la llamada *Locura de brisa y trino*, una obra tradicionalmente revolucionaria, grabada con *Carmen Linares*, con la segunda guitarra de *Isidro*, con percusión de *Tino di Geraldo* y con letras de Federico García Lorca, inmortalizada en una cinta de vídeo elaborada por el *Taller de Músicos* de Barcelona.

Y *Paco de Lucía*. Francisco Sánchez Gómez culmina su trayectoria con la consecución del Premio Príncipe de Asturias de las Artes, de 2004. El camino que busca para llevar el flamenco a públicos extensos y entusiastas es el de la corriente de *jazz-rock*, aprovechando la existencia de esa corriente, con músicos como *John McLaughin* o *Al Di Meola*, con los que realiza la grabación *Friday Night in San Francisco* en el año 1981. Sus muchos escarceos por el mundo del *jazz* y su renuncia expresa a la guitarra eléctrica le obligan a cuidar la amplificación del sonido y a equilibrar los diferentes sonidos sobre un escenario y por supuesto a cuidar al máximo las grabaciones, en las que viene a considerar que el estudio de grabación es un instrumento más. Son muchos los guitarristas y flamencos en general que siguen los caminos que él marca y surgen grupos flamencos muy consolidados liderados por *Pepe Habichuela*, Gerardo Núñez o Vicente Amigo, que parece ser el llamado a ser el sucesor del maestro de Algeciras, y el pianista *Chano Domínguez*, avanzando en la fusión del *jazz* con los aires flamencos. Hoy la guitarra flamenca goza del mayor prestigio internacional, se escucha con fervor, se interpreta con pasión y se estudia con la ilusión de arrancarle sus misterios en los cinco continentes. Es ahora casi constante la aparición en el firmamento flamenco de nuevas estrellas y, por ejemplo, cercana la

primavera de 2005 se anuncia la aparición del último trabajo de Vicente Amigo titulado *Un momento en el sonido,* un disco que al decir del propio autor es *muy serio y muy flamenco.*

EL CAJÓN FLAMENCO Y ELEMENTOS DIVERSOS

No es precisamente el decano de los instrumentos flamencos. Utilizado como elemento de percusión para el acompañamiento en el toque tiene sin embargo una bien trabajada historia en el plano general. Al oído humano le suenan muy bien los *toques* con los que se acompaña cualquier sonido, propio o ajeno, cualquier musiquilla sonando cerca o lejos, cualquier pensamiento al que uno le da cierto ritmo o cualquier movimiento al que se traslada una melodía armónica impulsan al compás con el propio cuerpo o con los elementos que se tengan a mano y no digamos si esos elementos son capaces de emitir sonidos más o menos agradables; son multitud los ejemplos que se vienen a la mente comentando estos extremos y probablemente nadie podrá decir que nunca ha resistido a la tentación de golpear el vaso o la copa situada en la mesa con el cubierto que tenía a la mano. Probablemente estas son costumbres universales que todo el mundo tiene y siente, pero con absoluta seguridad se puede afirmar del pueblo español y desde luego del caribeño. Se dice que a lo largo de los siglos, desde el siglo XV, en las largas travesías transoceánicas de las naves viajando hacia América, y en particular hacia Cuba, o procedentes del nuevo continente hacia algún puerto andaluz, sobre todo a

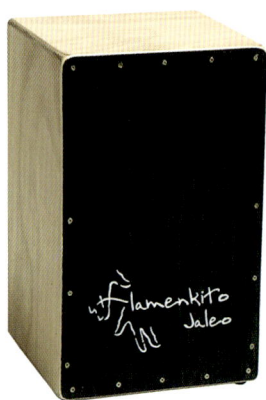

ENGORDAR
Truco del buen guitarrista que consiste en añadir a un acorde pulsaciones en trastes coincidentes con el tono del acorde inicial.

Málaga o Cádiz, en las largas y tediosas jornadas con la mar en calma, los marineros entretenían sus ocios cantando, tocando palmas o percutiendo con la mano en los cajones de fruta o de pescado, abundantes en aquellas embarcaciones. Y éste es precisamente el antecedente del actual cajón musical, del cajón flamenco, tan utilizado hoy día.

Existen hoy diversas discrepancias en relación al origen definitivo del actual cajón flamenco y la disputa fundamental, evidentemente de tipo económico pues lo que de verdad es el objeto del litigio son los *royalties* inherentes al uso del instrumento; realmente, los primeros cajones que se comenzaron a utilizar en la que llamemos *métrica flamenca*, los importó de Perú el músico brasileño Rubem Dantas hace algo más de treinta años. En la actualidad la disputa por los derechos de los cajones la protagonizan peruanos y cubanos, pero viene jugando un papel importante en la música folclórica tradicional cubana desde hace muchos más años hasta que hacia el año 1970 Paco de Lucía se trajo uno y lo incorporó a sus acompañamientos musicales.

Como instrumento no puede ser más sencillo, pues no es mucho más complicado que un simple cajón de frutas, simplemente más limpio y pulido y un poquito más sofisticado. Naturalmente, fabricantes y *luthiers* han buscado mayores complicaciones, con curvas en las maderas, mayor número de orificios, diversos revestimientos y algunas más, pero el simple cajón básico es un paralelepípedo construido con cuatro tableros iguales que forman el bloque central, con un orificio en el tablero que se deja detrás, una base también de madera clavada al cuadro y una tapa sobre la que el percusionista trabaja golpeándola con las manos, que se fabrica con material más fino y que va unida al cuerpo mediante tornillos para que se puedan aflojar o apretar, con objeto de modificar el sonido que se emite, a gusto del músico. En la fabricación y en el uso de un cajón se deben tener en cuenta algunas modificaciones para separar adecuadamente los graves de los agudos, además de obtener algunos croquis para proceder a su fabricación que es muy sencilla, aunque lo más sencillo, evidentemente, es acudir a los muchos establecimientos especializados.

FONDO.
Parte posterior de la caja de resonancia de una guitarra, que suele construirse de madera de ciprés, lo cual es origen de diversas bromas.

Si se ha de destacar a algún músico en el epígrafe del cajón flamenco no cabe duda que se debe mencionar a Guillermo Mc Gill, percusionista distinguido, no sólo en el campo flamenco, campo en el que destaca por encima de todo por la confección de un método de aprendizaje, cuyo título es precisamente *Aprende a tocar el cajón flamenco*, muy difundido y apreciado en su sector. McGuill nació en Uruguay en 1965, viviendo desde muy niño en Cataluña, donde se formó musicalmente e inició su trayectoria profesional.

Aunque su empleo está muy restringido y se limita a alguna modalidad de la danza, no se debe cerrar el epígrafe de los instrumentos flamencos sin una mención más que honorífica a *los* palillos, las populares castañuelas, y una cariñosa mención a quien las llevó gloriosamente a lo más alto en los principales escenarios del mundo, la gran Lucero Tena. Otros instrumentos se utilizan muy rara vez, como los timbales y otros elementos de percusión, aunque van aumentando las versiones orquestales y los espectáculos con orquesta sinfónica, pero todo esto quizá pertenece al futuro. Pero en el presente y en el pasado, muy a lo hondo, dos elementos que no son propiamente instrumentos pero que cumplen sobradamente su función de acompañamiento son los zapatos del bailaor y, por encima de todo, a gran altura, las palmas, la música que ejecuta el *palmero*, arte que se lleva en la sangre y que ningún conservatorio puede impartir.

EPÍLOGO, POR AHORA

El flamenco está llegando a ser un precioso monstruo de veinte cabezas y cien colas, creando miles de torbellinos en los que sumergirse y nadar para llegar a cien puertos en los que contemplar espectáculos sublimes. Como epílogo de estas líneas la elección es muy complicada y desde luego muy subjetiva, por ser tan extenso y tan intenso el panorama que se ofrece pero, de todo él, por mezclar todo tipo de antecedentes filosóficos, científicos, históricos y populares, no deja de ser sumamente atractiva la mezcla de dioses y mortales, como Anaxágoras y Orfeo, Saturno y Venus, *Telethusa* y el *Camarón*, armónicamente mezclados y en danza incansable dentro de un espectáculo sublime: *Los cuatro elementos*.

Empédocles de Agrigento, nacido en Agrigento, Sicilia, en el siglo V antes de nuestra era, fue el excelso filósofo que elaboró su filosofía sobre el conocimiento de las cuatro raíces eternas e indestructibles, los cuatro elementos que son el origen de todas las cosas. Otro filósofo, éste más moderno y arquitecto, el alemán Ludwig Mies van der Rohe, elaboró su teoría también filosófica y aplicada a la arquitectura, que se puede resumir como *menos es más*, algo contrario al barroco según lo cual, cuantos menos elementos, más desarrollo conceptual. No está claro el camino mental recorrido por Miguel Marín, creador de la idea y productor del espectáculo que se ha llevado detrás al mundo entero. *Las cuatro estaciones* se estrenó, en el seno del Festival de Otoño de la Comunidad de Madrid, en el Teatro Albéniz en octubre de 2004 y siguió con una gira mundial por Hong Kong, Londres y por Estados Unidos dentro del Festival Flamenco USA, desde el City Center de Manhattan hasta Miami, Washington y Boston.

El productor Miguel Marín se orientó hacia la consecución de «una velada flamenca conceptual» y para ello se buscaron los componentes adecuados, desde la música, a cargo del guitarrista Gerardo Núñez, los bailaores, con Carmen Cortés que encarna al fuego, Alejandro Granados la tierra, el aire con Carlos Rodríguez y Daniel Doña y la jovencita Rocío Molina diluyéndose en el agua; no hay línea argumental definida, es un *«espectáculo sin estridencias, sutil y orgánico»*, según dice su productor, con la filosofía del alemán de que en el todo *«menos es más»*. La coreografía es de una discípula de Martha Graham, que nunca había producido flamenco, Jacqueline Buglisi, coreógrafa de la Compañía Buglisi-Foreman que abraza las ideas de Van der Rohe y busca que todos compartan los sentimientos de los demás desde lo más profundo del ser. El fuego de Carmen Cortés es una *soleá* a ratos tranquila y a ratos arrebatada, la tierra una *seguirilla* clásica, muy masculina y cordial en el cuerpo de Alejandro Granados, Rodríguez y Doña se reparten el aire de un fandango y Rocío Molina baila una guajira, dando una perfecta armonía como pide la coreógrafa. Completa el elenco el vestuario de Miguel Adrover, el modisto español que revolucionó con su sencillez las pasarelas neoyorquinas y en el ambiente la iluminación de Clifton Taylor.

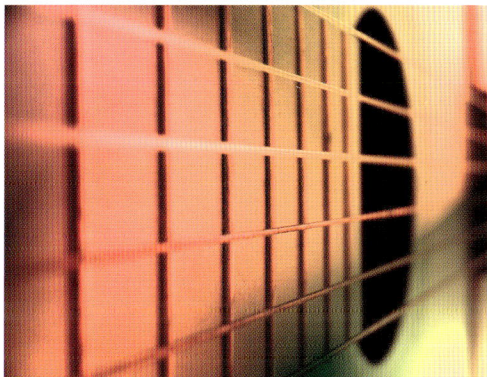

Apéndices

PEÑAS FLAMENCAS

Probablemente la tendencia es universal y quizá en el mundo entero exista la misma fiebre asociativa que en nuestro país, es algo que se escapa un poco a los conocimientos sobre la cuestión, y que sin duda obedece a razones que cambian de región en región. Pero en España se sabe que por todas partes, con unos u otros motivos, que pueden ser deportivos, literarios, gastronómicos, filatélicos, musicales o de cualquier otra índole aparecen por doquier peñas, asociaciones, clubes o grupos con diversas denominaciones, dedicadas a una actividad concreta, en general de tipo lúdico, aunque no siempre, que en su mayoría se encuentran formalmente reguladas por amplios reglamentos, disponen normalmente de un domicilio social desde el que se dirigen las actividades habituales, que suelen ser muchas dentro del año. Una peña importante y muy activa es, por ejemplo, el Colegio Nacional de Arquitectos, por citar un caso de asociación profesional que regula y dirige las actividades de un importante grupo del que depende el urbanismo del país. Pero una peña gastronómica tiene otros componentes más festivos y lúdicos aunque no menos serios y trascendentes, y proliferan por todo el territorio, especialmente por las tierras del norte. Alrededor de cualquier club deportivo, de fútbol o de cesta punta, o de cualquier figura que destaque mínimamente en su actividad o en sus

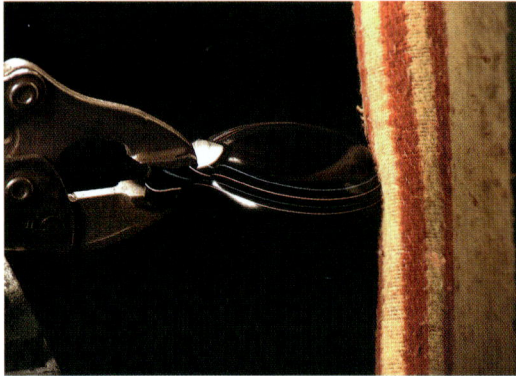

perspectivas, se configura una constelación peñística, dedicada a la exaltación del club o del personaje y a un cúmulo de actividades complementarias. La Asociación Universal de Esperanto agrupa a usuarios individuales de este idioma, distribuidos en 62 países, que se dedican fundamentalmente a la marcha del idioma, pero naturalmente organizan reuniones y muy diversas actividades complementarias. Una visita dominical a la Plaza Mayor de Madrid nos introducirá en el fantástico mundo de la Filatelia, con cientos o miles de personas afanándose en encontrar un pequeño defecto en la impresión de un simple sello de correos.

El flamenco no podía ser una excepción y en su seno de desarrolla una importantísima proliferación peñística, cada vez más amplia e importante; sin embargo, la amplitud de su difusión tardó un tiempo en manifestarse, probablemente dado el carácter más bien introvertido de los verdaderos flamencos, en cuya historia figura una época llamada hermética porque su difusión se desarrollaba en círculos muy cerrados, círculos que tardaron mucho tiempo en abrirse, y la apertura fue parsimoniosa, tanto personal como geográficamente. Desde luego tardó en manifestarse, pero al cabo lo hizo con enorme fuerza en todos los sentidos para, al día de hoy, constituirse en uno de los ejes fundamentales de la difusión y penetración del Arte Flamenco.

La explosión en la creación de las peñas flamencas no tiene lugar hasta bien entrado el siglo XX, y es probablemente el año de 1957 en el que se marca un hito con la formación del ya casi legendario *Potaje Gitano de Utrera*, que a estas alturas del siglo XXI tiene una bien ganada solera, con las hermanas *Bernarda* y *Fernanda de Utrera*, muy viejitas en el carnet de identidad, pero aún vivas y

activas, que fueron de los motores que pusieron en marcha aquello tan simple y tan complicado a la vez de poner a cantar y a bailar a lo más granado del Arte Flamenco una vez al año, al amor de un simple potaje, mínimo reclamo gastronómico alrededor del que se monta una de las fiestas flamencas más prestigiosas de las muchas que se celebran en Andalucía.

De Granada es el Bar de Apolinario, en cuya tertulia surgió la idea de celebrar un Concurso de Cante Jondo, nada menos que en 1922, con el simple propósito de preservar la pureza del cante, que ya por entonces preocupaba mucho a los aficionados y que según algunos, como Federico García Lorca o Manuel de Falla, se estaba desvirtuando merced a las nuevas y controvertidas aportaciones de cualquier recién llegado. Con el empuje y la fuerza de los nombres citados y de otros muchos se montó en Granada y en aquel año el hoy legendario festival del que en otro lugar se da cumplida cuenta. Muchos consideran que la primera Peña Flamenca seriamente montada fue la denominada *La Platería*, que comienza su andadura también en Granada, en 1949, y que se gestó lentamente a partir de una idea surgida en el seno del mismo Bar Apolinario, del que también nació el citado concurso.

Se puede suponer que estos primeros pasos fueron el punto de partida del, lento al principio, acelerado después, nacimiento de las múltiples peñas hoy existentes. En 1948, Francisco Bejarano comienza a dar los primeros pasos para la creación de la Peña Juan Breva que culmina años después dándole sede en el callejón del Picador. En 1951, en Los Palacios, se crea una tertulia en la tasca de Juan el Duque, que se reúne junto al pozo del lugar por lo que se le dio el nombre de El pozo de las penas, y fue Paco Cabrera el *alma mater* de la peña que se trasladó años después a la calle del Charco, donde ya se homenajeó a Antonio Mairena en 1962, siendo nombrada madrina de la tertulia *La niña de los Peines*.

Muy poquito a poco, después del año cincuenta, comienzan a surgir pequeñas agrupaciones que son como núcleos de formación de las peñas y de los festivales, el buen aficionado comienza a tomarle el gusto a escuchar a los artistas en el cerrado espacio de un patio o de un sótano de la cervecería y, principalmente en Andalucía van siendo más y más los grupos que se consolidan y se constituyen en peñas flamencas; en el último cuarto del siglo esta corriente se transforma en vendaval arrollador y al día de hoy hay registradas cerca de un millar de peñas activas, funcionando sin desmayo y creciendo al tiempo que lo hace la afición que aumenta sin parar. Cerca de la mitad de estas peñas se encuentran en Andalucía, pero en el resto de España son también legión y muchas las que se encuentran lejos de nuestras fronteras, en lugares tan exóticos como Japón y Filipinas. A continuación citamos una selección de ellas, de entre las más populares, las más significativas, las más exóticas o las más íntimas, sin ningún afán de agotar el tema sino dejando la puerta abierta a más profundas y exhaustivas prospecciones.

AGRUPACIÓN ANDALUZA DE ROSARIO

Rompe esta agrupación la tónica general de escasa antigüedad desde su creación, pues sus primeros pasos datan de 1915 lo cual no es demasiado raro en la República Argentina donde la emigración española fue siempre muy notable debido a la bonanza económica de aquel país, sobre todo hasta mediados del siglo XX, y especialmente a causa de los múltiples avatares que asolaron la Península Ibérica. De los muchos andaluces que recalaron en Argentina una cantidad nada desdeñable se acomodaron en Rosario contribuyendo a un intercambio cultural incesante que no cesa, que tiene su núcleo fundamental en la capital porteña desde la que irradia hacia otros núcleos de población, adonde llegan los ecos de sucesos importantes, como lo fue la llegada de la gran Carmen Amaya, quien llegó en 1936 y se estableció en Buenos Aires donde permaneció hasta 1947 año en el que regresó a España, cuando ya era una estrella en todo el mundo aclamada. Son muchos los locales de diversa índole que en la República Argentina y en una parte mayoritaria de ciudades importantes del país dedican su actividad o una parte importante de ella al Arte Flamenco, desde bares y restaurantes hasta teatros y tablaos, especialmente en Buenos Aires. Casi todas las primeras figuras españolas han actuado allí obteniendo grandes éxitos y estas agrupaciones, tan parecidas a las peñas, se han esforzado desde siempre en ofrecer innovaciones, en incorporar elementos flamencos bien introducidos en el ambiente español. Cuando en 1989 se realiza en Gra-

nada el I Festival del Tango se comienza a elucubrar en cuál ciudad argentina se podría acoger algo parecido dedicado al flamenco y finalmente es la ciudad de Rosario la que, con el apoyo de la Junta de Andalucía y del Ayuntamiento de Granada logra organizar un festival del máximo nivel; los días 4 al 7 de diciembre de 2002 se celebra el I Festival Flamenco de Rosario que contó con la asistencia de primeras figuras españolas y americanas y con la participación de la primerísima figura del Arte Flamenco, el gran Enrique Morente.

AGRUPACIÓN CULTURAL ANDALUZA. PEÑA FLAMENCA DE MANLLEU

Surge esta peña como una sección de la Asociación de Vecinos del Barrio de L'Erm, en 1986, aunque los estatutos y la inscripción en los registros de su nombre, en la Generalitat y en la Junta de Andalucía, no se produjo hasta 1991 y en la actualidad está coordinada con las demás asociaciones culturales andaluzas de la comarca de Osona. Fundamentalmente sus objetivos son la integración y la convivencia, introduciendo un factor cultural como es el Arte Flamenco y estrechando lazos de hermandad entre Cataluña y Andalucía. Desde el comienzo son muchas y muy variadas sus actividades culturales: tertulias flamencas, recitales de toque, de cante, de baile y de poesía, así como una escuela de baile flamenco que alienta la creciente afición juvenil por la danza, especialmente por la danza flamenca. Participa activa y muy ilusionadamente en cuantas fiestas se producen, tanto callejeras como de barrio o de comarca, intentando sacar a relucir la cultura de la inmigración, injertándola en los entresijos de la sociedad en la que conviven.

ASOCIACIÓN CULTURAL FLAMENCA JABALÓN

Como la mayoría de las peñas flamencas, esta nace por la iniciativa de un grupo de aficionados al Arte Flamenco, en la localidad manchega de Torrenueva, provincia de Ciudad Real, no tiene ánimo de lucro, ni bienes patrimoniales dignos de mención. Entre sus actividades de fomento y promoción del flamenco, figura en lugar destacado la organización de un Concurso Nacional de Cante Flamenco. La peña quedó fundada y sus estatutos registrados con fecha 31 de octubre de 1984.

ASOCIACIÓN CULTURAL TERTULIA FLAMENCA

Desde hace casi cincuenta años un reducido y conspicuo grupo de amigos y amantes de las cosas flamencas se vienen reuniendo y siguiendo todos los avatares por los que navega el Arte Flamenco, pero el virus asociativo les picó hace sólo unos pocos años, y fue cuando decidieron solicitar el registro en el Registro de Asociaciones de la Junta de Andalucía y en el Registro Municipal de Asociaciones de la Ciudad de Carmona. Dada su juventud «legal» son escasas las actividades de las que se pueda dar cuenta, pero buena muestra del espíritu que les anima la da una parte del artículo tercero de sus estatutos que dice: «... se constituye con el objetivo prioritario y fundamental de estudiar, potenciar y difundir el FLAMENCO en todas sus facetas como patrimonio cultural andaluz...».

CAMARÓN DE LA ISLA. PEÑA FLAMENCA

Su prematuramente truncada vida queda aún tan reciente que no se han apagado todavía los sonoros ecos que dejó su voz en los corazones y en el vívido recuerdo de tantos los que disfrutamos de su voz y de su enorme simpatía; la moderna tecnología se ocupa por otra parte de ofrecer grabaciones siempre en algo distintas y siempre bien apetecibles; pero además, son incontables los homenajes, los concursos y los premios que con su nombre se convocan aquí y allá, en España, en Andalucía particularmente y en San Fernando, donde se guarda su cuna.

Un pequeño grupo de antiguos amigos y por siempre admiradores decidieron en su día organizar y poner en funcionamiento una muy seria peña, radicada en San Fernando, en uno de tantos de sus rincones, concretamente en la calle Manuel de Arriaga, y dedicarla no sólo al culto y al recuerdo del grande, sino también y muy especialmente a la promoción, difusión y disfrute de las virtudes del Arte Flamenco. Esta peña se fundó oficialmente el día 18 de diciembre de 1989. Organizado por ella se celebró el 2 de diciembre de 2000 el Primer Concurso Memorial Camarón de la Isla, en que se alzó con el primer premio el chiclanero Antonio Reyes.

EL CIEGO DE LA PLAYA. PEÑA FLAMENCA

Se bautiza a esta peña con el nombre de Francisco Segura, que fue llamado *El ciego de la playa* o *Frasquito el ciego*, legendario cantaor almeriense precursor de los *cantes de Almería*, cantes que supo trasmitir a D. Antonio Chacón. Hay en Huércal una importante comunidad gitana con familias devotas del Arte Flamenco, que interpretan en su faceta *jonda* y son sólo una muestra de la importante afición que desde siempre alienta en aquella localidad, tierra de ventas y lugar de paso de arrieros. Fruto de todos estos antecedentes, un tanto tardía pero eficaz, surge la concreción en la fundación de una peña, que inicia su andadura a finales del siglo XX, concretamente en el día 2 de diciembre de 1995, con mucho ánimo, aunque inicialmente deambula por diversos bares y colegios para recalar en 1998 en el número 2 de la calle de Cervantes, del Barrio de Buenavista, en donde se celebran reuniones y recitales por donde pasan las mejores voces y rasgueos almerienses.

EL DUENDE. PEÑA FLAMENCA DE COPENHAGUE

Se funda esta peña, la primera en Escandinavia, en enero de 1985, con el ánimo de extender y difundir la práctica del Arte Flamenco inicialmente en Dinamarca y pasando el tiempo en Suecia y en Noruega, de donde ya se han dado de alta muchos socios. Desde 1987 la peña tiene su propia sede social, abierta tanto para el simple aficionado como para el que desea aprender y practicar y en la que una vez al mes se reúnen para mantener tertulias, recibir charlas y conferencias y contemplar vídeos y películas adecuados. Los locales se mantienen también como salas de ensayo para guitarristas y bailaores. Además, la peña edita una revista con todo tipo de informaciones, entrevistas y poemas.

EL MORATO. PEÑA FLAMENCA DE ALMERÍA

En el último cuarto del siglo xx era ya muy sencillo legalizar unos estatutos y poner en marcha una simple asociación con fines lúdicos como es una peña flamenca y así fue en este caso, con la Peña Flamenca El Morato, que se dio por iniciada el día 3 de abril de 1981, comenzando sus actividades oficiales pocos días después con una misa flamenca oficiada en la Catedral de Almería, con Alfredo Arrebola al cante y con la guitarra de Antonio Sánchez, *Rubio de Almería*, como actuantes; acto seguido se dio una cena a los asistentes, para comenzar después el primer recital de la peña, en el que actuaron Alfredo Arrebola, *Diego Clavel*, el maestro local Soroche y alguno más, junto al toque de Pedro Peña. La peña ha desarrollado gran actividad en sus años de vida, destacando las tertulias de los viernes flamencos, multitud de recitales, concursos importantes y los intercambios flamencos entre peñas. Entre los homenajes dedicados destaca el tributado al fundador de la Peña, D. José Moreno.

EL PIYAYO. PEÑA FLAMENCA

Como siempre ocurre, en los inicios de casi todo empeño de carácter asociativo, sea de flamenco o de cualquier otra índole, son lentos y premiosos y así ocurrió en este caso, pues el grupo de amigos que constituyó finalmente la Peña comenzó a reunirse y a ir tomando posiciones al comienzo de la década de 1980, con reuniones en el Bar Lo Cea, que fueron mejorando con esporádicas invitaciones a algún cantaor o tocaor amigo, para pasar después a cenas en el citado establecimiento. Hacia 1987 le fueron dando a estas reuniones forma y estructura de una asociación seria y le buscaron el nombre adecuado. Sin ninguna duda el nombre elegido fue el de Rafael Flores, *El Piyayo*, malagueño y vinculado sentimentalmente al Rincón de la Victoria, creador de un estilo propio muy peculiar; el primer Presidente fue Juan Manuel Castro Avellán. Poco después, quisieron dar un pasito adelante, pasando de sus reuniones, de sus pequeños concursos de cante, concurso de saetas y de otras actividades menores; en 1989 redactaron sus estatutos bajo el lema de proteger, conservar y divulgar el Arte Flamenco y sus raíces, y presentaron su proyecto al Ayuntamiento que se lo aprobó y les cedió el local en el que disfrutan hoy de su sede. En 1992 se crea el Festival Puerta de la Axarquía que desde entonces se desarrolla en el mes agosto en local fuera de la sede. La peña mantiene numerosas actividades de entre las que destacan las Tertulias y los cursos, especialmente de guitarra y de baile (uno muy apreciado es el de *verdiales*).

INSTITUTO MEXICANO DE FLAMENCOLOGÍA

Ubicado en la calle de Rosas Moreno, 39, Colonia de San Rafael, México D.F., no es una peña flamenca estrictamente considerada, pero realiza muchas de las principales funciones y reúne a un buen puñado de magníficos aficionados que procuran disfrutar de las excelencias del buen flamenco en lugar tan alejado como el Distrito Federal del México amigo. Le dio forma hace ya más de quince años Patricia Linares quien se inició a la temprana edad de diez años en la danza española y luego completó su formación en Madrid y en Sevilla y actuó durante más de quince años en tablaos y escenarios de México y de España, obteniendo en 1986 una mención especial del jurado en el XI

Concurso Nacional de Arte Flamenco celebrado en Córdoba, siendo la primera bailaora extranjera en conseguir algo semejante. Organiza actividades tales como el programa Senderos del flamenco, seminarios y recitales y tiene una continua y notable actividad dentro del panorama cultural de la capital mejicana.

JÓVENES FLAMENCOS MORENITO DE ILLORA

Había inquietud juvenil de las granadinas gentes de Illora por crear una peña flamenca en que los jóvenes pudieran participar en los corros de actuación, actuar de palmeros y dialogar con los artistas, dándoles un matiz didáctico a las reuniones. Con estos pronunciamientos se creó en 1995 una peña juvenil, casi infantil, en la localidad de la provincia de Granada, a la que han tratado con buen éxito de atraer a las personas algo más maduras. Las sesiones de sus primeros tiempos se han desarrollado con suficiente respuesta, actuando artistas de buen porte como *Pansequito, Niño de Pura* o los *Farruquitos*. Se han realizado además interesantes actividades culturales como una gran Exposición de Fotografía sobre «Gitanos de Sacromonte» o una representación de *Bodas de sangre* a cargo del grupo flamenco *Amange*, formado por jóvenes de recios antecedentes, como algunos procedentes de la dinastía de los *Habichuelas.*

JUAN BREVA. PEÑA FLAMENCA

Es sin duda una de las más activas y prestigiosas en el momento presente. Fue creada en el año de 1958 con el objetivo prioritario de mantener y difundir el cante malagueño, pero tanto en sus acciones como en sus logros han ido mucho más lejos. Destaca por poseer la más completa fonoteca del flamenco grabado, incluyendo una magnífica colección de placas de pizarra; también es responsable la peña de

la creación y del mantenimiento del Museo del Flamenco, inaugurado en el año 1974 y que es uno de los puntos clave a visitar en la turística ciudad de Málaga. Se encuentra ubicada en el callejón del Picador, número 2 y en ella se rinde culto a la memoria del genial cantaor malagueño.

LA PLATERÍA. PEÑA FLAMENCA

Pasa por ser la decana de las peñas flamencas españolas y fue en 1949 cuando un grupo de plateros y orfebres, junto con otros elementos de otras extracciones pero con el denominador común de un inmenso amor al Arte Flamenco, deseosos de encontrar un lugar donde reunirse para hablar de su flamenco deciden aceptar la oferta de Manuel Salamanca Jiménez que pone a su disposición su taller de platería sito en la calle San Matías; no fue complicado ponerle el nombre a la que se supone más antigua peña de Granada, de Andalucía y de España. Sin embargo la complicada legislación de aquellos tiempos hizo que pasara el tiempo y no se llevara la peña al registro de asociaciones el Acta de Constitución hasta el año 1970, concretamente el 11 de noviembre.

En un principio, las reuniones se celebran en el local de la platería, pero pronto se trasladan al local de las Bodegas Granadinas, propiedad del socio fundador Manuel Martín Liñán, situadas en la calle Alhóndiga número 5, asimismo de Granada; desde finales de 1970 se ubica en la placeta de Toqueros.

Por su seriedad y buen hacer ha marcado el camino a seguir y señalado las pautas de funcionamiento a muchas de las que han arrancado después. Nada despreciable es el antecedente marcado tantos años atrás por aquel grupo de intelectuales encabezados por Federico García Lorca y Manuel de Falla, que preocupados por la presunta decadencia de la verdadera pureza del Arte Flamenco, siembran inquietudes que cristalizan en el más que famoso Primer Concurso de Cante Jondo, celebrado también en Granada en 1922.

La Platería ha sentado las bases de la calidad exigible a las manifestaciones flamencas que se desarrollen en la ciudad, convirtiéndose en asesor de organismos privados y públicos a tales efectos. Es también un excelente motor para difundir los jóvenes valores del flamenco que surgen con deseable frecuencia; la influencia de la peña

abarca todos los aspectos de la actual vida cultural grana-dina, sin descuidar aspectos más o menos alejados del puro cante *jondo*.

LOS CERNÍCALOS. PEÑA FLAMENCA

La Peña Los Cernícalos, de Jerez de la Frontera es después de la granadina «La Platería» una de las más antiguas de Espa-ña, estando la cronología en cierta discusión, pero lo que nadie discute el la importancia y la trascendencia de sus múltiples actividades, que año tras año van dando una ima-gen de prestigio y de trabajo bien hecho tanto en Andalucía, como en España entera y más allá de nuestras fronteras. Pro-bablemente, de la enorme cantidad y calidad de las activi-dades realizadas por esta Peña, la que goza de mayor presti-gio y resonancia, sea el Certamen Internacional de Guitarra Flamenca, que ya supera la XXIII Edición, después de casi cincuenta años de labor investigadora, promotora y ejecuti-va, con unos jurados impecables entre los que se ha conta-do con *Serranito*, con Enrique de Melchor, con Paco Cepero o con el gran Manolo Sanlúcar. Por citar alguna otra de sus actividades punteras, el Pregón Flamenco que superó recien-temente las treinta ediciones y que es uno de los alicientes de la Semana Santa jerezana; las Noches de la Plazuela es otra de la manifestaciones más queridas por la directiva y por el público, centradas en la promoción y difusión de jóvenes valores contrastados. Todo buen aficionado que quiera beber en una buena fuente flamenca debería no perder de vista a la buena gente de «*Los Cernícalos*».

«MOVIDA-MOVIDA». PEÑA FLAMENCA

Creada esta peña en la ciudad francesa de Burdeos, merced a la iniciativa y los arrestos de una mujer, fundadora y direc-tora artística, Marina Lourenço, junto con otras ocho muje-res, con el ánimo y el objetivo de difundir y acercar el fla-menco a la ciudad y a la región, habiendo sido registrada en noviembre de 1994. Desarrolla durante el año cursos de bai-le y de cante, de guitarra y de palmas, cursillos especializa-dos y «tablaos», con personas de especial relevancia, tanto franceses como españoles, culminando con la actividad principal, el *Verano Flamenco*, fiesta flamenca de alto porte, con muchos invitados y la ocasión de convivir con profesio-nales y con aficionados de diversas procedencias. Con moti-vo del IV Verano Flamenco se lanzó la revista «Movida Fla-menca», primera y única revista flamenca en Francia, que obtuvo gran aceptación en su lanzamiento y que fue presen-tada en el festival de arte flamenco de Mont de Marsan.

PEÑA CULTURAL FLAMENCA ALCAZABA DE LOJA

Por un impulso nostálgico, rememorar el cincuentenario del legendario concurso *granaíno* de 1922, el grupo de afi-cionados de Loja acuerda constituir su peña el día 2 de febrero de 1972, comenzando sus reuniones bajo la hos-pitalidad del Bar Rufino hasta que, justo un año después, pasaron a ocupar el claustro del convento franciscano, antiguo monumento de principios del siglo XVI, en el que la peña ha realizado algunas obras de rehabilitación. Entre las muchas actividades que realiza dentro del mundo del flamenco destaca la organización y desarrollo de la Volae-ra Flamenca, que ha superado la treintena de ediciones, que durante los sábados del verano efectúa sesiones de selección dentro de veladas flamencas, para celebrar las finales durante las Feria y Fiestas de la ciudad, a finales del mes de agosto. En el día de la Hispanidad de 1986 orga-nizó una extraordinaria velada flamenca en honor de la autoridades de la ecuatoriana ciudad de Loja, con motivo del hermanamiento de ambas ciudades.

PEÑA CULTURAL FLAMENCA CURRO MALENA

Se constituyó esta peña en Aguilar de la Frontera, pro-vincia de Córdoba, en el año 1974, siendo sus objetivos los habituales de conocimiento, expansión y difusión del Arte Flamenco, pero haciendo especial hincapié en la mezcla de las diversas tradiciones culturales andaluzas y en la fusión del folclore con las tareas de la vida, aso-ciando el cómo y el dónde de cada estilo con las condi-ciones de la vida laboral de cada grupo. Tuvo su sede en

un local que reunía las adecuadas condiciones y el deseable embrujo inherente al flamenco selecto, los sótanos de la antigua iglesia de la Concepción, monumento del siglo XVII, pasando después a un bonito patio andaluz, construido en los terrenos del antiguo Castillo de Aguilar. La peña organiza, propaga y difunde actividades culturales flamencas como el Festival Flamenco, las Noches Flamencas de los sábados por la noche, la Nochebuena Flamenca, el Pregón Flamenco en el que se rememora la Semana Santa de Aguilar de la Frontera; en el aspecto investigador la peña ha realizado profundos estudios sobre los cantes antiguos de Aguilar, como el fandango arriero o el pregón de las piñas, ha rescatado del olvido al viejo cantaor *Chaconcito* y ha impulsado la renovación e interpretación de diversas Misas Flamencas. La peña trabaja e investiga para aportar su granito de arena a la ubicación del Arte Flamenco que por historia y cultura le corresponde.

PEÑA CULTURAL FLAMENCA LA FRAGUA

En la mínima localidad urbana de Bellavista, al día de hoy casi un barrio de Sevilla, se inaugura en 1975 esta modesta pero activa peña, cuyo problema fundamental es la elevada edad media de los 250 socios y su dificultad para atraer a sus filas a la juventud y la causa no es la escasa actividad flamenca que en ella se exhibe; por las instalaciones han pasado en estos años la mayoría de las primeras figuras del cante, del toque y del baile, se han organizado más de veinte concursos de aficionados, figurando algunas figuras consagradas entre sus ganadores, se organizan anualmente unos diez recitales, uno de ellos dedicado a la mujer. El punto culminante de la actividad anual es la organización del Festival Flamenco La Fragua, que probablemente es el único que organiza una entidad privada en Sevilla. En sus instalaciones se han celebrado reuniones de la Federación de Peñas Flamencas.

PEÑA CULTURAL FLAMENCA FRANCISCO MORENO GALVÁN

Tardía pero muy pujante, después de una serie de reuniones constituyentes en las que se discuten los reglamentos, los estatutos y sobre todo el nombre de la futura peña, que habría de llevar el nombre del hijo del lugar Francisco Moreno Galván, quien todavía en vida aceptó muy complacido, de quien, ya fallecido, ha dicho Caballero Bonald: «Pertenece a una estirpe de artistas andaluces de los que ya sólo quedan ejemplos aislados, esos artistas que por ser estrictamente de su pueblo son estrictamente universales». La inauguración oficial de la peña cultural tuvo lugar el 26 de abril de 1997, con una conferencia de Antonio Reina Gómez bajo el título «*La muerte y la libertad en el cante*», y un recital con el cante de Miguel Vargas, *Diego Clavel* y *José Menese*, con el toque de José Luis Postigo, Fernando Rodrigo y Antonio Carrión. La peña asume la gran responsabilidad que ha contraído, que no es otra que velar por el cumplimiento de los objetivos por los que luchó Moreno Galván.

PEÑA DE CANTE JONDO DE MOGUER

En 1975, tras el éxito grandioso del Primer Festival de Cante Jondo de Moguer, nace esta peña, que se constituye con el fin primordial de asegurar la continuidad del festival y con objetivos de mantener y extender la afición al cante y al toque y al baile, en todas y cada una de sus manifestaciones. Para su sede, en la calle de Palos, de Moguer, se ha recuperado una amplia bodega que cuenta con un amplio salón y otras instalaciones complementarias, que hacen el local idóneo para las actividades de la peña, especialmente las invernales, de las que suelen convocarse muchas en general con carácter gratuito. Para la celebración del Festival la peña cuenta con otro local situado en el recinto ferial, local que se denomina «La Parrala», recinto abierto y muy adecuado para el desarrollo del Festival, que se celebra, desde hace casi treinta años, el segundo sábado de julio, y por el que han pasado las figuras más importantes, desde el *Camarón de la Isla*.

PEÑA FLAMENCA DE CÓRDOBA

Tras varios años de participación en actividades flamencas y en otras artísticas pero siempre relacionadas con el flamenco, los fundadores de una de las más antiguas y desde luego más activas del panorama peñístico actual, decidieron darle oficialmente forma y el 28 de noviembre de 1971 es la fecha de la primera acta registrada, en la que se especifica el ánimo de seguir un trayectoria cultural dentro del flamenco. De las muchas, muchísimas, actividades en las que la peña está involucrada, la primera de ellas, en orden puramente cronológico es la Semana Cultural, que sigue figurando entre las actividades de cada año; pero son muchas más, y no es el objetivo de estas líneas ser exhaustivas, por lo que se mencionan sólo algunas de las más significativas. Es muy significativo, con su aspecto sentimental no despreciable, el Concurso Literario «González Climent», convocado por la peña, el Trofeo Peña Flamenca de Cordoba, otorgado mediante una encuesta a nivel nacional a personajes relevantes, ajenos a la peña, del mundo flamenco; Seminarios de Estudios Flamencos, un número casi ilimitado de recitales, emisiones radiofónicas como la titulada *Aula Flamenca*, actos de exaltación de la saeta, la edición del libro *Retablo Flamenco* son aspectos muy dignos de mención. Excelentes relaciones con el resto de las peñas y una constante atención a la marcha de todo lo que sucede en el mundo alrededor del flamenco haciendo bueno a diario el lema enseña de la peña: *Aquí se vive el cante.*

PEÑA FLAMENCA DE JAÉN

En esta bella ciudad, capital de la provincia limítrofe con Castilla separada por el paso de Despeñaperros, se ubica una peña que, si bien celebra ahora sus bodas de plata, lleva muchos más años de vida, de mil avatares sufridos o disfrutados, de fechas significativas, de lugares emblemáticos, de nombres ilustres y de vivos y muertos que dejaron y dejan su ilusión y sus pasiones en el flamenco. En la década de los

años sesenta, los pioneros del colectivo en que se asentó la posterior peña flamenca, comenzaron a reunirse en el centro conocido como *Callejón*, hoy calle del Arco del Consuelo, concretamente en Casa Adriano, también funcionaba la taberna Alvear, en el callejón de San Vicente y el Bar Triz. Así comenzaron las tertulias y con muchas iniciativas y patrocinios, como los de la Academia San Alberto Magno, fueron acercándose artistas flamencos de alguna popularidad y en Jaén se encontraban con una afición entendida y muy apasionada. Luego de las tertulias surgieron los viajes a los distintos festivales que ya se venían organizando, como los de Mairena del Alcor, de La Puebla o de Utrera, en los que se aprovechaba para contratar a diversos artistas para sus actuaciones en la ciudad; en este ambiente surgió la primera idea, en 1971, de crear la Peña Flamenca de Jaén, cuyos primeros pasos administrativos se dieron en 1972 y ya en el invierno de este año se pudieron traer artistas consagrados de la categoría de Rafael Romero, *El Gallina*, y de un ya consagrado Enrique Morente. Una vez asentada la peña en el llamado Casino Primitivo, se comenzó a montar un recital mensual en el que actuaron *Diego Clavel, El Pele* o, de nuevo, Rafael Romero. En 1983 hay un pequeño parón debido a la remodelación, pero la voluntad del entonces Presidente, Alfonso Fernández Malo y del sucesor en el cargo, Ramón Porras González, logran superar las muy graves dificultades, inciándose una discreta colaboración con el Ayuntamiento, aceptando la asesoría flamenca de la entidad, para espectáculos y para publicaciones. Y ya en el año 1995 se llega a un aparentemente definitivo convenio con el Ayuntamiento con el que se logra la adecuación de la sede.

PEÑA FLAMENCA DE LONDRES

Pues sí, en Londres también hay una peña flamenca, fundada en 1984 y por tanto con veinte años ya cumplidos, con una Presidencia Honoraria formada por *Paco Peña* y *Maribel la Manchega*. Para celebrar el aniversario convoca un Concurso de Relatos Cortos, lo cual no es el *summun* del flamenco, pero tampoco se encuentra demasiado lejos. Tiene un funcionamiento regular, con espectáculos todos los segundos domingos de cada mes, salvo el de agosto, naturalmente sobre bases eminentemente comerciales, produce algunos cursos y es una asociación digna de tener en cuenta en una visita al Reino Unido.

PEÑA FLAMENCA DE MELILLA

Cumplirá treinta años próximamente y suele celebrar sus aniversarios por todo lo alto, cumpliendo con su misión de difundir los conocimientos del flamenco y de propiciar las fusiones con la música *andalusí*, aunque lejos de Lebrija y de la influencia del *Lebrijano*. Fue muy sonada la fiesta del vigésimo séptimo cumpleaños en el que tuvo un éxito espectacular el recital ofrecido por Pilar Villarejo Calderón, *La ratita*, acompañada por el toque de Fernando Rodríguez.

PEÑA FLAMENCA DE MILÁN

Desde la capital de la Lombardía y a la sombra del Teatro alla Scala, esta peña flamenca, que tiene entre sus reclamos publicitarios la frase «para los españoles es mucho más que un baile, el flamenco es pasión», esta peña, decimos, fue fundada el día 2 de diciembre de 1992, con el ánimo de ser un punto de referencia del flamenco de calidad, sintiéndose orgullosos al día de hoy de haber contribuido con su esfuerzo y su trabajo. La Peña Flamenca de Milán desde las primeras veladas ha recibido el favor de un público numeroso y heterogéneo. Durante años ha auspiciado la presencia en la escena milanesa de la Compañía *Flamencos en ruta*, que en el escenario del Teatro Litta ha obtenido grandes éxitos de crítica y de público, con obras como *El canto nómada*.

PEÑA FLAMENCA DUENDE, DE MADRID

Nace en Madrid, en 1992. Pero nace en el Pozo del Tío Raimundo, que no es una nueva urbanización, es el lugar periférico al que fue a parar una parte importante de la miseria inherente a la inmigración, fundamentalmente andaluza, que convergió sobre Madrid, desde la finalización de la guerra civil, en 1939. En el Pozo, pacientemente, a lo largo de muchos años, muchos, se luchó desesperadamente por mejorar las condiciones de vida y por mantener las costumbres y los modos de participar en la diversión y en los aspectos más lúdicos de la vida. Y entre otros en el flamenco. En la actualidad, en El Pozo del Tío Raimundo, en Vallecas, viven más de 400.000 personas y poseen la historia más flamenca de la capital. Entonces, en 1992, varios aficionados que se reunían habitualmente en los lugares donde se cultivaban las manifestaciones flamencas decidieron colaborar en la expansión y difusión del arte. Y así nació Duende, que desde entonces, celebra encuentros, reuniones, coloquios y todo tipo de actividades que puedan aportar luces al esplendor de la fiesta flamenca.

PEÑA FLAMENCA EL MIRABRÁS

Un comentario de Manolo del Rosal a Juan Velasco, tal como «qué te parece si fundamos una Peña», dio origen en el año 1966 a una de las más activas, de las más antiguas y, desde luego, de las más simpáticas peñas flamencas de la geografía ibérica, ubicada en la pequeña ciudad de Fernán Núñez, en la provincia de Córdoba. También parece muy acertado el nombre, alegre y sin compromiso, bullanguero y sonoro, gustó a todos en el bautizo. Y comenzó la andadura, en los primeros tiempos en la tabernita de siempre frecuentada y con un nombre sugerente «La esquinita te espero», sin grandilocuentes objetivos más allá de cultivar una acendrada afición. Al aumentar el número de socios y la frecuencia de las reuniones, el recinto de la taberna se hizo lamentablemente pequeño y hubo que buscar otro alojamiento que inicialmente fue el Bar Santi, del que hubo que marchar pues al cabo de dos años el dueño decidió transformarlo en discoteca. En mayo de 1978 se convoca una Asamblea Extraordinaria con un único punto en el Orden del día: intentar comprar un terrenito y construir allí un local como sede social, y con los ojos cerrados se aprueba sin mirar. Con el esfuerzo de todos se lleva adelante el proyecto y en 1980 la peña está terminada; la inauguración corre de la voz de Rafael Romero, *El Gallina,* con la guitarra de *Perico el del Lunar, hijo,* y constituyó una noche inolvidable. Son tantos y tan importantes los actos en ella celebrados que sería una interminable relación, baste con decir que quitando a *Antonio Mairena* y al *Camarón de la Isla*, todo el que ha significado, o significa, algo en el mundo del flamenco ha pasado por su sala.

PEÑA FLAMENCA PLACENTINA

En Plasencia cumple en el año 2005 los treinta primeros años de vida activa ilusionante, que se inició en 1975, con una caseta en la feria y bajo la presidencia de Julián García Pérez. Con el paso del tiempo, las actividades fueron languideciendo un poco, por lo que fue refundada en 1995. Con las cuotas de los socios se financian una serie de actos que forman la programación de cada año, de la que destaca para el ejercicio siguiente el VII Festival de Flamenco García Matos. La peña mantiene muy cordiales y activas relaciones con el resto de las peñas de la región extremeña.

PEÑA LA PARRA FLAMENCA

Ubicada en la localidad granadina de Huetor-Vega, un grupo de aficionados cabales, animados por amor por el flamenco y por varias circunstancias diversas, como su amistad con Juan Carmona, *Habichuela*, celebraron varias reuniones en el bar La Parra y decidieron crear su peña y denominarla como al bar de sus reuniones, La Parra, productora de las uvas con las que se produce un excelente mosto, de gran renombre en todo el contorno, y con el nombre y los estatutos en el año de 1981 se constituyó esta activa y divertida peña flamenca. Las primeras actividades se iniciaron inmediatamente con variados recitales de cante, de baile y de toque que desembocaron en 1983 en el I Festival Flamenco de Verano de Huetor-Vega, festival que concluyó con un gran éxito que propició su continuidad y la de las Navidades Flamencas, en las que no falta la guitarra del amigo y socio de honor *Juan Habichuela,* acompañando a primeras figuras del cante; otro socio de honor que figura en sus filas es Enrique Morente, también granadino y primerísima figura del Arte Flamenco. Otra actividad importante y digna de mención fue la organización y desarrollo de las Primeras Jornadas sobre la Introducción del Flamenco en la Enseñanza, cursillo homologado de perfeccionamiento del profesorado, realizado en colaboración con el sindicato de enseñanza, en el que participaron más de un centenar de profesores de enseñanza primaria y de enseñanza secundaria.

TERTULIA FLAMENCA DE LA ISLA

La Tertulia Flamenca de La Isla de San Fernando se constituyó en 1974, abriendo sus locales en el mes de noviembre, con el solo objetivo de promover y difundir el Arte Flamenco. Dada su ubicación, sus antecedentes y la historia con que cuenta la Isla, parece un poco tardía la fecha de apertura, pero no sorprende nada su frenético quehacer, ya que no para a lo largo de cada año, comenzando en enero con la Epifanía, o fiesta de los Reyes Magos, en cuya cabalgata participan los socios repartiendo dulces y regalos a los niños de la ciudad; en seguida llega febrero y los prolegómenos del Carnaval, con la Erizada Popular en la que ofrecen a todos los visitantes la degustación del marisco, regado con manzanilla, y ya dentro del Carnaval, la entidad colabora obsequiando con cartuchos de camarones en el carrusel de coros; en marzo da comienzo el concurso de saetas disputándose su final el Domingo de Ramos, con los triunfadores amenizando con sus cantes los desfiles procesionales de la Semana Santa gaditana; en abril, y todos los sábados hasta el mes de julio tiene lugar el Certamen Nacional de Cante Flamenco Isla de San Fernando, cuya final se celebra en el mes de agosto, yendo ya el certamen por su edición duodécima; mayo es el mes de la flores, pero en Andalucía es también el mes de las Cruces, fiesta en la que también se participa. La ciudad de San Fernando desarrolla en el mes de julio su Feria del Carmen, en la que la tertulia monta su propia caseta en que se ofrecen actuaciones de cante y de baile flamenco. Inicialmente se montó el grupo de baile *Los Niños de la Tertulia Flamenca de la Isla*, dirigido e instruido por Sara Baras, famosa maestra de baile flamenco, sobre todo desde que su hija saltó a la fama internacional. Además de todo lo enunciado, los tertulianos colaboran siempre que son requeridos para temas flamencos en actuaciones benéficas.

FESTIVALES Y CERTÁMENES

Aunque en el caso de festivales y certámenes hay algunos ejemplos de mayor antigüedad, encabezados por el legendario Festival del Cante Jondo preparado por elementos tales como Manuel de Falla, Federico García Lorca o Andrés Segovia y que se celebró en Granada en 1922 y del que aún perviven las resonancias que embeben a todos los ámbitos del flamenco, la mayoría de los de resonancia

más amplia en los tiempos actuales se comenzaron a instrumentar en la segunda mitad del siglo pasado. Al día de hoy son tantos y de tanta calidad que, como ocurre en el caso de las peñas flamencas, sólo es posible incluir breves reseñas de los más importantes, de alguno de los de mayor significación y una muestra de los más exóticos.

BIENAL DEL FLAMENCO
Septiembre, Sevilla

Celebró este certamen sus bodas de plata en el 2004, ya que se empezó a gestar en 1979 con un proyecto de la Comisión que en aquel año organizó el Congreso de Actividades Flamencas, comisión que se transformó en un Patronato formado por elementos del Ayuntamiento de Sevilla y por miembros de la Federación de Peñas. El primer acto público tuvo lugar el 27 de marzo de 1980 con la lectura del «Manifiesto de la Bienal» y la bienal propiamente dicha se celebró los días 6 al 21 de abril de tal año, abriendo las sesiones el poeta granadino Luis Rosales ,quien pronunció en el Teatro Lope de Vega de Sevilla el «Pregón de la Bienal», dando lugar a una serie de actos que entre otras cosas tendieron a vincular el Arte Flamenco con el mundillo de las Bellas Artes, como el Concierto de la Orquesta Bética Filarmónica dirigido por Luis Izquierdo, la Exposición de Artes Plásticas celebrada en el Museo Provincial o el Premio de Ensayo con publicación de la obra ganadora, otorgado al trabajo *Pueblo y Política del Cante Jondo* del poeta jienense Manuel Urbano. Desde entonces se repite cada dos años con gran repercusión en el público y en los medios y se prepara con ánimos renovados la XIII Edición que se ha celebrado del 2 de setiembre al 10 de octubre, en Sevilla como todas las anteriores y para la que se ensalzó la presencia de grandes figuras como *Antonio Canales*, de *Tomatito* o de Rafael Amargo, conciertos como el que corrió a cargo de *Antonio Canales* el 10 de setiembre en el Teatro de la Maestranza. La clausura tuvo lugar el día 10 de octubre del 2004 con la puesta en escena del espectáculo *Concierto de Clausura: 1904 – 2004. Lo que el tiempo da, lo que el tiempo quita, lo que el tiempo pone*, dirigido por José Luis Ortiz Nuevo, en el Teatro de la Maestranza, espectáculo en el que se conjugan los recuerdos y las realidades, aportando recuerdos de Joaquín Romero Murube y del *Niño Ricardo* en el centenario de su nacimiento, evocación de *Juanito Valderrama* y de la *Paquera de Jerez*, en el año de su desaparición y una gran constelación de artistas del máximo postín. La Bienal sigue su marcha imparable y sin duda seguirá aportando logros y éxitos.

CARACOLÁ LEBRIJANA
Julio, Lebrija (Sevilla)

De entre los muchos y muy diversos festivales con los que se celebra popularmente al flamenco, es bastante frecuente que en el arranque, en el título y entre los festejos, la gastronomía no quede relegada a un simple segundo plano, sino que desde la primera línea juegue un papel fundamental. Así, en la localidad de Lebrija, de recia raigambre flamenca, su festival flamenco discurre a la sombra de los caracoles, protagonistas de la *caracolá* que, desde sus bellos y graciosos carteles se convoca cada año y se celebra habitualmente en una brillante noche del mes de julio, cocinándose caracoles a la gitana, cocinados con muchas especias, cilantro, comino, sal, pimienta negra, pimentón, ajo y clavo. En Lebrija mora la Peña Flamenca de Pepe Montaraz, ubicada en el Callejón de los Frailes, e ilusionada organizadora de la *caracolá*, que en 2004 se celebró el sábado 17 de julio, en el patio del convento de San Francisco, constituyendo la XXXIX edición del festejo lebrijano.

CERTAMEN INTERNACIONAL DE GUITARRA FLAMENCA
Diciembre, Jerez de la Frontera (Cádiz)

Uno de los más grandes y más complicados empeños abordados por la Peña Flamenca Los Cernícalos de Jerez de la Frontera es este Certamen Internacional de Guitarra Flamenca que, tras diversos avatares ha alcanzado la XXII edición, celebrada en el Teatro Villamarta de Jerez, después de las ediciones anteriores desarrolladas en 1992 la que hizo el número XX y en 1999 la XXI; desde que se celebró la primera, hace más de treinta años, y pese al apoyo incondicional de los más grandes guitarristas del concierto guitarrista nacional, las dificultades económicas no han permitido un ritmo más vivo; una peña flamenca, asociación sin ánimo de lucro, por supuesto, no goza de recursos para abordar empresas de alto porte, y si no goza del apoyo de empresas e instituciones no puede sacar adelante proyectos de mayor envergadura. Para la edición XXII se ha contado con el apoyo de las instituciones autonómicas y locales, de la Caja de Ahorros de San Fernando y de las Bodegas González Byass; se celebró esta edición en el Teatro Villamarta de Jerez, el día 10 de diciembre de 2004, con un jurado en el que se encontraban algunos de los más grandes guitarristas del momento, como *Manolo Sanlúcar* o Víctor Monje, *Serranito*, resultando ganador el jerezano Antonio Rey. Mención especial merece la charla, el coloquio y el pequeño recital ofrecido la noche anterior por otro de los más grandes, el también jerezano Gerardo Núñez.

CERTAMEN NACIONAL DE SAETAS
Semana Santa, diversas localidades

Durante la Semana Santa española son muchas las tradiciones que invaden las calles y los programas de festejos, los desfiles procesionales son una síntesis de arte y de fervor que se adueña de calles y plazas constituyendo además un atractivo turístico de primer orden; son fiestas que tienen lugar en todos los rincones de España, con una intensidad creciente conforme se avanza hacia el sur, hasta alcanzar Andalucía y dentro de ella el epicentro se sitúa en Sevilla, pero otros muchos son puntos básicos y entre ellos destaca Extremadura, cuya ciudad de Mérida pugna por alcanzar un punto de reconocimiento luchando porque su Semana Santa sea reconocida como Fiesta de Interés Turístico Nacional. Dentro de este entorno la *saeta* juega un no despreciable papel y se pueden escuchar al paso de las principales imágenes en la mayoría de los desfiles procesionales del país; consecuentemente, son múltiples los certámenes y concursos de saetas que tradicionalmente se organizan en pueblos y ciudades. El que viene aquí es el Certamen Nacional de Saetas de Mérida, destacado gracias al impulso promocional conferido por los responsables municipales de la ciudad, que celebró su VII edición el 18 de marzo de 2004 en el Centro Cultural Alcazaba, en sesión presidida por la imagen del Cristo de la Veracruz, de larga tradición emeritense.

CONGRESO INTERNACIONAL DE ARTE FLAMENCO
Lugar y fecha se elige al finalizar el anterior

Como la mayoría de los congresos nacionales o internacionales de muy diversa índole, suele ser costumbre elegir la sede de los siguientes al finalizar las sesiones del que concluye, siendo lo habitual que la ciudad en que se celebra cada año o cada ciclo cambie de vez en vez; mucho camino ha recorrido este Congreso, desde su primera edición que tuvo lugar en 1969 en Benalmádena hasta el ya convocado XXXIII Congreso que tendrá lugar en 2005 en ciudad del Mediodía francés de Nimes, donde el espíritu de *Telethusa* podrá revolotear entre las *puellae gaditanae* bajo la irónica sonrisa del *Camarón de la Isla*. No es objetivo de estas líneas realizar una reseña histórica de los diferentes congresos realizados, pero sí, como mínimo, realizar una fugaz parada en Mairena del Alcor y en su XXXII Congreso, realizado en 2004, donde el espíritu que revoloteó complacido no fue otro que el de *Antonio Mairena* con su «razón incorpórea» de la que mucho le gustó hablar. Todas las fuerzas artísticas, turísticas y representativas de la ciudad y de sus instituciones se volcaron para conseguir un Congreso inolvidable y a fe que lo consiguieron, muy significativamente en el aspecto artístico visto desde la cómoda panorámica del espectador interesado, desde la que no cabe menos que felicitar a todos los organizadores y en representación de todos ellos, al Presidente de la Asociación para el fomento de los Congresos de Arte Flamenco, Gonzalo Rojo Guerrero.

ENCUENTROS FLAMENCOS EN EL FESTIVAL DE OTOÑO DE GRANADA

El Festival de Otoño de Granada se enriquece con la inclusión de estos Encuentros Flamencos que, partiendo de un gran nivel, han alcanzado ya, en sus cortos cinco años, un enorme prestigio dentro y fuera de nuestras fronteras. Se celebran los Encuentros en tres escenarios distintos; el escenario principal es el Teatro Municipal Isabel la Católica, los *trasnoches* de la Peña Flamenca La Platería y el Teatro Municipal del Zaidín. En el pasado diciembre de 2004 se celebraron los encuentros del V Festival con gran éxito de crítica y de público, como ya viene ocurriendo desde el principio, con momentos culminantes como las actuaciones del grupo de *rock andaluz Triana*, con el espectáculo *Triana, en el nombre de la rosa*, dirigido por Javier Latorre, que se estrenó en el Festival de Guitarra de Córdoba y también se presentó en la Bienal de Sevilla; en este Festival de Otoño de 2004 se presentó también el estimulante diálogo del flamenco con la música magrebí en el espectáculo *Músicas en las dos orillas*, con la Orquesta Chekara de Tetuán y los cantaores locales Antonio Campos y Jaime Heredia y las guitarras de Emilio Maya y Rafael Santiago; los encuentros flamencos de 2004 se abrieron oficialmente el viernes día 3 de diciembre con la obra *El mago*, con el cante de Diego Carrasco y el toque de Diego del Morao. En años anteriores se han podido disfrutar actuaciones memorables, como las del III Festival, del año 2002, en el que confluyeron los grandes *Joaquín Grilo*, bailaor de Jerez, la bailaora sevillana Manuela Carrasco, acompañada al cante por el gran *Chocolate*, la inconmensurable *Carmen Linares* quien además presentaba su disco *Un ramito de locura* y además la joven cantaora granadina Marina Heredia, sin olvidar al gran tocaor almeriense *Tomatito*, ni a los concurridos *trasnoches* de la veterana Peña Platería. No se debe cerrar esta minúscula reseña sin dar cuenta de los grandes éxitos atesorados por el conjunto de las grandes figuras que actuaron en los Encuentros del IV Festival, desde la apertura a cargo de *José Mercé*, el cante de *El Chocolate* y el baile de *Antonio Canales* y el toque de *Moraíto*, y la participación de una estrella emergente, la cantaora *Fuensanta la Moneta*, reciente ganadora del Festival del Cante de la Minas. Este es uno de los eventos flamencos en los que se ven, y se desean, las máximas alturas en el futuro inmediato.

FESTIVAL DE CANTE JONDO ANTONIO MAIRENA
Verano, Mairena de Alcor (Sevilla)

En Mairena del Alcor desde 1962, fecha en la que se le otorga la tercera Llave de Oro del Arte Flamenco, todo es *Antonio Mairena*, desde la Casa del Arte Flamenco hasta el Festival de Cante Jondo que desde aquel año viene celebrándose anualmente, superando la prueba de la muerte del Maestro, por muy pocos criticado y por la inmensa mayoría ensalzado. Es uno de los más prestigiosos festivales y sus trofeos muy deseados y enormemente valorados.

FESTIVAL DE CANTE GRANDE DE CASABERMEJA
Julio, Casabermeja (Málaga)

En este pueblecito malagueño de unos tres mil habitantes se celebra desde hace más de treinta años un interesante y muy significativo festival, denominado con toda justicia *de cante grande*, con participación de importantes figuras del panorama nacional; el Festival de Cante Grande presume de ser el más antiguo y representativo de la provincia de Málaga, pero sobre todo presume del título otorgado por la Junta de Andalucía que lo declaró Fiesta de Interés Nacional. En la primera edición, celebrada en 1969, actuó brillantemente el cantaor *El Chocolate*, que después ha obtenido éxitos deslumbrantes, como por ejemplo la concesión de un Grammy Latino, y ha vuelto en la edición trigésimo tercera, en julio de 2004, con un triunfo espectacular, junto a los obtenidos por los también cantaores *Fernando Terremoto* y Esperanza Fernández, con las guitarras de Antonio Carrión, Miguel Ángel Cortés, Antonio Higuero y Francisco Javier Jimeno, y la brillante actuación de la genial bailaora Manuela Carrasco. Viene el festival siendo organizado por el Ayuntamiento de Casabermeja, el Área de Cultura de la Diputación de Málaga y la Peña Flamenca Torre Zambra y tiene como objetivo, en palabras de Antonio Domínguez, concejal de Cultura del Ayuntamiento de Casabermeja, «reunir a los artistas que más puedan agradar al público entendido en flamenco».

FESTIVAL DE FLAMENCO DE ALMERÍA
Agosto, Almería

Lejos del más puro cogollo jerezano, Almería es la más oriental de las provincias andaluzas pero no por ello se rinde culto al Arte Flamenco con menor fervor y así lo demuestra, entre otras muchas manifestaciones, el bien ganado prestigio de su festival anual que presume de ser uno de los más antiguos habiendo cumplido su edición número treinta y ocho en el mes de agosto de 2004, organizado por la Concejalía de Cultura del Ayuntamiento. Desde hace ya varios años se desarrolla en sesiones de tres días, con los dos primeros dedicados a los artistas consagrados y el tercero a las jóvenes promesas locales, todo ello en las tres vertientes de cante, de baile y de toque. En un principio se celebraba en la Alcazaba pero hace ya tiempo que debido al escaso aforo del bello lugar se celebra en la plaza Vieja, hoy llamada plaza de la Constitución. Todo artista que se precie tiene alguna actuación en este festival, en cuya relativamente corta historia cuenta con presencias como las de Enrique Morente, de la Paquera de Jerez, de la genial *Sara Baras* o del inolvidable *Camarón de la Isla*. En la trigésimo octava edición, la celebrada en agosto de 2004, las principales figuras que actuaron fueron la guitarra de *Tomatito* y el cante de Estrella Morente, de *Diego el Cigala*, de Vicente Soto, *Sordera*, Miguel Poveda y Mari Ángeles Fernández.

FESTIVAL DE JEREZ
Febero-marzo, Jerez de la Frontera (Cádiz)

En su novena edición, el Festival de Jerez, dedicado a las artes escénicas, pero fundamentalmente al Arte Flamenco, abrirá sus puertas el día 25 de febrero con la obra *El loco*, a cargo del Ballet Nacional de España. Organizado por la Fundación Villamarta, el certamen dedicado especialmente al baile flamenco y al baile español, presenta asimismo ciclos de cante y de guitarra, ciclos formativos con un total de treinta y seis cursos, así como charlas, debates y presentaciones, tratando de ofrecer un escaparate de todo lo que acontece en la primera línea del Arte Flamenco. Jerez se disputa amigable y folclóricamente el ser la más preclara ciudad flamenca, compitiendo con Sevilla, con Cádiz, con Utrera, y quién sabe con cuántas más, por ostentar ese título que, naturalmente, no está en litigio y nadie puede adjudicar. Para éste, su festival, cuenta con las bellas instalaciones del Teatro Villamarta y con otros bellos espacios escénicos repartidos por la ciudad con los que se aspira a difundir por todos los rincones la vibrante actividad que los programas generan. Así, en la sala La Compañía se exhibirá el ciclo *Los novísimos* que, dedicado al baile, incluye a nuevas generaciones de artistas, como Israel Galván, joven bailaor hijo de los bailaores sevillanos José Galván y de Eugenia de los Reyes, al que no se puede ya considerar como joven promesa y a quién acompañará al cante nada menos que *Fernando Terremoto*; o el caso, también encomiable de Belén Maya y Rafaela Carrasco que ofrecerán al público la coreografía titulada «Fuera de los límites». En la programación del Teatro Villamarta figuran espectáculos tan interesantes como el *Confí de fua* de José Mercé o la gala en la que intervendrán *Bernarda de Utrera*, Milagros Mengíbar y Paco Cepero, cante, baile y toque de difícil respuesta. Entre otros participantes ilustres, no se pueden omitir *Manolo San-*

lúcar, *Eva la Yerbabuena*, el Ballet Nacional de España y las más de veinte mil personas que acudirán a las distintas manifestaciones. Hay que decir que el Festival de Jerez es un lecho en el que se estimulan el mestizaje y la fusión, buscando nuevas formas de expresión, pero sin renunciar un ápice a los aromas de la ancestral herencia de los que se fueron, más bien rindiéndoles el homenaje de la cuidadosa conservación de sus esencias.

FESTIVAL FLAMENCO DE CÁCERES
Noviembre, Cáceres

Festival que alcanzó en 2004 su XXX edición y en ella las máximas alturas de repercusión, de calidad y variedad en los actos programados, de altura artística de los intérpretes seleccionados y de ilusión organizadora en la enorme pléyade de gentes implicadas. Extremadura compite desde la noche de los tiempos por situarse a la cabeza de los grandes en la promoción y difusión del genuino arte flamenco y en esta ocasión echa el resto en el envite, con la colaboración de todos los estamentos del corazón cacereño, con instituciones oficiales, agrupaciones privadas de toda índole, universidades y entidades docentes, bancos e instituciones financieras, salas de exposiciones, museos, hoteles y hasta la estación cacereña de autobuses aportan siquiera un granito de arena a la organización y desarrollo de este magno festival.

Con un amplio programa ocupando toda una quincena del mes de noviembre, hasta una docena de exposiciones de pinturas, fotografías, lienzos y esculturas se muestran al público en prácticamente todas las salas hábiles de la ciudad y de la provincia; el día 20 se representa el espectáculo *La Guitarra* en el Gran Teatro de Cáceres, con la actuación estelar de Víctor Monje *Serranito* y Javier Conde, y el sábado 27 en el Auditorio San Francisco *El Cante*, con las voces de *Carmen Linares*, Pedro Peralta y Raquel Cantero, con el acompañamiento de Miguel Ángel Cortés, Juan Manuel Moreno y *Perico de la Paula* y *El Baile*, con el espectáculo *Bailaora* de Pepa Mon-

tes, con acompañamiento de guitarra de Ricardo Miño y el piano de Pedro Ricardo Miño.

Además del Programa Especial Conmemorativo, se realiza una edición especial al cuidado conjunto con la Diputación de Córdoba, Ayuntamiento de Mairena de Alcor y la Bienal del Flamenco, Sevilla 2004, de la obra *Mundo y formas del cante flamenco*, de Antonio Mairena y Ricardo Molina, y diversos trabajos discográficos. Simultáneamente al Festival, quedan para la posteridad la biblioteca de 500 volúmenes y la fonoteca con más de 7.000 grabaciones instaladas en el local cedido por el Extremadura Hotel.

FESTIVAL FLAMENCO DE CAJAMADRID
Enero-febrero, Madrid

Con medios técnicos y económicos, bastante alejados del común de una peña o de una agrupación local, Cajamadrid organiza el festival, que en 2005 alcanza su décimo tercera edición, a la que están citados grandes nombres de flamenco actual, como Enrique Morente, *José Menese*, *Tomatito* o *Carmen Linares*. Las sesiones, conferencias y el resto de las actividades tendrán lugar en el Teatro Albéniz de Madrid y en la Casa Encendida, escenario de grandes eventos ofrecidos por el patrocinador. En esta edición se entregará el Galardón Flamenco Calle de Alcalá 2005 al bailaor y coreógrafo Mario Maya y el Galardón Flamenco de Honor del Festival a la Maestra y Leyenda viva del Baile Pilar López. En la duodécima edición el grandísimo triunfador fue *Antonio el Pipa*, junto a Manuel Moneo y al *Capullo de Jerez* y para la actual hay sesiones estrella, como la reservada a Enrique Morente, que ofrecerá un recital titulado *La belleza de la creación*, acompañado del grupo formado por Antonio Carbonell, Ángel Gabarre y Pepe Luis Carmona, con la guitarra de Manuel Parrilla; muy interesante a priori es la sesión protagonizada por *Carmen Linares* con el recital titulado *De voz de madera*, con las guitarras de Juan Carlos Romero y Paco cruzado y la percusión de Antonio Carbonell y una segunda parte con el cantaor *Fernando Terremoto* y el bailaor Israel Galván, que interpretarán la composición *La edad de oro*. Dentro del más que selecto grupo que configura este festival hay que

mencionar, al menos, a *José Menese, Rancapino, Tomatito, Chano Domínguez, El Güito* y al conferenciante maestro Manuel Ríos Ruiz. Paralelamente, en la Casa Encendida, sede de la Obra Social de la entidad, se desarrollarán conferencias, sesiones de toque y algún recital de cante.

FESTIVAL FLAMENCO DE MOGUER
Segundo sábado de julio, Moguer (Murcia)

Cada segundo sábado del mes de julio, desde hace ya treinta años, se celebra este festival que se ha convertido en un clásico del circuito veraniego del flamenco y sin duda el más importante de la provincia de Huelva y uno de los más interesantes de Andalucía, y todo gracias al buen hacer de la Peña de Cante Jondo de Moguer, que nació justo con el inicio del festival, con los objetivos de asegurar la continuidad de este festival y el de crear, mantener y extender la afición al baile, al toque y al cante andaluces; la peña ha instalado sus actividades en una antigua bodega ubicada en la calle Palos, donde dispone de un gran salón en el que se desarrollan constantemente actuaciones y actividades diversas que siempre se ofrecen al público con entrada sistemáticamente gratuita. El festival se celebra en un recinto del que la peña dispone en el recinto ferial, denominado «La Parrala», pero inicialmente se desarrollaba en un campo de fútbol ya desaparecido. La peña vive con el afán de traer al festival a los mejores y tiene el orgullo de que por sus tablaos han pasado figuras legendarias, como el *Camarón*, que figuró varias veces en sus carteles. En la última edición, en la que se rindió homenaje a Pastora Pavón, *Niña de los Peines*, actuaron figuras de primera magnitud, como es habitual, como *Carmen Linares* o *La Macanita* al cante, Manuela Carrasco al baile y las guitarras de Manuel Parrilla o Fernando Moreno. Siempre se rinde homenaje a una figura eminente del Arte Flamenco, viva o desaparecida, por ejemplo, en la vigésimo octava edición le correspondió a la gloria viva de *Fosforito*.

FESTIVAL INTERNACIONAL DEL CANTE DE LAS MINAS
Agosto, La Unión (Murcia)

En el año 2004 se ha celebrado en la ciudad de La Unión el XLIV festival del Cante de las Minas, organizado por el Ayuntamiento de la ciudad y presidido por José Manuel Sanes, alcalde de la ciudad. Sin duda es uno de los más antiguos, de los más consolidados y probablemente uno de los de mayor prestigio nacional e internacionalmente. El largo camino iniciado en el año de 1960 ha traído a la ciudad y a la región la prosperidad perdida con las explotaciones mineras, y el prestigio universal por todos reconocido, digamos en homenaje al hace poco desaparecido *Antonio Gades*, que no pudo recibir el que La Unión le dedicaba en 2003 por su ya tan debilitada salud, que en su opinión éste era el mejor festival, pese a no estar radicado en Andalucía. Como homenaje es el que el festival rindió en el 2004 a Enrique Morente, otro de los grandes genios por fortuna vivos, que no lo recibió de forma pasiva, sino que aportó el estreno absoluto de su obra *Minericos* que estrena en la sesión del martes 10 de agosto, con el gran guitarrista *Niño Josele* acompañándole. No caben en unas pocas líneas lo que ya plumas ilustres y entendidas han dejado escrito en libros y en publicaciones diversas, baste con dejar testimonio e impulsar al lector a buscar más y mejor información.

FESTIVAL TÍO LUIS EL DE LA JULIANA
Abril, Madrid

Se celebra en 2005 la séptima edición de este festival, dedicado a la memoria del legendario cantaor, uno de los primeros, si no el primero, de quien se tiene noticia, y se celebra en Madrid, ciudad que reivindica el título de ser una de las principales capitales del flamenco, que en ella tiene su permanente alojamiento, desde que, hace más de doscientos años, cuando apareció por esta ciudad con el objeto de amenizar las fiestas de la aristocracia, actividad que luego se extendió a la burguesía a través de los cafés cantantes, después amenizó a las corrientes turísticas y finalmente pasa a amenizar al pueblo llano y, en un lento pero inexorable proceso, va calando en el corazón de los madrileños para ocupar un más que digno lugar en las programaciones de música y danza de la ciudad. Un pionero en la introducción del flamenco en el ambiente universitario madrileño es el Colegio Mayor Isabel de España que continúa con su presencia y su impulso al festival y para el año 2005 anuncia la concesión, durante el desarrollo de los programas previstos, del Premio Tío Luis el de la Juliana 2005 a la trayectoria del cantaor Fernando Fernández Pantoja, *Fernando Terremoto*, trofeo que le será

entregado, al finalizar el recital previsto para el 29 de abril, por María Luisa Muñoz, directora del Colegio Mayor. Este premio se viene concediendo anualmente a un artista que haya destacado de forma magistral en su actuación dentro del Arte Flamenco; ha sido entregado a personajes como Luis Pastor, María Vargas, Manuel Santiago Maya, *Manolete*, Calixto Sánchez o Inés Bacán.

FIESTA DE LA BULERÍA
Otoño, Jerez de la Frontera (Cádiz)

Uno de los más antiguos, y desde luego de los más consolidados, festejos con los que se celebra y se engrandece el Arte Flamenco, desde que comenzó a celebrarse en 1967, en la ciudad de Jerez de la Frontera, una de las capitales fundamentales del arte flamenco, donde se celebran una gran cantidad de festejos y conmemoraciones anuales dentro de los cuales y en el seno de su Festival de Otoño, la Fiesta de la Bulería es, al decir de Manuel Ríos Ruiz, uno de los más doctos flamencólogos existentes al día de hoy, «la noche jerezana más festera del año». En el otoño de 2004 se ha celebrado la XXXVII edición de esta bella fiesta dedicada básicamente a la *bulería*, que es una sucinta recopilación del cante flamenco o, como definió en su día Anselmo González Climent, la *bulería* es el único estilo que necesita para su entera comprensión un tránsito completo a lo largo del resto del repertorio flamenco»; en setiembre de 2004, en la abarrotada Plaza de Toros de Jerez tuvo lugar la fiesta, este año dedicada a la *Paquera de Jerez*, que tuvo a sus grandes triunfadores en Joaquín Grilo y en el *Capullo de Jerez*, sin olvidar a otros brillantes participantes como Vicente Soto, *Sordera*, o el grupo *Jerez por bulerías*, magníficos teloneros de la fiesta. A casi cuarenta años de sus inicios es probablemente el único festejo que concentra a varios miles de personas marcando el compás durante cerca de seis horas, consumiendo *fino* y *pe'caíto frito*, al son de la *bulería*.

FLAMENCO FESTIVAL USA
Febrero, diferentes ciudades

No hay que estrujarse mucho la cabeza para darse uno cuenta de la imparable expansión del flamenco que va desde el enraizamiento del cante *jondo* puro en la opinión de los más conservadores, que cala cada vez más gracias a la acción benéfica de las peñas y de tantas asociaciones culturales, hasta las notables simbiosis que nacen del talento de grandes artistas, como *Martirio* o *Sara Baras*, *Chano Domínguez* o *Paco de Lucía*. Pero todo esto es relativo al proceso evolutivo – involutivo que está acaeciendo en las esencias del cante, del baile y del toque, desde la cueva más profunda de la calle de Santiago de Jerez de la Frontera hasta el majestuoso salón de entrada al Royal Albert Hall londinense. Paralelamente a este crecimiento que se puede apreciar simplemente andando por la calle con los ojos y los oídos abiertos, aumentan las manifestaciones públicas que se van expandiendo dentro y fuera de las fronteras españolas. Una sencilla muestra se encuentra en el Flamenco Festival USA, que ha alcanzado su cuarta edición anual en el año 2004, recorriendo en el mes de febrero los Estados Unidos para desplazarse después a Londres. Hace cuatro años, promotores españoles, con la colaboración del World Music Institute crean el Festival, inmediatamente consolidado, que ya ha recorrido una docena de las principales ciudades norteamericanas con grandes éxitos de crítica y de público, con las entradas agotadas mucho antes de las actuaciones. Sin despreciar en absoluto a nuevos y jóvenes valores, en el cartel del Festival se alojan los más grandes valores del momento y en su IV edición actuaron, entre otros, *Sara Baras, José Mercé* y *Paco de Lucía*. Y, evidentemente, el camino de esta brillante manifestación no ha hecho sino empezar. En 2005 ha comenzado a celebrarse el V Festival y dentro del cual, a primeros de febrero, *Sara Baras* presentó en el Lisner Auditórium de Washington su espectáculo *Sueños* con un éxito apoteósico, semejante al obtenido antes en Nueva York, para desplazarse después a California y a Florida; para este festival están también programados los espectáculos *Los cuatro elementos*, con Carmen Cortés y Gerardo Núñez, *Mano a mano*, con José María Gallardo y *Encrucijada*, encabezado por Carmen Linares.

GAZPACHO ANDALUZ DE MORÓN DE LA FRONTERA
Verano, Morón de la Frontera (Cádiz)

Otro de los motivos gastronómicos utilizados para aderezar los más grandes festejos flamencos que jalonan el verano meridional español, el gazpacho andaluz hace ya tiempo se convirtió en referencia cultural de primera magnitud que figura en cabeza de la difícil clasificación a establecer entre los muchos y magníficos festivales que en esta época dorada del Arte Flamenco se nos ofrecen cada año y cada año con más atractivos, gracias a los esfuerzos de las comisiones organizadoras de tales eventos, con mención especial a las peñas flamencas que no descansan. En 2004 se alcanzó, el sábado 7 de agosto, la XXXVIII edición de este festival, en la que se ha procurado nutrir los carteles con las figuras locales, especialmente tocaores, faceta en la que se han distinguido los moronenses, a la sombra de *Diego el del Gastor*, ilustre guitarra malagueña afincada aquí, cuyo veinticinco aniversario de su muerte se conmemoró hace ya unos años, y así han intervenido Juan Manuel Torre, José Luis Postigo y *Diego de Morón* en la vertiente toque. En el resto de la programación destacaron especialmente los cantaores *Rancapino* y Esperanza Fernández. Aún resuenan los ecos de las ovaciones arrancadas por el ballet de Cristina Hoyos al interpretar la obra *Al compás del tiempo* en la apertura del XXXVI *gazpacho*, en julio de 2002, edición especialmente brillante, con magistrales interpretaciones de Antonio Núñez, *El Chocolate*, quien con 71 años dio muestras de gran emotividad al dedicarle al público unas sentidas *tonás*, y con un final del festejo a cargo de dos jóvenes futuros geniales bailaores, Juan de Juan y Juana Amaya, ambos naturales de Morón.

LARACHÍ FLAMENCA
Julio-agosto, Sevilla

Recién iniciada la marcha, este festival sevillano ostenta como mérito fundamental su exclusiva dedicación a valores noveles emergentes en el múltiple panorama del momento actual flamenco. Alcanzando en 2004 su IV edición que se celebró en el mes de junio, organizado por la

Peña Torres Macarena, en la calle Torrijana de Sevilla y en esta última edición ha contado entre otras muchas actuaciones con las de Encarnación López, Rafael del Pino y Carmen Blanco; en la de 2003, y son nombres a tener en cuenta en un futuro probablemente próximo, lo hicieron Ramón Martínez, Belén Mora, Daniel Navarro y muchos más. Una peña flamenca no cuenta, salvo unas pocas, con recursos económicos suficientes como para montar un festival, pero si se trabaja con tenacidad y se tienen las ideas claras, no es difícil que, como este es el caso, surjan los patrocinadores que resuelvan el problema material.

LES VOIX DU CANTE FLAMENCO
Diferentes fechas y lugares del mundo

No es un festival propiamente dicho, ni es un certamen, ni se celebra en Andalucía al calor de la noche estival. En el mundo entero hay festejos flamencos de índoles muy variadas y existen importantes colonias de emigrantes españoles en Japón, en Australia y en la República Argentina, que montan magníficas veladas flamencas. Francia está muy cerca, en el entono geográfico de España, y en muchos lugares se han encendido luces de atracción al cante y al baile, en Bayona, en Toulouse, en Mont de Marsan y en otras muchas ciudades, pero la ciudad de Grenoble, en el Departamento de Isère, en medio de los Alpes y próxima a Suiza y a Italia, se le antoja a uno como el lugar ideal para encerrarse en una cálida habitación a leer *La cartuja de Parma* mientras se ven caer los copos de nieve mirando por la ventana con los ojos semicerrados. Pues bien, en la ciudad de Grenoble cubierta de nieve, el 15 de noviembre de 1999 se inaugura la primera edición de *Les voix du Cante Flamenco* que constituyó un gran encuentro para el buen aficionado y para el gran público, con conciertos y conferencias, con cursos de cante, de baile y de guitarra, con exposiciones y con un ciclo de cine flamenco. Además, se celebró un foro del máximo nivel con Manuel Ríos, Félix Grande y Claude Orsini actuando como moderadores en el sabio empeño de relacionar las letras flamencas con la poesía. Intervinieron grandes artistas, como *La Macanita*, *El Chocolate*, Diego Morao o María del Mar Moreno, llegándose a un brillantísimo balance final, fuerte impulso para la continuidad del evento.

NOCHE FLAMENCA PEDRO DE LA TIMOTEA
Agosto, Herrera (Sevilla)

Desde 1988, fecha reciente pero que no oculta una manifestación pujante y en constante sedimentación, organizada por el Ayuntamiento de Herrera en la provincia de Sevilla esta *Noche*, que en 2004 se celebró el día 4 de agosto en la Caseta Municipal del Parque Luis de la Señá María, contando con figuras del cante y del baile, acompañadas de las guitarras de Antonio Carrión y de Manuel Flores, en el cartel de la XVI edición de la Noche Flamenca.

NOCHE FLAMENCA DE ZAMBRA
Junio-julio, Zambra (Córdoba)

En la mínima en su tamaño localidad cordobesa de Zambra, pequeña pedanía próxima a Rute, conocida en el mundo entero por sus anisados y de ellos el *Machaquito*, se celebra el primer gran festejo flamenco veraniego, con la undécima Noche Flamenca Zambra, patrocinada por el Ayuntamiento de Rute y que merece una mención específica por lo lejos que está llegando pese a estar perdida en el mapa en el aspecto puramente geográfico. Porque en el aspecto artístico, basta con mirar los carteles de la pasada edición para comprobar el esfuerzo imaginativo, artístico y económico que conlleva; las estrellas cabecera de cartel fueron en esta ocasión nada menos que *José Mercé* y Juan Peña, *El Lebrijano*, encabezando una verdadera constelación en la que se incluyeron varios artistas cordobeses como Julián Estrada, de Puente Genil y Raul Alcántara, *El Troya*, las guitarras de *Moraíto Chico* y de Manuel Silveria, sin olvidar el baile de la joven Lola Pérez también cordobesa y reciente ganadora del Premio del Concurso Nacional Matilde Coral.

NOCHES DE LA PLAZUELA
Primavera, Jerez de la Frontera (Cádiz)

Bello nombre para identificar uno de los muchos eventos impulsados por la Peña Flamenca Los Cernícalos, de Jerez de la Frontera. Son citas flamencas, llamadas a la juventud incipiente que bebe las esencias de sus mayores en las primaveras de cada año, habiendo alcanzado ya su edición decimosexta en el año 2004, celebrada con gran expectación, éxito de la mayoría de los jóvenes actuantes y estímulo para los organizadores al comprobar lo rentable, no, o no sólo, en los aspectos económicos, de las cosas oportunas y bien hechas.

POTAJE GITANO DE UTRERA
Junio-julio, Utrera (Sevilla)

Es el más antiguo y el de mayor solera acumulada a lo largo de los años, y presume orgullosamente de ello, sin que además se discuta su fecha fundacional, que está muy bien documentada, en el recuerdo de muchos y en impresos, reportajes y grabaciones, caso contrario de otros que nacieron casi en la clandestinidad dadas las tremendas dificultades por las que atravesó cualquier tipo de asociacionismo en los políticamente difíciles años cincuenta y sesenta. Además de todo, el *potaje* cuenta con un excelso cronista, Manuel Peña Narváez, un hombre bueno y generoso, un gitano enamorado de su Utrera y de su cante y uno de los padres de los primeros *frijones* que se degustaron al amor del buen cante y de las buenas gentes de Utrera. El *potaje gitano de Utrera* nació el 15 de mayo de 1957 en el transcurso de una comida de hermandad de la Ilustre Hermandad de Penitencia del Santísimo Cristo de la Buena Muerte y de Nuestra Señora de la Esperanza, más conocida como la Hermandad de los gitanos, tras la primera salida procesional en la Semana Santa de dicho año, año fundacional de la Hermandad, de la que viene de ser nombrado Hermano Mayor D. Manuel Peña, *Pastoro*. El escaso público asistente salió tan satisfecho y tanto habló de la sucedido que para el año siguiente ya había quien daba *cuatro mil reales* por su asistencia. Al segundo potaje ya asistió invitado Antonio Mairena que vino con un selecto acompañamiento y se hizo asiduo a los sucesivos; en el tercero se honra la memoria del recién fallecido padre de Fernanda y Bernarda y al siguiente acude *Pepe Torre*, hermano de Manuel, que cantó de forma inolvidable. En 1961 comienzan a celebrarse homenajes y éste se le ofrece a Antonio Mairena, recién admitido como hermano honorario de la Hermandad, y el potaje se le dedicó. En 1962 gana la Llave de Oro del Cante, y de nuevo vuelve el potaje a homenajear a Antonio Mairena y en el décimo, con el homenaje póstumo a Manuel Torre, el potaje cambia un poco sus formas y amplía sus perspectivas, con un cartel anunciador obra de Antonio Martín Reina que no se ha vuelto a cambiar, con una mayor atención de la prensa y con un interés de todos por ampliar la difusión, que ya había dado los frutos y por ahí ya andaban el Gazpacho de Morón, la Caracolá de Lebrija o el Festival de Mairena. En 1967 se declara al potaje Fiesta de Interés Turístico acogido a los Festivales de España y se homenajea a *Pastora Imperio* y en el duodécimo a las hermanas Fernanda y Bernarda. En el año 1969 se celebra el XII+I potaje (¡faltaría más!). En 1971 comienza a realizarse en el patio del Colegio Salesiano, además es la primera aparición de un piano en el escenario y se celebra el homenaje a *Manolo Caracol*, homenaje que será póstumo en el de 1973. Año de 1986, potaje ¡trigésimo!, en el treinta y uno homenaje al *Chiquetete*, que andaba entonces por veredas, no por andurriales. En el de 1996 las homenajeadas son los hermanas Bernarda y Fernanda, las hermanas de Utrera. El tiempo sigue y más o menos sigue igual, un mantel de papel, una cuchara de madera, algo de vino tinto y un buen plato de *frijones*, alentando una apacible juerga gitana. Y como la vida sigue, aunque no sea igual del todo, la XLVIII edición del potaje vino dedicada al cantante *pop Alejandro Sanz* por sus versiones aflamencadas de sus canciones *pop*; al margen de la dedicatoria en la sesión celebrada el 26 de junio del 2004, el más puro flamenco lo trajeron Bernarda y Gaspar de Utrera y el futuro los jóvenes valores de Utrera, *Arcángel* y Marina Heredia, con el baile de *Farruquito*, un clásico de veinte años. Y en el 2006, el potaje cumplirá ¡cincuenta años!

REUNIÓN DEL CANTE JONDO
Primera quincena de julio, Puebla de Cazalla (Sevilla)

Pueblo de escasas dimensiones y de población de escasa importancia, la Puebla de Cazalla, en la provincia de Sevilla, relativamente apartado de las principales vías de comunicación, ocupa un distinguido lugar entre los santuarios del Arte Flamenco; y son varias las razones que lo explican meridianamente, una es haber sido la cuna de Francisco Moreno Galván, el llamado «pintor de las letras flamencas», quien de niño acudía a las ferias por el simple placer de escuchar cantar a los gitanos, de los que se quedó con la copla de que «siempre decían lo mismo al cantar, penas o alegrías, pero siempre lo mismo que decían los demás», y con sus pinceles se dedicó a pintar las letras del flamenco, afición acendrada que fue tomando cuerpo en su alma hasta su muerte en 1999, siendo su memoria venerada en su tierra, como lo es la de la *Niña de la Puebla*, la reina de los *campanilleros*, que también falleció en 1999, cuando actuaba en un escenario. Ambos contribuyeron en gran medida a la formación, lanzamiento y consolidación de la Reunión de Cante Jondo, que en el año 2005 alcanzará su edición trigésimo séptima, estando convocada para el sábado 9 de julio, coincidiendo como casi siempre con las pamplonicas fiestas de San Fermín. Las *reuniones* se celebran cada año en el patio de la finca *La Fuenlonguilla*, situada en las afueras de la Puebla con gran ambiente, un público entusiasta y con la presencia de figuras muy apreciadas, entre las cuales no suelen faltar nombres muy apreciados como Diego Clavel y, muy especialmente, el gran *José Menese*, gloria local viva.

SILLA DE ORO. DISTRITO DE LA FORTUNA
Diciembre, Leganés (Madrid)

Se ha celebrado en 2004 el X Concurso de Cante Flamenco en un distrito de la ciudad de Leganés, donde la devoción por el Arte Flamenco ha prendido de forma imparable, alcanzando ya su certamen su décima edición, con un largo índice de manifestaciones de la más variada extracción, con un elenco de primera fila en cada uno de los actos programados que se iniciaron el viernes 29 de noviembre con la presentación a la prensa de las Jornadas Flamencas de La Fortuna 2004, con la voz de María José Pérez y el prometedor guitarrista Antonio Luis López. Estas Jornadas se desarrollan en los días 9 al 14 de diciembre con escogidos programas dedicados a selectos tópicos flamencos y amenizados con actuaciones de figuras entre las que destacan María de Toledo al cante o Francisco Pinto al toque. El Concurso tiene lugar del 15 al 17 de diciembre con una gran final el día 18 y un Festival de Clausura el domingo 19 con el cante de *Juan Moneo El Torta* y la guitarra de *Curro de Jerez* y el fin de Fiesta bajo el título *Nochebuena de Jerez*. Entre los ganadores de pasadas ediciones de este Concurso, con la Silla de Oro como trofeo, figuran entre otros *Diego el Cigala*, Pedro Cintas o María de Toledo.

TERTULIA FLAMENCA EL GALLO
Julio, Morón de la Frontera (Sevilla)

En la calle Calzadilla se ubica una de las más prestigiadas peñas flamencas de Sevilla que bien podría estar situada junta a las demás peñas seleccionadas, pero que viene aquí en función de una de sus actividades de mayor resonancia. La Tertulia Flamenca de El Gallo, de Morón de la Frontera, goza de un gran prestigio, que se va incrementando año tras año gracias al gran nivel de sus conferencias y de sus animadores y gracias a la categoría de sus artistas homenajeados. En 2004

fue elegido *José Mercé* para hacerle entrega de la Insignia de Oro, entrega celebrada el domingo 6 de junio en el seno de un grandioso festival en el que intervinieron figuras de la talla del *Nano de Jerez*, de la *Macanita* o del maestro *Moraíto*. Se viene considerando este festejo como el hito flamenco del año, en un pueblo eminentemente flamenco que, entre otras muchas manifestaciones, celebra cada año el Festival del Gazpacho Andaluz, otro más que se adorna en su nombre con un puntal de la gastronomía andaluza.

DISCOGRAFÍA

La discografía flamenca es amplísima, no sólo por la enorme producción actual, época en la que no pasa un día sin alguna novedad grabada que se ofrece al público, alguna nueva versión o ciertas antologías que van surgiendo. Por ello es bastante complicado, además de subjetivo, señalar una selección de grabaciones que ofrezcan una panorámica completa de los últimos cien años de flamenco sin alcanzar el tamaño de una gran discoteca; dando una medida prudente al asunto, serán suficientes un par de docenas de referencias para señalar lo más importante, tanto conceptual como estéticamente, de lo grabado en los últimos años y al alcance de un sencillo cliente.

ALGUNAS REFERENCIAS FUNDAMENTALES

Magna Antología del Cante Flamenco, José Blas Vega, Hispavox, Madrid 1992. Probablemente es la mejor antología existente, heredera de la publicada en 1955 por la misma firma, es muy completa, aunque evidentemente no está demasiado al día y no aparecen algunas de las más grandes figuras actuales. Viene acompañada de un pequeño manual con un índice muy completo y algunas pautas ilustrativas.

Don Antonio Chacón, *1913-1927. La cumbre de un maestro*, grabaciones realizadas en los años más brillantes del viejo maestro jerezano.

La niña de los Peines. Patrimonio de Andalucía. Son trece CD's que incluyen todas las grabaciones existentes de Pastora Pavón.

En la soleá, Manuel de los Santos, *Agujetas*, al cante y *Curro de Jerez*, a la guitarra. Producido en 1997 por Andalucía, Turismo Andaluz, S.A.

Enrique Morente, *En la casa museo de Federico García Lorca de Fuente Vaqueros*, con Juan Carmona, *Habichuela*, y *Montoyita*, grabado en 1989 y producido en 2001 por Big Bang.

Yerbagüena, por *Pepe Habichuela* y *The Bollywood Strings*, con Enrique Morente y José Miguel, Juan y Antonio Carmona, producido en 2001 por Nuevos Medios.

Acoplados, *Chano Domínguez* y *Martirio*, con Big Band y la Orquesta Sinfónica de RTVE, producido en 2004 por Radiotelevisión Española.

Cositas buenas, Paco de Lucía, producido con la colaboración de Javier Limón, editado en 2003 por Universal Music, de Madrid.

Mi cante y un poema, por Estrella Morente, con la colaboración de Enrique Morente, producido en 2001 por Virgin Records de España.

Friday night in San Francisco, Paco de Lucía, Al di Meola y *John McLAUGLIN*, grabado en directo en el *The Warfield Theatre*, San Francisco, California, el viernes 5 de diciembre de 1980, disco producido por Phonogram International B.V., Baarn, Holanda.

Flamenco, Chano Lobato, con *Pepe Romero* a la guitarra, grabado en Utrecht, Holanda en 1987. Producido por Philips.

Quejío, Pepe Marchena, Un monumento al cante, regrabación en dos CD's.

Fernanda de Utrera, *Cante Grande de Mujer*, edición de 2001, producido y editado por EMI-Odeon, de Madrid.

Mi Cante Flamenco, Rafael Farina, conjunto de dos CD's, publicados bajo licencia por Novoson, en 1999.

Antología, Carmen Linares, con 27 cantes que son el resumen de todo lo que se ha producido con voz femenina, desde *La Serneta* hasta la propia *Carmen Linares*, acopañada por las guitarras de Vicente Amigo, Juan Carmona, *Perico el del Lunar* y varios más, de entre lo más granado del flamenco. Son dos CD's producidos por Polygram Ibérica, en 1996.

Esencia Flamenca, Juan Mojama, acompañado a la guitarra por Ramón Montoya, con documentación a cargo de José Blas Vega, editado y distribuido por Sonifolk, en 2002.

A la luna nueva, Tomasa Guerrero, *La Macanita*, grabación realizada en 1989 por Warner Music.

Encuentros, Juan Peña, *El Lebrijano*, con la Orquesta Andalusí de Tánger, con la dirección de Paco Cepero, en un CD, producido y distribuido por Ariola Eurodisc, de Barcelona.

El Camarón de la Isla, con la colaboración especial de *Paco de Lucía*, con la segunda guitarra a cargo de *Ramón de Algeciras*, grabado en 1969 por Polygram Ibérica y distribuido por la misma compañía, una vez remasterizado más recientemente.

Soy gitano, Volando voy y otros grandes éxitos de *Camarón de la Isla*, CD con versiones originales, remasterizado y distribuido en 2002 por Universal Music Spain, S.L.

Antología Inédita, Camarón, de la serie *Flamenco vivo*, dirección y realización de la grabación Ricardo Pachón, distribución Universal Music Spain, en 2000.

Le Chant du Monde, Camarón de la Isla, Grands Cantaores du Flamenco, producido y distribuido por Harmonia Mundi.

Festival Nacional del Cante de las Minas. Antología en dos CD's, producida y distribuida por RTVE-música, con grabaciones procedentes de su archivo sonoro.

Aguadulce, con la guitarra de *Tomatito*, con Diego, *El Cigala*, Mari Ángeles Fernández, *El Potito* y *El Guadiana* al cante, en un CD producido y distribuido por Universal Music Spain, en 2004.

A SIMPLE TÍTULO DE MUESTRA Y COMO EJEMPLOS SIGNIFICATIVOS DE LO MUCHO Y BUENO QUE SE ESTÁ EMPEZANDO A PRODUCIR, ALGUNOS DVD'S:

Vicente Amigo, *La Ciudad de las Ideas*, en concierto desde Córdoba, con Tino di Geraldo a la batería, Antonio Ramos bajo, José Manuel Hierro guitarra y palmas, Blas Córdoba, *El Quejío*, como cantaor, Cesáreo Martín, *El Güito*, percusión y voces, José Manuel Ruiz, *El Bandolero*, cajón y voces, Rafael González teclados y Antonio Serrano, armónica. DVD de 55 minutos de duración, producido y distribuido por BMG Music Spain.

Sara Baras, Mariana Pineda, sobre una idea de Federico García Lorca, con Música y Orquestación de *Manolo Sanlúcar* y Dirección de Lluis Pasqual. Con la colaboración especial de los bailaores José Serrano, Luis Ortega y Miguel Cañas y la Dirección Musical de José María Bandera. Es un DVD de 120 minutos de duración, producido y distribuido por Sony Music Entertainment Spain.

José Mercé, *Confí de fuá*, DVD que acompaña al CD grabado con la guitarra flamenca de Diego del Morao, sobre letra y música de Isidro Muñoz.